大陸惠臺政策對臺灣青年登陸之吸引力

綜合分析‧案例探討‧實證資料‧文件選錄

陳文壽◎編著

白象文化事業有限公司

目錄

緒言

　　突如其來並肆虐兩岸的新冠（COVID-19）疫情和民進黨執政下兩岸關係發展的遲滯狀態，導致我們最初設想的追蹤研究胎死腹中。2018 年 2 月大陸《關於促進兩岸經濟文化交流合作的若干措施》（「三十一條」）出臺後，我們立即著手以臺灣青年爲對象研究惠臺政策對臺灣同胞登陸之吸引力，幸得兩岸各方尤其臺灣青年支持，到 2019 年初完成第一期目標。其後，2019 年 11 月《關於進一步促進兩岸經濟文化交流合作的若干措施》（「二十六條」）、2021 年 3 月 17 日《關於支援臺灣同胞臺資企業在大陸農業林業領域發展的若干措施》（「農林二十二條」）等先後推出，給我們提供了很好的追蹤研究和比較分析的時間節點和內容對象，但前述原因加諸我們的畏難情結和躺平心態，最終造成本研究以虎頭蛇尾的方式結束，很像大陸各地屢見不鮮的「爛尾樓」「半拉子工程」。

　　其實，幾年來我們一直沒有勇氣將第一階段形成的文稿公諸於眾，畢竟只是科學研究之階段性的基礎素材，還稱不上名符其實的學術作品。但也許是「敝帚自珍」的心態使然吧，我們自以爲至少文稿中的調查資料和訪談資料不無參考價值，因此幾經猶豫後還是忍不住不揣淺陋決定付梓，冀望各界方家感興趣者不吝指教，不屑者一笑置之。

　　我們感謝接受調查和訪談的臺灣青年和其他各界人士，眞誠地感恩他們的付出，儘管很遺憾未能一一列舉其尊姓大名，並爲尊重隱私而不得不割愛一些訪談記錄。

　　我們的研究團隊主要來自華僑大學，特別是經濟金融學院和國際關係學院的學生；既有大陸學生，也有臺灣學生，還有其他國家的國際生，他們是：邱曄鍵、陳冠穎、崔祐瑋、尹威皓、陳南君、張家毓、林詩怡、楊雅築、江尙軒、許蕎宇、宋昱德、李雅芬、唐麗、汪喬鑫、陳惠、馮捷、盧治成、陳敏、李祺展、尹星宇、向光榮，以及林 XX、林 XX、黃 XX、李 XX。

　　在現實生活和學術探討中，「移情」「同理心」「換位思維」實際上並不容易，我們儘管力爭客觀、持平、公正，但在很大程度上依然是從大陸視角出發，可能難免主觀、片面以至於偏見，自以爲是且一廂情願地強調大陸惠臺政策措施之

正向的、積極的效應。職是之故，我們期待能夠更多地看到、聽到臺灣以及其他國家和地區各界「反方」和「他者」之別具隻眼的觀察和高見，以揭示兩岸尤其臺灣真實的民心所向和文化所趨，最終達成兩岸「大義覺迷」，進而「共情」達至「上善至水」之臻境。

　　對於未來，我們應該有信心，也應該有耐心，相信兩岸認知最終會走向「共情」的方向。

陳文壽
2023 年 11 月於廈門杏林灣邊

綜合分析
大陸惠臺政策對臺灣青年登陸之吸引力

一、前言

（一）選題緣起與研究價值

　　中共中央習近平總書記 2019 年 1 月 2 日在《告臺胞書》發表 40 周年紀念會上發表的講話——《為實現民族偉大復興推進祖國和平統一而共同奮鬥》中提出：「國家的希望、民族的未來在青年。兩岸青年要勇擔重任、團結友愛、攜手打拼。我們熱忱歡迎臺灣青年來祖國大陸追夢、築夢、圓夢。兩岸中國人要精誠團結，攜手同心，為同胞謀福祉，為民族創未來！」由此可見，大陸認為青年對兩岸政治走向具有重大影響，大陸對臺工作應該以臺灣青年（「臺青」）為重點之一。以惠臺政策，包括國家層級之「大陸惠臺三十一條」與地方層級之「廈門惠臺六十條」為個案，具體探討大陸惠臺政策對臺青登陸發展之吸引力，無疑具有重大實踐意義及一定學術價值。

　　政治學理論認為，人生每個政治階段總是與特定的價值取向、思考模式和行為方式相聯繫；青年爭取獨立人格、尋求自我定位與社會價值實現等使之形成更強的政治意識和批判能力。當代臺灣地區嚴重的「去中國化」的時空環境，導致臺青的「臺灣主體意識」日趨強烈並被導向「臺灣獨立」，形成所謂「天然獨」世代，對兩岸關係發展和國家統一進程產生消極的影響，2014 年以青年學生為主體的「反服貿事件」即「太陽花學運」即為明證。毋需贅言，當代臺青未來依然有巨大的發展時間和空間，將成為臺灣社會各領域的中堅，尤其是可能進入政治決策層並在一定程度上決定臺灣的未來走向，他們的訴求和認同必然對臺灣民意及其走向產生重大的影響。因此，如何貫徹落實惠臺政策，包括「大陸惠臺三十一條」及「廈門惠臺六十條」，切實吸引臺青登陸學習創業工作生活，推動臺青從所謂「天然獨」轉化為「後天統」，無疑是大陸對臺政策尋求解決也必須解決的嚴峻課題。

　　2016 年 5 月 20 日，民進黨執政臺灣後兩岸官方政治互動停擺，但民間往來依然持續。2018 年 2 月 28 日，大陸國臺辦等部門頒布《關於促進兩岸經濟文化交流合作的若干措施》（「大陸惠臺三十一條」），對臺企在大陸投資與經濟合作，

臺灣人在大陸學習、創業、就業、生活等方面的優惠待遇做出明確規定。隨後，各地方政府陸續出臺惠臺政策，如上海市《關於促進滬臺經濟文化交流合作的實施辦法》等。廈門與臺灣地緣相近、血緣相親、商緣相連，天然地肩負大陸對臺聯絡的使命和責任，成為大陸對臺交流合作「先行先試」的試驗區。2018年4月10日，廈門市頒行《關於進一步深化廈臺經濟社會文化交流合作的若干措施》（「廈門惠臺六十條」），包括對臺青來廈門創業的扶持措施，是廈門市貫徹中央對臺政策、尤其習近平新時代對臺工作思想的具體體現，其在臺灣社會的反應、尤其是對臺青登陸發展的吸引力及效用，與「大陸惠臺三十一條」一樣值得探討。

　　總之，惠臺政策是習近平新時代大陸對臺工作的重要抓手，以「大陸惠臺三十一條」為對象、並以「廈門惠臺六十條」為個案，探討惠臺政策對於臺青之吸引力及效用，有助於深化對臺青工作，促進兩岸青年交流合作，從而推進兩岸融合發展和國家統一進程。

（二）惠臺政策輿情簡評

　　關於大陸惠臺政策包括「大陸惠臺三十一條」和「廈門惠臺六十條」，見諸報刊及媒體的主要是傾向性的宣導和評論，大陸與臺灣呈基本對立的兩極。大陸方面以宣示政策正確性為出發點，強調惠臺政策的正面效用，而淡化其可能存在的問題。而臺灣方面則渲染惠臺政策為大陸的統戰手段，強調惠臺政策存在的所謂危險及其對臺灣的負面效用。惟其如此，必須對惠臺政策及其效用做出客觀的評估，並提出提升惠臺政策積極效用的有效途徑。

（三）概念界定和研究方法

1‧概念界定

　　本研究以臺青為對象，探討惠臺政策包括「大陸惠臺三十一條」和「廈門惠臺六十條」對於臺青登陸的吸引力，並針對導致惠臺政策未能充分發揮效用之

因素，提出進一步提升惠臺政策效用的對策建議。

對於所謂「青年」，國內外存在不同的概念界定標準，如聯合國教科文組織（NUESCO）將 16～45 歲之間的人定義爲青年，而中國國家統計局將 15～34 歲之間的人定義爲青年。由於本研究與廈門惠臺政策相關，根據廈門市政府 2015 年頒行的《關於鼓勵和支持臺青來廈創業就業實施意見》，並結合廈門市各區級政府發布的實施條例，將 18～45 歲之間的人定義爲青年。

本研究針對的臺青集中於 18～29 歲之間，即所謂「天然獨」世代。

2‧研究方法

本研究圍繞大陸惠臺政策展開，主要運用兩種分析方法，即具體分析和深度分析。具體分析主要從臺青對惠臺政策（包括「大陸惠臺三十一條」和「廈門惠臺六十條」）的認知和反應入手，通過調查資料探討臺青對各項惠臺政策措施的滿意度和各項政策措施的吸引力；深度分析主要從惠臺政策的效用入手，分析惠臺政策是否影響臺青情感的轉變和價值觀的轉變，探究惠臺政策對兩岸關係發展的長期影響；同時，從大陸和臺灣兩個維度，分析妨礙惠臺政策充分發揮效用的各種因素，提出進一步提升惠臺政策效用的對策建議。

在研究過程中運用的研究方法主要包括：文獻分析法；個案研究法；問卷調查法；口述訪談法。

（四）研究重點及創新之處

1‧研究重點和難點

本研究以大陸惠臺政策尤其「廈門惠臺六十條」爲個案，系統地研究大陸惠臺政策對臺青登陸發展的吸引力及其效用。其重點是客觀評述臺青以至臺灣社會對大陸惠臺政策（包括「大陸惠臺三十一條」和「廈門惠臺六十條」）的反應，理性認知惠臺政策可能存在的問題及其成因，並提出有效提升惠臺政策積極效用的政策建言。避免體制宣導模式的單向思維和以偏概全的片面性，全面系統地圍繞兩岸所存在的各種限制性因素展開深入探討並提出其克服方案以提升惠臺政策的效用，是本研究的難點。

　　本研究認爲，惠臺政策基本能夠滿足臺青切身需求，提升其登陸發展意願，改變其對大陸的認知，促使其在一定程度上重塑大陸印象，客觀看待兩岸政治制度和政黨制度，有效抑制「天然獨」，降低所謂「中共打壓」的負面影響，從而促進兩岸關係和平發展並推進國家和平統一進程。本研究認爲，必須全力消除各種制約惠臺政策發揮效用的消極因素，推動全方位發揮惠臺政策的積極效用。

2・創新之處

　　以惠臺政策（包括「大陸惠臺三十一條」和「廈門惠臺六十條」）爲內容對象、以 18～29 歲的臺青即所謂「天然獨」爲分析對象，探討惠臺政策對臺青登陸發展的吸引力及其效用，並分析妨礙惠臺政策發揮效用的制約因素及其克服方案（對策建議），既可彌補大陸官方體制性政策宣導的不全面以至不客觀，亦可彌補當前臺灣問題與兩岸關係研究偏向宏觀敘事的缺陷，是一項頗具創新性的研究。

二、研究概述

接著簡要介紹本研究運用問卷調查和口述訪談對臺青進行調研的情形，根據所獲得的資料分析接受調查之臺青個體的差異性及其對大陸惠臺政策的認知度和登陸發展意向。

（一）調研概況

1．問卷調查

本研究採用隨機抽樣方法發放問卷，第一次於 2018 年 5 月運用谷歌（google forms）在臺灣高校包括臺北大學、中原大學、輔仁大學、屏東大學、東海大學、臺灣藝術大學、臺灣交通大學、臺灣師範大學等高校發放問卷 150 份，其中有效問卷 133 份；第二次於 2018 年 7 月在臺北、新北、嘉義、高雄等地發放問卷 350 份，其中有效問卷 331 份。另於 2019 年 1 月、6 月、9 月針對臺胞尤其臺青對於「一國兩制」臺灣方案發表、香港反送中風波、太平洋島國斷交風波對於惠臺政策之影響進行問卷調查。問卷髮放對象為 18～29 歲臺青即所謂「天然獨」世代，累計發放問卷 500 份，獲取有效問卷 464 份。

表 2.1　問卷調查有效樣本基本情形

統計變量	樣本結構（N464）		
	統計內容	樣本數量（人）	所占比率（%）
性別	男	210	45.3
	女	254	54.7
現狀	高中生	11	2.4
	大學生	339	72.9
	碩士生、博士生	24	5.2
	已就業	78	16.8
	失業待業離職	13	2.8

中國大陸經歷	從來沒有去過大陸	173	36.6
	去過一次或幾次大陸	159	33.6
	在大陸生活過一段時間或經常往返兩岸	33	17.5
	在大陸長期生活	58	12.3
居住地	臺灣北部	293	63.1
	臺灣東部	12	2.6
	臺灣南部	84	18.1
	臺灣中部	75	16.2
對中國大陸的情感態度	非常有好感	37	8.0
	感覺較好	142	30.6
	沒有感覺、一般	205	44.2
	比較反感	58	12.5
	非常反感	22	4.7
登陸發展在哪些方面	學習實習見習	118	25.4
	就業創業	134	28.9
	無登陸發展計劃	133	28.7
	學習實習見習+就業創業	76	16.4

2 · 口述訪談

調研過程中，首先，通過各管道訪問臺青 12 名，包括登陸交換生、未登陸過的大學生、登陸一次的大學生、在陸大學生。其次，對 48 位臺青進行 13 項訪談，內容涵蓋惠臺政策、青年交流、兩岸關係、身分認同、價值觀念、政治制度、政府治理等方面。另，圍繞中共中央總書記習近平 2019 年在紀念《告臺灣

同胞書》發表 40 周年講話對 3 個臺灣大學生進行 5 項訪談。臺青受訪者年齡均在 18～29 歲。詳細資料如後之「實證資料」所錄。

再次，對兩岸政商學界、基層代表（鄉長裡長）和較具影響力和代表性的臺青和在陸臺籍工作者、創業者進行訪談，這類深度訪談成爲個案研究的基礎。

（二）差異性

運用 SPSS 軟體分析 464 份有效問卷，可以瞭解到所調查之臺青的性別、社會身分、居住地、大陸經歷、對大陸情感態度等因素與惠臺政策（包括「大陸惠臺三十一條」和「廈門惠臺六十條」）吸引力之間的關聯性和顯著性。各項統計結果如下：

1．性別

臺青受訪者的性別構成如圖 2.1 所示。

圖 2.1　臺青受訪者的性別

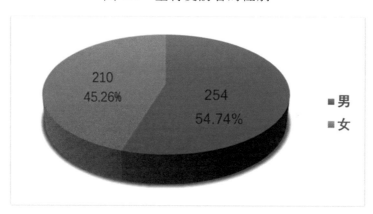

爲了排除樣本對總體反映的有偏性，本研究採用獨立樣本 T 檢驗方法檢驗性別差異對惠臺政策吸引力之間是否有顯著影響，原假設 H_0：性別差異對惠臺政策吸引力無顯著性影響；備擇假設 H_1：性別差異對惠臺政策吸引力存在顯著性影響，最終檢驗結果如表 2.2 所示：

表 2.2 獨立樣本 T 檢驗（性別）

		方差方程 Levene 檢驗		均值方程的 t 檢驗		
		F	Sig	t	df	Sig（雙側）
綜合頻度	假設方差相等	1.596	0.207	0.622	437	0.534
	假設方差不相等			0.618	411.827	0.537

由表 2.2 可知，檢驗方差齊性的 P 值>0.05，接受原假設，認爲性別差異對惠臺政策吸引力方差無顯著影響；再由均值比較 P 值>0.05 可知接受原假設，認爲性別差異對惠臺政策吸引力無顯著影響，即性別對惠臺政策吸引力沒有影響，故而在考慮惠臺政策吸引力時無須考慮性別因素。

2・社會身分

臺青受訪者的社會身分構成如圖 2.2 所示。根據統計，社會身分和吸引力之間的關聯係數 R=-0.110，P=0.022≤0.05，在 0.05 水準（雙側）上認爲顯著相關，有統計學意義，說明社會身分差異與惠臺政策的吸引力之間可能具有明顯的相關性。由此推測，大學生、碩士及博士等群體更加具有登陸發展的意願。

圖 2.2 臺青受訪者的社會身分

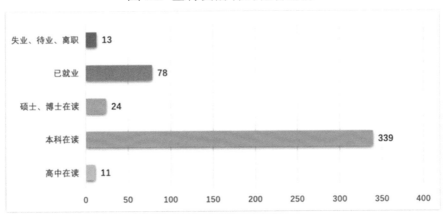

3‧居住地

臺青受訪者的居住地構成如圖 2.3 所示。

圖 2.3 臺青受訪者的居住地

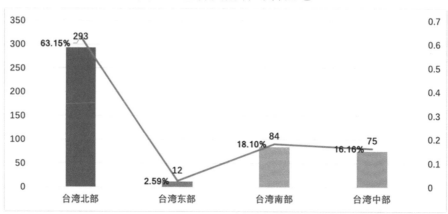

　　為了排除樣本對總體反映的有偏性，本研究採用單因素方差分析的方法檢驗居住地差異與惠臺政策吸引力之間是否有顯著差異，原假設 H_0：居住地差異與惠臺政策吸引力之間無顯著差異；備擇假設 H_1：居住地差異與惠臺政策吸引力之間有顯著差異。最終檢驗結果如表 2.3 所示：

表 2.3　單因素方差分析（居住地）

	平方和	自由度	均方	F	P
組間	8.872	3	2.957		0.112
組內	639.588	435	1.470	2.011	
總數	648.460	438			

　　由表 2.3 可知，均值比較 P 值為 0.112>0.05，接受原假設，說明在 0.05 的顯著性水準下，居住地差異與惠臺政策吸引力之間不存在顯著差異。但從地域差別看，北部青年比南部青年更具登陸發展的意願，主要受臺灣「北藍南綠」政

治格局影響，並與北部物價水準較高有關，因此資料結果可能在統計學上不可完全採信，兩者實際可能存在顯著的差異性。

4．大陸經歷

臺青受訪者的大陸經歷如圖 2.4 所示。根據統計，大陸經歷和吸引力之間的關聯係數 R=0.252≤0.3，P=0.000≤0.005，在 0.01 水準（雙側）上認為顯著關聯，說明大陸經歷與惠臺政策吸引力之間可能具顯著關聯性。由此推測，大陸經歷導致臺灣民眾對大陸有著不同的印象並加深對大陸的理解。

圖 2.4 臺青受訪者的大陸經歷

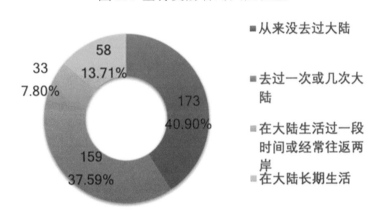

5．大陸情感態度

臺青受訪者對大陸的情感態度如圖 2.5 所示。根據統計，對大陸情感態度和吸引力之間的關聯係數 R=0.441，位於 0.4 和 0.7 之間為負值，P=0.000≤0.005，在 0.01 水準（雙側）上認為顯著關聯。由此推測，大陸情感態度可能造成臺灣民眾對大陸有著不同的評價和感覺，進而影響其登陸發展的意願和惠臺政策的效力。

圖 2.5 臺青受訪者對大陸的情感態度

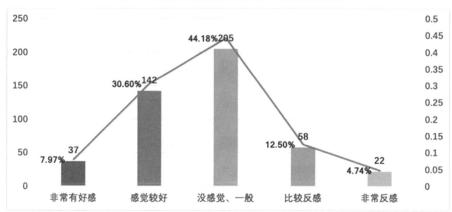

（三）政策認知度

　　圖 2.6 顯示，臺青受訪者中高達 61%基本不瞭解惠臺政策，超過 6.3%對惠臺政策的瞭解處於較低水準。口述訪談顯示，大部分臺青受訪者對惠臺政策瞭解程度有限且具有較大局限性。不少臺青受訪者表示「在接觸訪談前完全不瞭解」，可見臺青受訪者對惠臺政策的瞭解程度不高，對惠臺政策主動瞭解興趣也較低，顯示惠臺政策宣傳的效用偏低。

圖 2.6 臺青受訪者對大陸惠臺政策的瞭解程度

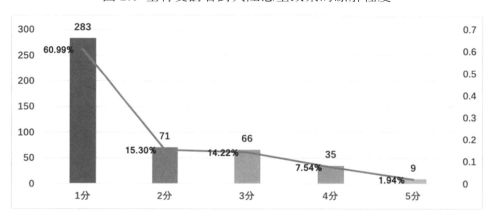

（四）發展意向

1．登陸意願

　　如圖 2.7 所示，在有效回答 464 人中，在學習實習見習、就業創業方面想要登陸發展者 328 人，比例高達 71.15%，遠高於無登陸打算的 28.85%，顯見臺青對登陸發展持積極態度。

圖 2.7　臺青受訪者的登陸發展意向

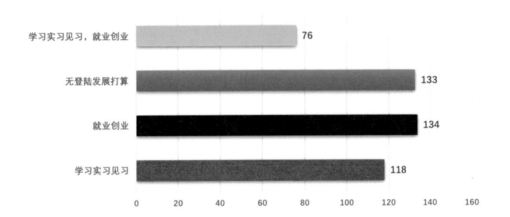

　　多數臺青受訪者表示未來有登陸發展打算，主要是因爲「大陸市場機會更大」、「經濟發展迅速，環境好」，而臺灣就業面較小。

　　在此同時，也有一部分臺青受訪者表示「在發展過程中還有太多隱藏風險沒辦法評估」。

2．登陸數量

　　如圖 2.8 所示，臺青受訪者周圍登陸發展意願較高者占 58.1%，登陸發展意願程度較低占 41.9%，可見臺青受訪者周圍存在一半以上的具有登陸意願的人。

圖 2.8 臺青受訪者周圍人之登陸發展意願

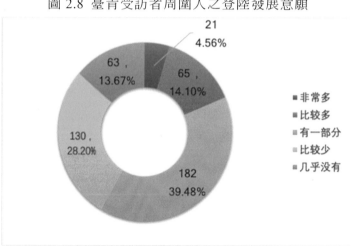

根據 2018 年 3 月「ET today 民調雲」之「臺灣人去大陸就學、就業/創業或生活意願」資料，52.6%的網友想要登陸就學、就業，38.5%網友表示不會，與本研究資料接近。由此可見，臺胞登陸發展意願較強，占比超過一半。

三、惠臺政策效用之層次分析

　　本研究從具體、總體、深度三個層面，分析惠臺政策（包括「大陸惠臺三十一條」和「廈門惠臺六十條」）的效用，如圖 3.1 所示。根據臺青問卷資料進行定量分析，首先具體評估惠臺政策所涉及之的升學學習、實習就業等九方面對臺青的吸引力；接著總體分析海峽兩岸因素（臺灣和大陸）對惠臺政策的影響；最後結合訪談資料進行定性分析，深度評估惠臺政策對於重塑臺青之大陸印象等的效用。

圖 3.1　惠臺政策效用分析示意圖

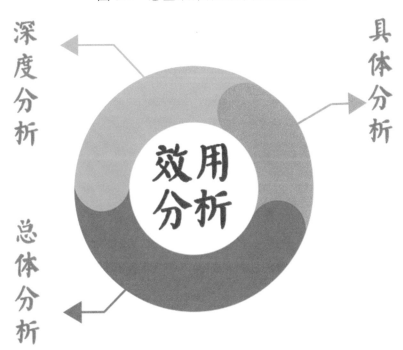

（一）具體分析

1‧拓寬學習實習選擇區

（1）優化學習環境

如圖 3.2 所示，「廈門惠臺六十條」中「臺生由教育部門安排優先就學」和「設立臺生專項獎、助學金」對臺青受訪者有較強吸引力占 35.8%，有臺青受訪者表示「影響最多的是獎學金，學費也是臺灣的一半」、「找一個生活習慣比較相近的地方」。由此可見，臺青登陸的優勢主要在語言相通，生活差異較小，學費較低；獎學金豐厚、優先安排就學也成是要因。

同時，也有 38.1% 的臺青受訪者認爲該款項吸引力較小，在訪談中談到「學習很吃力」、「辦理獎學金手續繁雜」、「臺灣不承認大陸學歷」、「去歐美日發展的人更多」，說明在學習方面惠臺政策雖然具有一定吸引力，但仍存在本質矛盾和細節問題亟待處理。

圖 3.2 「以廈門惠臺六十條第 34、35 條爲例，『臺生由教育部門安排優先就學』和『設立臺生專項獎、助學金』，對您登陸學習的吸引力有多少？」

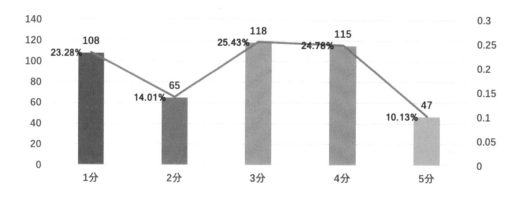

（2）給予實習補貼

如圖 3.3 所示，臺青受訪者認爲廈門惠臺政策中對臺生給予住房、交通補貼對其吸引力較大的占 42.9%，高於認爲補貼吸引力較小的 33.2%，說明廈門惠臺

政策中住房、交通補貼對臺青吸引力較大。

　　同時，臺青受訪者也提及實習見習補貼對其的影響，表示「感覺還不錯，希望金額再高一些」，可見惠臺政策對臺青具有較強吸引力，但效用還不明顯。

圖 3.3　「以廈門惠臺六十條第 36 條爲例，『給予臺生住房新臺幣 2400/月，交通專門補貼新臺幣 1 萬元』，對您登陸實見習的吸引力有多少？」

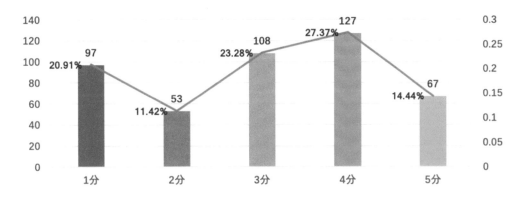

2．提升就業創業參與度

（1）吸引高端人才

　　如圖 3.4 所示，僅 25.9%的臺青受訪者對「臺畢業生可享受經營研發、住房交通等高額補貼」認爲吸引力較小，而超過 46.5%認爲吸引力很大，可見惠臺政策中就業創業方面的高額補貼對臺青吸引力較大。同時，也有部分臺青受訪者表示「補貼不多，大陸物價高，誘惑力不大」，可見政策力度尚未達到預期。

　　由此可見，惠臺政策中針對經營研發、住房交通的補貼對臺青吸引力較大，政策作用較明顯，但仍需改善。

圖 3.4　「以廈門惠臺六十條第 37～39 條為例，『臺畢業生可享受經營研發、住房交通等高額補貼（碩士新臺幣 14 萬，博士新臺幣 24 萬）』，對您登陸就業創業的吸引力有多少？」

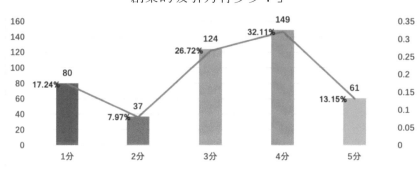

（2）擴充職業選擇

如圖 3.5 所示，認為享受同等職業資格認證、擴充崗位、報考國企事業單位吸引力較強的比例略高於其他選項，但認為吸引力較小也達 31.6%，說明關聯政策對臺青的吸引力還比較有限。

在涉及職業資格認證方面，多位臺青受訪者表示「就業資格證讓我能和本地生共同競爭」、「港澳臺人員在內地就業許可至少給予我們政策保障」。

圖 3.5　「以廈門惠臺六十條第 40～43 條為例，『臺生可享受同等職業資格認證、擴充就業崗位 5000 個/年、報考國企事業單位』，對您登陸就業創業的吸引力有多少？」

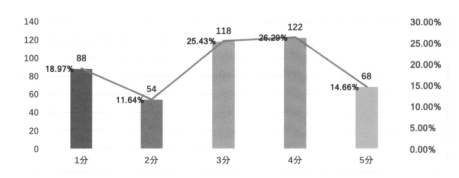

3‧提升生活福利保障性

（1）強化住房保障

如圖 3.6 所示，多數臺青認爲惠臺政策中購房優惠對其吸引力超過一般水準，比例達 70.4%，表明「對臺胞購房租賃給予優惠和補貼待遇」條款充分吸引臺青；同時，幾位臺青受訪者表示「住房及補助金大大減少了我生活上的負擔」，充分肯定購房優惠條款。由此可見，惠臺政策中關於購房優惠對臺青非常有吸引力，政策作用顯著。

圖 3.6　「以廈門惠臺六十條第 44、52 條爲例，『對臺胞購房租賃給予優惠和補貼待遇』，對您登陸生活的吸引力有多少？」

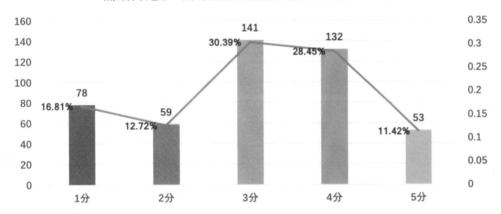

（2）開放參政領域

如圖 3.7 顯示，臺青受訪者對惠臺政策中「臺胞在中國大陸可參政議政、參與社區管理待遇」興趣較低，其中認爲其吸引力超過一般水準者僅 21.3%，表明參政議政條款對臺青吸引力不大，政策成效較低。爲抵消大陸惠臺政策衝擊，臺灣當局出臺多項規定禁止登陸臺青出任大陸公職。多數臺青受訪者表示「保衛國家可以理解」「政治價值觀已經不同」，可見多數人對在大陸參政議政並不支持。當然，也有臺青表示這是大陸釋放的一種善意，認爲臺灣當局的規定並不合理，「對關聯行業臺灣人造成障礙」。

圖 3.7 「以廈門惠臺六十條第 47、49、50 條為例,『臺胞在中國大陸可參政議政、參與社區管理等待遇』,對您登陸生活的吸引力有多少?」

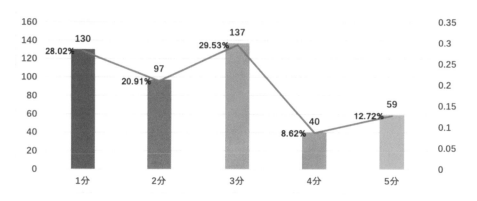

（3）提供同等待遇

如圖 3.8 所示,70.4%的臺青對旅遊、交通、醫療等方面福利的興趣超過一般水準感到具有較強吸引力,但多數臺青認為大陸醫療存在問題,渴望在惠臺政策中予以解決。在被問及「您對惠臺政策有哪些方面再補充什麼會更滿足您的需求?」時,多數臺青受訪者表示「醫療落後、價格高」「生病很麻煩」。

圖 3.8 「以廈門惠臺六十條第 44～60 條的其他條款為例『臺胞可享受旅遊、金融、交通、醫療、基金保險、與廈門市民同等的福利保障等待遇』,對您登陸生活的吸引力有多少?」

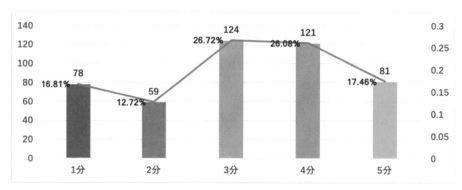

　　在渴望改善醫療系統的同時，臺青受訪者也對交通便利和基礎建設提出自己的期待，例如在被問及「如果您來中國大陸發展，您希望有什麼樣的生活？」時，臺青受訪者大多期待生活在「上海或杭州」等大城市，並對民生福利及交通便利有較高要求。

　　由此可見，惠臺政策中醫療、交通等方面的條款對臺青吸引力較大，目前付諸實施的惠臺政策尚難以完全滿足臺青需求。

4・調動登陸發展積極性

　　如圖 3.9 所示，臺青受訪者在瞭解惠臺政策之後登陸意願增加，超過一般水準的比例有 69.2%，遠高於增強較弱比例，說明臺青受訪者在瞭解惠臺政策之後，登陸發展意願明顯增強，政策總體吸引力較好。

　　臺灣「ET today 民調雲」2018 年 3 月之「惠臺措施可成功拉攏臺灣人心？」調查資料顯示，68.5%的臺灣人認為惠臺措施可成功拉動臺灣人心，只有 28.2%的人認為可能不會成功，二者相差明顯，可見惠臺政策總體效用還是較好的，臺灣民眾尤其臺青登陸意願明顯改善。再如圖 3.10 所示，67.3%的臺灣民眾對惠臺政策認同度較高，不認同者僅 21%，說明島內民眾對惠臺政策總體認同度已經相當高，出現較明顯的登陸意願。

　　惠臺政策各領域具體措施對臺青的吸引力如表 3.1 所示。

圖 3.9　「請問您在瞭解『大陸惠臺三十一條及廈門惠臺六十條』後，登陸發展的意願增加了多少？」

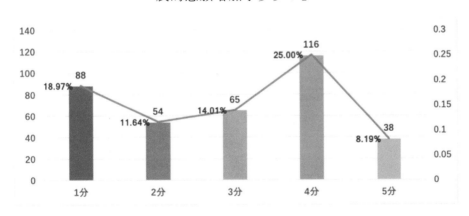

圖 3.10　大陸惠臺三十一條認同度

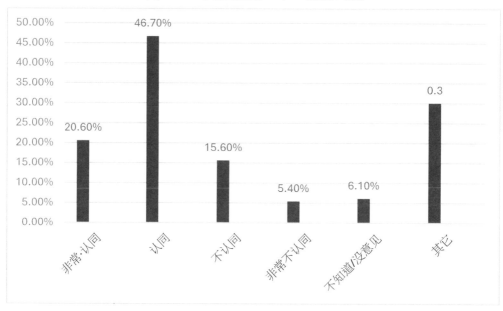

表 3.1　惠臺政策吸引力平均分析

惠臺政策相關領域	具體舉例	平均吸引力得分（滿分=5 分）
升學學習	以廈門 60 條第 34.35 條為例，「臺生由教育部門安排優先就學」和「臺生專項獎助學金」	2.78
實習見習	以廈門 60 條第 36 條為例，「給予臺生住房補貼 500 元/月、交通專門補貼 2000 元」	2.95
人才吸引	以廈門 60 條第 37～39 條為例，「臺生可享受經營研發、住房交能等高額補貼（碩士新臺幣 14 萬，博士新臺幣 24 萬）」	3.16
就業創業	以廈門 60 條第 40～43 條為例，「臺生享受同等職業資格認證、擴充就業崗位 5000 個/年、報考國企事業單位」	2.97

住房租賃	以廈門 60 條第 44、52 條爲例，「對臺胞購房租賃給予優惠和補貼待遇」	3.04
參政議政	以廈門 60 條第 47、49、50 條爲例，「臺胞在大陸可參政議政、參與社區管理等待遇」	2.52
社會福利	以廈門 60 條第 44～60 條的其他條款爲例，「臺胞可享受旅遊、金融、交通、醫療、基金保險與廈門市民同等的福利保障待遇」	3.14
瞭解程度	以廈門 60 條爲例	1.74
增加意願	請問您在瞭解惠臺 31 條及廈門 60 條后，登陸發展的意願增加了多少	2.89

注：*2.8～3.0 分表示該領域吸引力較好；**3.0 分以上表示該領域吸引力較強。

（二）總體分析

1・臺灣各界強烈關注

（1）青年群體：擴大選擇發展空間

從總體看，臺青對「大陸惠臺三十一條」及「廈門惠臺六十條」瞭解程度不容樂觀，將近四分之三的臺青不太瞭解或者瞭解程度甚微。同時，也有將近三分之一的臺青表示沒有來大陸發展的打算，另外一部分臺青來大陸主要是爲了學習或工作。

儘管如此，在瞭解惠臺政策之後，近七成的臺青登陸意願增加 3～5 分。瞭解程度方面，雖然深度瞭解惠臺政策的臺青不在少數，但有所瞭解但未主動瞭解者也爲數不少，可見總體上惠臺政策的具體內容沒有被特別重視和關注。在政策惠及點方面，臺青重點關注學術研究和在大陸生活，如「實習政策、千人萬人計畫補助、換證執業、醫療服務、買房」。

另外，通過惠臺政策對大陸的認知有好有壞，一部分臺青認爲惠臺政策是大陸對臺灣友善和親切的表現，但大部分人認爲這是大陸統戰的新招，是「用金錢收買人心」或「用金錢統一臺灣」。

（2）臺灣媒體：實施前所未有政策

臺灣媒體不管藍綠，是否統獨，在「大陸惠臺三十一條」出臺後都第一時間作出回應。雖然立場不同，但都肯定惠臺政策的積極效應。其中有一些媒體用「前所未見」「大利多」「兩岸自然發展規律」「兩岸融合加速」「思維突破」等詞讚美惠臺政策想法新穎，影響很大。

在此同時，蔡英文當局及綠營對惠臺政策不屑一顧，如臺灣當局指摘惠臺政策執行面難保障，宣傳與實際落差大，諷刺大陸政府盡說大話空話，誇大政策的負面效應，給臺灣民眾很偏激的輿論引導，這在一定程度上無疑會妨礙臺灣民眾對於惠臺政策的接受度和認可度。

（3）學界政黨：突顯經濟政治效應

除了媒體報導，臺灣部分專家學者也對「大陸惠臺三十一條」及「廈門惠臺六十條」發表自己的看法。總體上，臺灣專家對惠臺政策未來的實施效果持看好的態度，一部分專家側重在經濟領域，認為惠臺政策對臺灣中小企業有很大的吸引力，對於臺灣學生工作學習、生活補助等方面也有很多優惠；而另一部分專家則認為惠臺政策在根本上政治效應更突出，目的就是促進兩岸統一，打擊臺灣所謂的「天然獨」。

政黨方面，臺灣時任行政機構負責人、民進黨人賴清德針對惠臺政策宣稱大陸勞動條件未必比臺灣好，臺灣要以強本為優先。在此同時，國民黨一位議員受採訪時提到，惠臺措施是實實在在造福兩岸中國人，對兩岸基層交流與未來和平統一不無益處。

總之，惠臺政策，無論是「大陸惠臺三十一條」還是「廈門惠臺六十條」，在臺灣社會影響都不可小視，但臺灣民眾對於惠臺政策的接受程度及政策普及度都有待進一步提高。由於各種原因，臺灣民眾沒有機會瞭解惠臺政策或者沒有深入瞭解惠臺政策，導致惠臺政策在頒布後難以達到預期效果。

2・大陸政府積極推進

「大陸惠臺三十一條」的頒布不同以往，時間短、速度快、部門多、涉獵廣、地方多、決心大、力度大。隨後，各地紛紛出臺細則，包括「廈門惠臺六十條」，形成從中央到地方之系統全面的惠臺政策體系，涉及領域涵蓋臺胞包括臺青登

陸學習創業投資生活的方方面面，其力度之大、範圍之廣前所未有。

總體而言，「大陸惠臺三十一條」全面反映大陸對兩岸經濟文化交流合作的理念、原則和政策，堪稱是將「兩岸命運共同體」的建構目標轉化成爲包括「兩岸一家親」理念、「同等待遇」原則和具體政策措施的綜合體系，推進兩岸融合發展願景轉化爲公共政策；而「廈門惠臺六十條」則是中央對臺政策方針包括「三十一條」的具體體現，對於推動廈門成爲臺胞尤其是臺青登陸的「橋頭堡」無疑具有重要推導作用。

（三）深度分析

1・滿足臺青切身需求，提升登陸意願

總體而言，臺青登陸發展需求主要在以下方面：

醫療衛生：在大陸醫療費用高，無臺灣健保福利，服務態度不佳，醫療品質不高；

住房保障：一二線發達城市住房價高租金高，面積小；

證件辦理：臺胞證適用範圍有限，需要辦理的證件多較麻煩，部分證件有限制或門檻較高；

就業範圍：就業範圍受限，部分企業不喜歡招錄臺籍，主要因爲需辦理額外員工手續、不熟悉大陸市場、「外地人」、未必具備與大陸人同樣的技能和知識等；

就學條件：部分學歷不被承認，知名高校招生數量少，教材銜接問題，以及助學金、獎學金發放等問題；

登陸成本：機票費用、大城市物價偏高等。

以「廈門惠臺六十條」爲例，臺青瞭解後認爲以上困擾基本能夠得到解決，登陸意願進一步增強。

當然，也有部分臺青表示，已經付諸實施的惠臺政策未能滿足其需求，主要原因有：

（1）廈門是對臺一線視窗，其他地方可能沒有類似的優惠政策；

（2）部分政策條例限制太多，如年齡、學歷等；

（3）本身無登陸意願。

總體而言，惠臺政策內容或者說就政策本身能夠提升臺青登陸的吸引力，在臺青初步瞭解後產生不錯的效果，爲臺青提供了一條可選擇且較理想的道路。

2‧改變臺青大陸認知，重塑大陸印象

臺青對大陸的認知和印象比較複雜，可以從兩個層面區分，一個是官方層面，包括政黨及政治制度；另一個是民間層面。總體而言，臺青對這兩個層面的感覺或認知都不是很好，官方層面如後詳述，就民間層面而言，部分臺青認爲「大陸精神文明素養低，隨意插隊，隨地吐痰」「大陸小孩沒東西吃，很窮很落後」。

這種刻板負面現象的成因複雜，一方面由於臺灣島內媒體報「憂」不報「喜」，而大陸電視臺無法全面落地，宣傳效果受限；另一方面，大陸沒有開放 FB、Line 等，造成兩方溝通較少，資訊無法及時瞭解。雖然從臺灣可以比較順利地瀏覽大陸網站，但臺青普遍缺少主動性。當然，在精神文明方面，大陸也必須承認自己的不足。

惠臺政策出臺後，臺青對大陸的認知確實有所改善，尤其是未曾登陸過的臺青，包括惠臺政策本身造成的直接改觀，如「國家經濟情形挺好，也很開放」，以及活用惠臺政策到大陸後體驗後的間接改觀，如「大陸對臺胞態度友善」「全世界可能都沒有上海這麼方便且便宜的服務」，諸如此類。

當然，也有部分臺青認爲惠臺政策並沒有改變其對大陸的印象，主要因爲：
（1）對大陸多年形成的印象較爲固定；
（2）對大陸的印象集中在精神文明層面；
（3）對大陸的印象集中在官方層面。

綜上所述，惠臺政策，無論是原則性的「大陸惠臺三十一條」還是更具操作性的「廈門惠臺六十條」，都在一定程度上能夠改變臺青對大陸的認知和印象，但主要集中在經濟發展水準和硬體設施方面；臺青對於精神文明層面、政治制度方面的認知依然故此，即以負面刻板印象爲主，未來需要加強協調。

3‧促進臺青理解兩岸差異，強化大陸認同

臺灣實施資本主義制度，發展較快，資本高度發達，加上政治民主化，受西

方主流價值觀影響，更重視追求個人自由人權，認同普世價值下的民主政治；而大陸則實行「人民民主專政」，推進中國特色社會主義建設。在臺青看來，大陸制度是難以理解和認同的，對於「您如何看待中國共產黨及其政治制度」之問題，不少人表示「中國實施計劃經濟，會有人偷懶」「一黨獨大」。

尤其是沒有來過大陸的臺青，對中國共產黨及大陸政治制度的理解是比較片面的，他們很難真正理解和感受「人民民主專政」的本質。相形而言，在大陸生活一段時間的臺青則出現明顯的印象改善和一定程度的理解，如「對於大陸來說是因地制宜的」「可以維持好他們的秩序」「中國共產黨許多政策總是讓我讚歎不已，所以沒有所謂的『改善』，只有『更好』。」

由此可見，通過實施惠臺政策，推進更多兩岸交流尤其青年交流，有利於促進臺青對大陸基本國情和基本國策以及中國共產黨執政理念的瞭解，認識到中國共產黨對大陸的重要性及其政治制度的必然性。要而言之，惠臺政策的付諸實施可以吸引更多臺青登陸發展，從而改善其對大陸及政治制度的認知，增強「和平統一、一國兩制」的可行性。

4・抑制「天然獨」，形塑「後天統」

自 2014 年「太陽花運動」以來，臺灣出現一個新名詞即「天然獨」，宣稱臺青堅持臺灣「獨立自主」的價值，自我認同爲「臺灣人」，傾向於認同臺灣或者「中華民國」是「獨立主權國家」。實際上，所謂「天然獨」並不等同於「臺獨」，充其量只是一種「臺灣主體性」或「臺灣意識」，當然是旗幟鮮明地堅持自身（臺灣）「獨立性」與「自主性」，在一定程度上也有與大中華切割的思維特徵，這種思維由於臺灣當局修改教科書等「去中國化」而不斷加劇，越來越成爲臺青的主流意識形態。惠臺政策從三個方面可能對所謂「天然獨」產生影響：

（1）對「太陽花運動」的認知

實際上，多數臺青已經認識到以青年爲主體之「太陽花運動」的盲目性，認識到「太陽花運動」對臺灣經濟的重創，認識到這是臺灣民粹主義的抬頭和政治制度的弊端，也認識到臺灣與大陸經貿合作的必要性。因此，在實質上以「大陸惠臺三十一條」以及諸如「廈門惠臺六十條」等補充「服務貿易協定」，改變兩岸深化經濟往來的方式，更易被臺青所接受，能夠發揮抑制「天然獨」的效應。

（2）對大陸惠臺政策的情感態度

對於「大陸惠臺三十一條」及「廈門惠臺六十條」等所體現的大陸惠臺政策，不少臺青認為，「這些措施可能應該就會是統戰的一環，可能就是放出一點小利，然後讓兩岸的關係能夠有一些轉變。但是如果以製造人民機會的角度來說，這也算是給臺灣人一個增加在那邊工作的誘因。」「我看到惠臺政策只覺得就是要統一的手段之一而已，但因為我有需要，所以也換了想法，覺得是很友善但也很直接了當的政策。」

《遠見》調查顯示，大陸推出惠臺措施後，從年齡層看，認為大陸「友善」占比從最高的所謂「天然獨」世代往下，年齡越高占比越低。而十年前《遠見》調查顯示，年輕族群（18～29 歲）認為大陸「不友善」的比例高達 50.8%，大陸推出惠臺政策後的如今已降至 39.8%，「友善」占比也從 35.5%升至 40.8%，據所有年齡層之首。

由此可見，惠臺政策顯然從心理上能夠明顯改善「天然獨」世代對大陸的情感態度，並且能夠促進其尋求登陸發展。簡言之，惠臺政策能打動「天然獨」，從而在一定程度上緩解臺青的「臺獨」傾向。

（3）對兩岸關係的期待

對於兩岸關係發展，臺青不管大陸經歷如何，政治立場如何，都強烈地希望兩岸和平發展，經貿上互通往來，形成互惠互利共贏共榮的關係。就政治立場而言，經常往返兩岸的臺青有逐漸接受「一國兩制」的可能和趨勢；偶爾到大陸的臺青主張「維持現狀」，增加經貿合作和民間連結；沒有來過大陸的臺青也偏向「維持現狀」，但對於「一個中國原則」立場略見鬆動，當然也更熱衷於維護「獨立性」與「自主性」。總之，這與兩岸交流的密切程度休戚關聯，交流越深越能理解對方，越疏遠則越容易導致誤解。惠臺政策的出臺，特別是更具操作性之「廈門惠臺六十條」之類的細則，有利於兩岸深化兩岸交流和強化融合發展，進而最大程度地發揮抑制「天然獨」之「去臺獨化」的效應。

5 · 弱化「中共（大陸）打壓」效應，深化民族情感

2016 年蔡英文執政後兩岸關係趨冷，出現大陸「機艦繞臺」、臺灣「邦交國」減少等事件，即所謂「中共（大陸）打壓」。在意識形態和價值觀衝擊下，所謂

「中共打壓」被歪曲為對臺灣及臺灣人的不尊重和不理解，加劇了臺灣民眾的對立意識，自然也衝擊了惠臺政策的效果，成為結構性政治難題。

為了破解「中共打壓」的負面效應，無疑必須建立一條大陸與島內基層民眾直接溝通的管道，深入臺灣基層民眾中間進行交流，顯示大陸對臺灣民眾的理解和尊重，包括對其價值觀念、政治制度的尊重，以及對臺胞歷史情結的理解和關懷。只有換位思維，主動向臺胞表達理解和尊重，才能將心比心換來臺胞的理解與尊重，切斷民進黨通過渲染「中共（大陸）打壓」騙取選票的執政根基。毫無疑問，這條通道就是惠臺政策，因為大陸無法直達島內去表現自己，只有讓臺灣基層民眾通過「惠臺政策」的吸力主動登陸，即反向深入臺灣基層，爭取人心。換言之，只要惠臺政策落實得好，運用得好，自然可以在一定程度上降低「中共（大陸）打壓」的負面效應。

四、惠臺政策吸引力弱化之要因

以下從臺灣和大陸兩個側面，探討惠臺政策未能最大程度地發揮其對臺胞尤其臺青的吸引力的主要原因。

圖 4.1　惠臺政策吸引力弱化因素分析示意圖

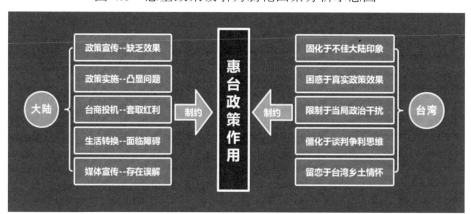

（一）臺灣：本質矛盾制約效用

1．固化於不佳大陸印象

本研究發現，44.2%的臺青對大陸感情一般，其中 12.5%和 4.7%對大陸比較反感或非常反感。大部分臺青對大陸的態度仍處於一種比較無感甚至是排斥的狀態，且部分臺青對大陸當前的體制不甚瞭解。

圖 4.2 「請問在臺灣方面，阻礙您登陸學習就業或發展的因素有哪些？（請選 2～3 項）」

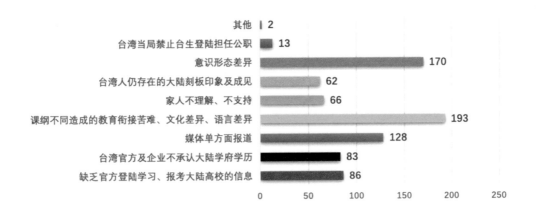

對於妨礙其登陸發展的影響因素，如圖 4.2 所示，臺青認爲主要是兩岸之間的文化差異、意識形態差異。他們囿於傳統的觀念認爲：

（1）大陸仍處於落後狀態，人民素質極低；

（2）共產黨是「軍閥」「缺乏對生命價值與人類價值的共識」「大陸官員充滿腐敗」；

（3）雙方意識形態存在的差異與主流價值觀的不同。

2‧困惑於真實政策效果

本研究發現，很多臺青在瞭解惠臺政策後在一定程度上對大陸或中共的認知有所改觀，但依然普遍存在以下疑慮：

（1）大陸政府是否能夠將政策落到實處。臺青對惠臺政策仍處於觀望狀態，認爲缺乏落實的實例，對政府是否落實、落實品質存疑；

（2）大陸政府是否能夠建立長效機制。臺青因地方政府安排、兩岸關係變化和政策措施規定等三方面因素影響而對惠臺政策的有效期存疑；

（3）大陸政府是否存在欺詐問題。臺青對惠臺政策是否存在政府欺詐保持警惕，對「是否含有未說明條件、政府玩文字漏洞和是否要因此付出的代價」存

疑；

（4）對政策存在誤解。對惠臺政策的實施範圍產生誤會，認為雖然是以「大陸惠臺三十一條」為總則，但各級地方政府（如廈門市）是根據總則和各地實際情形頒布細則（如「廈門惠臺六十條」，並不是全國適用一套標準，有些地方也沒有惠臺政策，某些優惠條件適用範圍僅在某縣、某市、某省之範圍內。

3‧受制於當局政治干擾

臺灣當局通過負面解讀、出臺多種不合理規定，從而限制惠臺政策的成效，主要體現在：

（1）負面解讀。臺灣當局及「臺獨」媒體對與大陸關聯的新聞常持負面態度，針對大陸「惠臺三十一條」宣稱其為「毒三十一條」，臺灣多家媒體，如《自由時報等》採取《統戰再啓！中國國臺辦公布三十一條惠臺措施》等帶有極強攻擊性的文章標題引發民眾憂慮，宣稱大陸惠臺政策會造成臺灣人才流失，破壞臺灣發展，是大陸滲透臺灣的「統戰陰謀」。臺灣當局通過對「惠臺三十一條」的輿論操控，引發民眾反抗情緒；

（2）不合理規定。臺灣當局通過不承認大陸部分高校學歷、禁止臺胞登陸擔任公職、禁止參加大陸政府基金項目、出臺與之競爭的政策降低惠臺政策的實際效用。（參見圖 4.3）

圖 4.3 「行政院大陸委員會函」

4．固步於談判爭利思維

本研究發現，部分臺青主張維持現狀的主要原因是，不統一才能得到大陸政府的讓利和好處，「獨立」是與大陸談判和爭取利益的籌碼。一部分臺青和臺商無意統一，只是希望通過兩岸優惠政策獲取更大的利益。

5．沉湎於臺灣鄉土情懷

本研究發現，大部分臺青本土情懷較重，很多人表示「距離太遠，登陸發展要與家人分開」「比較喜歡臺灣的上課方式」「在外灣的工作及生活更適應」。由此可見，照顧家人、習慣臺灣教育模式、臺灣工作生活體系，是他們主要考慮的方面。

（二）大陸：政府治理缺乏效用

圖 4.4　「您沒有登陸發展打算的原因是？（請選 2～3 項）」

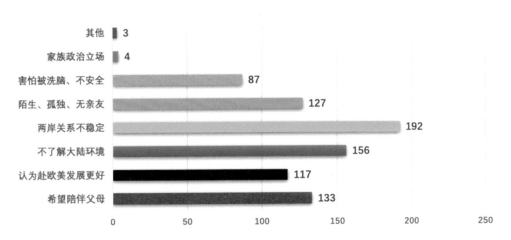

如圖 4.4 所示，困擾臺青登陸的要因包括：兩岸關係不穩定、不瞭解大陸的市場環境、希望陪伴父母（往返不便，費用高）、陌生孤獨等因素，諸如此類固然與臺灣當局及臺青方面的因素不無關係，同時也與大陸方面政府治理成效密切相關。

1·政策宣傳缺乏效果

目前看來，惠臺政策宣傳力度，無論是「大陸惠臺三十一條」還是「廈門惠臺六十條」，都存在不足，目標人群缺乏關聯管道瞭解政策福利，主要體現在：

（1）宣傳力度不足

本研究發現，61%的臺青對於「大陸惠臺三十一條」（遑論「廈門惠臺六十條」）的瞭解程度僅1分，大部分人處於完全沒有聽說過或只聽過臺灣媒體一些負面報導的程度。換言之，對大陸惠臺政策完全沒有全面的和正面的認識，遑論積極的評價。

（2）關聯管道缺乏

很多臺青登陸發展後，由於生活方式環境變化，難以自行辦理如臺胞證、營業執照等證件，加之對申請所需材料、手續、流程一無所知，而關聯部門往往也未能主動聯繫提供資訊解決問題。換言之，實際上登陸的臺青也缺少管道聯繫臺辦臺聯等部門尋求幫助。

2·政策實施存在問題

在惠臺政策實施過程中也暴露大陸現行體制存在的一定問題，如：部門協調配合不佳，政策落實偏慢，強勢部門不理臺辦；制度設計相互矛盾，臺胞按照外籍人士管理；政策落實不到位，臺青登陸後未享受到政策紅利感到「被欺騙」；涉臺幹部素質不高，對臺胞傾聽不足；臺創基地等機構虛報團隊，大陸和臺灣雙向盈利。

3·臺商投機套取紅利

不少臺灣中間商通過參與指標購買、成立協會帶團交流、壟斷招生名額與學費繳納，利用大陸與臺灣的政策優惠及兩岸資訊不對稱，賺取差價獲取紅利。毋庸諱言，實際上不少臺商及仲介機構壟斷兩岸資訊交流，既成為兩岸交流的橋樑也變成兩岸深化合作的阻礙。為了獲取更多自身的利益，他們選擇自己賺取優惠，損害兩岸人民的利益，引發兩岸對立仇視情緒。

4·生活轉換面臨障礙

如圖4.5所示，臺青在登陸發展時認為資訊交流、待遇落差、醫療衛生、人

際關係、成本費用等因素阻礙很大。特別是由於兩岸交流工具不同，只能通過翻牆、國際漫遊電話溝通，不少臺青表示「通信不是絕對的自由」；臺胞證與身分證效力作用不同，支付寶認證、酒店入住、淘寶購物等方面依舊不便；大陸醫療成本高，醫療技術難以保障；大陸競爭壓力大，部分企業歧視臺青，不無臺青表示「我打工都有困難」；登陸發展生活壓力大，生活成本高昂。

圖 4.5　「請問在中國大陸方面阻礙您登陸學習就業或發展的因素有哪些？（選 2～3 項）」

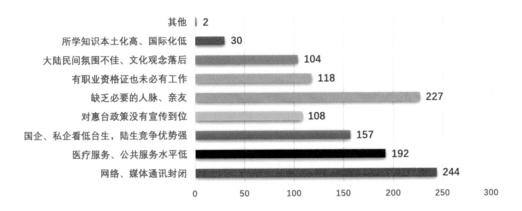

5．媒體宣傳存在誤解

　　大陸媒體在宣傳報導時，存在著報導方向有偏、解讀不夠客觀之類的問題，讓大陸民眾對臺灣產生誤解和偏激情緒。如受訪臺生反映，「比如網友們會針對、辱罵臺灣人，或者遇到有人刁難『你們臺灣很多詐騙犯』『你們臺灣人來大陸就是為了賺錢的』『臺灣就是 1949 年後國民黨過去才有的』等等。大陸人民的不理解，對臺灣的刻板印象、偏見，使我覺得很無力。」

五、惠臺政策效用提升之路徑

　　以下從政策完善、政策執行、政府治理、兩岸認同四個方面，探討提升惠臺政策效用的路徑。

圖 5.1　政策效用提升之路徑探究示意圖

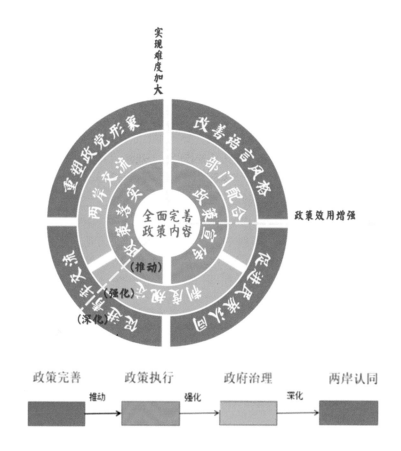

（一）全面完善政策內容

1．政策設計方面：強化規律性和針對性

圖 5.2　「什麼是吸引您登陸的生活指標？（請選 2～3 項）」

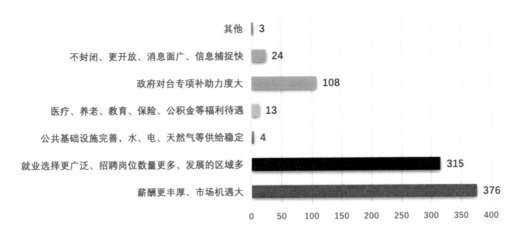

（1）強化頂層設計

惠臺政策，無論是中央政府層面的「大陸惠臺三十一條」還是地方政府層級的「廈門惠臺六十條」，其底層目的顯然在於持續深化兩岸情感交流，而不只是依託物質利益促使兩岸結合。恰如夫妻關係，如果只是因爲金錢、利益關係，很容易破滅，比金錢更重要的是雙方感情。因此，中央政府層面要加強對惠臺政策的頂層設計，加強對惠臺政策的總體引導性，在增進兩岸利益往來過程中引領兩岸民眾交流，強化情感深化認同。

（2）提高落實針對性

惠臺政策，尤其是地方政府層級的惠臺政策如「廈門惠臺六十條」的實施要惠及群體與個體並重，特別是要具備專門思維，針對創業團體、臺灣社團要側重於其效益開發，增強積極性、贏利性、知名度；針對個體要側重於基礎性的福利保障，尤其要盡最大努力讓每個在大陸打拼的臺籍工作者包括臺青能夠享受到大陸政策紅利。毋庸諱言，長期的「日積月累」可能產生巨大的統戰效果，容易

積聚民心，重塑大陸和中共在臺灣民眾尤其臺青心目中的印象。

圖 5.3　「請問您希望中國大陸對您登陸學習實習見習完善哪些政策？（請選 2
～3 項）」

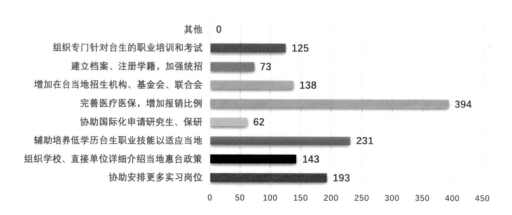

2・學習實習方面：創新吸引模式

　　針對如圖　5.3　所示之臺青登陸學習實習見習所期待的政策完善，大陸可以
採取的政策措施包括：

　　擴大招生名額。鼓勵大陸知名高校擴大對臺灣招生的專項名額，如「C9 聯
盟」、「華約」、「北約」等聯合對臺招生，積極吸納更多臺青優秀人才進行培養。

　　協助臺青讀研。支持臺青通過國際交流項目申請國外高校研究生；鼓勵兩
岸高校合作，建立研究生、博士生保送管道；鼓勵臺青參與高校夏令營活動，探
索臺青新型考研讀博模式。

　　加大教育領域的投入，鼓勵「互聯網＋教育」和「人工智慧＋教育」走進臺
商子弟學校、臺生班級，使之能夠體驗大陸先進科技教育模式。

　　開放重點領域實習崗位，包括電子商務、金融、航空等服務業和人工智慧等
大陸領先領域，以及農業種植業、文創、食品、醫療衛生等臺灣優勢領域。

　　鼓勵臺灣學校在大陸成立專門的分校（小學、國中、高中）或臺生班級，鼓
勵臺企創辦臺灣子弟學校，引進臺籍教師和臺灣教學模式、教學方法，適度處理

數理化偏難、所學知識本土化等問題，鼓勵學生多元發展。

3・就業創業方面：優化從業環境

圖 5.4　「請問您希望中國大陸對您登陸就業創業發展完善哪些政策？（請選 2
～3 項）」

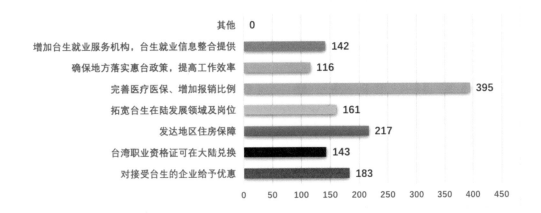

針對如圖 5.4 所示之臺青登陸就業創業發展所期待的政策完善，大陸可以
開拓和完善的措施不少，如：

開闢臺籍教師及臺籍工作者評獎評優、職稱評定、論文發表、基金申請等方
面的專項名額和專門通道，支持臺青教師承擔各級重大項目和重點課題，設立
臺籍教師專項研究基金，減少因大陸工作者的競爭而排斥臺籍工作者的情形。

擴充長江三角洲地區、珠江三角洲地區（粵港澳大灣區）、環渤海經濟圈、
閩南金三角經濟圈、華中中心城市（武漢、長沙、重慶、成都）等地區（「發達
地區」）的臺青就業崗位，設立臺青專門就業通道和專項就業名額保障；在電子
商務、金融投資、交通運輸、人工智慧、雲計算物聯網大數據等大陸領先產業行
業中擴充臺青的就業崗位，支持臺青參與大陸領先行業建設，體驗大陸發展的
高速度；支持中國世界五百強企業、中國五百強企業、臺資外資企業擴充臺青就
業崗位，增加市場機遇；鼓勵一帶一路沿線國家中資企業或投標項目招納臺青

參與；對招收臺青的企業給予適當優惠補貼或稅收減免等支持，並鼓勵企業對臺青提供專項實習就業培訓。

鼓勵大陸臺企招聘島內人才，增強「以臺引臺」效應，對擴大招納島內人才的臺企給予補助；推動島內外企業加大合作，鼓勵島內企業外派員工到大陸短中期生活，給與補貼；給予長期在大陸打拼的臺青生活補貼。

鼓勵臺青登陸發展特色產業，支持臺青引進臺灣特色品牌，如小吃、甜品、文創、化妝品等，給予適當期間內的稅收減免和租賃補助；政府部門或者關聯協會通過微信等新媒體推文、電視廣告協助宣傳，擴大創業和產業收益。

4‧日常福利方面：注重生活便利

為了登陸臺胞包括臺青安居樂業，根據惠臺政策精神在各方面為臺胞包括臺青創造全方位的便利條件，如：

網路：為登陸發展的臺青提供專門的網路服務，如專門的網路流量套餐供臺青選擇，支援臺生利用國際網路學習和方便聯繫臺灣親友，打破臺青之大陸「網路封閉，資訊阻塞」的刻板印象。

交通：降低臺青的登陸成本，與關聯航空公司合作，根據臺胞證享受機票優惠待遇；開闢更多臺灣地區尤其是臺灣南部航線，鼓勵南部民眾登陸發展，對南部地區釋放善意。

金融：推進兩岸金流互通機制，設立專門銀行機構負責兩岸資金流通，在學費繳納、工資匯兌、生活費匯寄等小額資金流通方面提供便利化服務；降低金融門檻，支持臺青使用支付寶等電子支付工具的全部金融服務，開放更多金融服務和支付方式，在銀行卡、貸款、基金、股票等方面給予國民待遇。

社區：支援發達地區地方政府建設臺胞社區，保障臺胞包括臺青住房，支持社區買房、租賃等多種方式。協助、鼓勵臺胞參與「社區自治」，支持臺胞自我管理、自我服務，選舉社區主任，增強「主人翁意識」。

醫療：支援發達地區引進臺資醫院，引進臺灣醫療服務模式，引進臺灣醫務人員尤其是高級醫師，以大陸發達地區的醫療資源和技術與臺資醫院形成互動，爭取臺胞醫療保險（健保）能在大陸臺資醫院使用，支持臺灣醫療產業登陸「落地生根」。

旅遊：實施持臺胞證旅遊優惠政策如購票打折等，支持在特殊景點增加閩南語和客家話講解，憑藉臺胞證享受當地居民專門通道和「同等待遇」。

文化：鼓勵臺青參與「孔子學院」等漢語教學和華文教育活動，支持兩岸青年共同拍攝文化歷史類電影電視紀錄片，支援兩岸青年從事與中華傳統文化關聯的文創事業。

（二）雙向強化政策執行

1・政策宣傳方面：重視多樣化、基層化、青年化

完善宣傳平臺，拓寬宣傳管道。活用電視、網站、公眾號、推文等各種平臺，結合政策諮詢熱線等方式，或鼓勵登陸參訪團、交流團掃描關聯二維碼，關注公眾號，使政策宣傳常態化。加強對涉臺新媒體的定期維護和及時更新，確保隨時點擊都能看到最新發布的資訊和臺胞動態，切忌點進去還是在說去年前年的事。

擴大宣傳範圍，拓展介紹內容。深入基層進行廣泛宣傳，通過座談會、見面會等形式走入高校、社區、企業等基層單位宣傳，說明臺青瞭解、熟悉、獲取政策支持的途徑方法，解釋說明惠臺政策的適用條件，介紹獲取政策支援的典型範例，達成全方位、立體化的宣傳。

聯繫臺籍同胞，發揮宣傳作用。目前在大陸各地包括廈門生活的臺胞及其眷屬約達兩百萬人。各級政府部門包括廈門市區政府部門應抓準時機，利用好節假日、寒暑假等臺胞尤其臺青回臺的特殊契機，發放政策宣傳材料，帶回島內供親朋好友參考。鼓勵高校臺青通過社會實踐或親友交流等形式，積極宣傳惠臺政策。

結合臺青特點，注重宣傳方式。各級政府部門應考慮臺青的接受特點，發展一套對臺交流的語言系統，避免教條與政治氣息過濃，盡量採取一些青年喜聞樂見的宣傳形式，詼諧、機巧、接地氣的語言風格，運用動漫、視頻、音樂等形式，結合閩南語、客家語等方言體系，授權關聯部門結合 Google、Line、Facebook、YouTube 宣傳惠臺政策的典型案例。

2・政策落實方面：強化具體化、細節化、高效化

（1）提高政策品質

科學有據。制定惠臺政策時要做好扎實的調研工作，各地涉臺機構以及高校和科研機構應定期召開臺青座談會或者見面會，傾聽臺青在學習、工作、生活上的訴求，為政策之制定提供實際有效的依據。各地臺辦等涉臺機構要深入基層廣泛收集臺青的意見，及時回饋至涉臺領導決策部門。

具體清晰。對惠臺政策的解讀要足夠清晰，確立統一基本標準和要求。申請補貼的條件、申請地點、申請材料、發放辦法、聯繫方式、對接窗口、服務事項等要在關聯網站說明白，公正公開，辦事簡單便捷；能在網上辦理的事項堅決網上辦理，讓臺胞包括臺青尤其在島內者能在網上提交、辦結關聯證明和手續，提升落實效率。各單位引進臺籍工作者時會有一定的政府補貼，此類補貼數額及單位與員工分配比例（或者二者比例不低於多少）等事項，應在關聯網站等清楚說明，以免造成誤解。

（2）強化細節執行

惠臺政策在執行過程中受官僚主義、地方主義、本土政策、人際關係影響，經常演繹出許多不同的版本，也存在不少與臺辦有關係的人千方百計謀取惠臺政策好處的情形。涉臺領導部門應加強派員調研各地惠臺政策實施情形，督查基層落實細則是否與原規定的政策條件相符，或者變相減少政策規定的範圍或條數，變相增加額外條件或苛刻要求，諸如此類。

對於申領各種補助資金的單位，要長期審查資金運用情形和流向，嘗試建立補貼發放和臺胞銀行卡直接對接，減少中間經手環節，同時聽取臺籍工作者心聲，消除惠臺政策落實過程中的不合理障礙。組織成立監督組織、落實考察小組，或者臺胞舉報投訴平臺。發文單位和執行機構應就政策執行情形在關聯網站公開說明和報告，內容應包括：補助多少人，每人補助多少，是否依據政策進行補助，推行的結果如何，是否符合預期，哪些補助因為哪些條件無法落實，後續如何推進，等等。

（3）提升落實有效性

擴大臺青登陸創業就業首先要針對臺青深入瞭解其所期待從事的行業，有針對性地與關聯企業協調。切忌盲目虛報，隨便指定企業擴充崗位，而無針對性。創建關聯網站、機構，搭建大陸企業與臺青的溝通平臺，由供需雙方進行專門匹配，為臺青量身打造。

大陸高校要設立臺生專門管理機構，傾聽臺生在學習生活上的訴求，提供關聯就業輔助，同時與臺辦等涉臺機構建立聯繫，反映臺青就業情形及其期待，為惠臺政策制定及推進提供實際有效的依據。

（4）完善服務體系

進一步完善涉臺網站如中國臺灣網等，增強服務功能，或者創建專門化服務網站如「臺胞之家」等，設置專責客服人員及時進行惠臺政策解讀並提供幫助，讓臺胞反映關聯情形，及時聯繫和對接關聯機構部門並給予回饋和幫助落實。減少出現諸如「請聯繫 XX 臺辦，XX 臺辦諮商 XX 部門，XX 部門後期給您回復」或「無法辦理」，最後不了了之的情形。各地臺辦等涉臺部門應加強後期回饋，定期就惠臺政策執行情形進行說明和報告，確保惠臺政策公開透明，貫徹執行真實有效。

（三）多維提升治理效能

1・部門配合方面：加強統一協調

大陸各級臺辦作為服務型政府部門相對弱勢，未必能夠得到財政、發改委等強勢部門的充分配合，尤其在地方。建議在臺胞聚集區域的黨委設立關聯工作編組如「XX 領導小組」，進一步增強惠臺政策的統籌協調，分化成立具體的制定機構、諮詢機構、宣傳機構、執行機構，注重惠臺政策措施的細化和責任部門，確保惠臺政策中間環節各部門相互支持配合，不能僅由一個高層或某個部門在講話，而全社會和各部門完全缺位。

最初登陸創業的臺青對大陸的體制機制、規章制度大多不甚瞭解，應組織專責人員強化對臺青創業團隊的跟進，及時瞭解臺青創業過程中出現的問題、關注政策和補助，溝通關聯部門，及時解決問題。同時，應建立涉臺項目專項服務通道，優化簡化環節設置，及時、柔性處理臺青創新創業項目審批，避免過多地方因素阻礙，確保項目之創新性和時效性。

2・制度規定方面：推進專門化和便捷化

綜合實施多年且頗具成效之《臺胞投資保護法》及數十部涉臺法律條款，總結近年臺胞在大陸所涉問題及其解決辦法，確保惠臺政策的長期有效實施，推

動制定和頒布《臺胞權益保護法》。可以由具立法權的地方立法機構，依據其地區情形自主出臺試驗，保障臺胞包括臺青權益，展現大陸落實惠臺政策的決心；或確定一個基調，具體細節各地政府機關和立法機構活用政策原則進行調整，如限定惠臺政策之最低標準。

臺胞包括臺青在大陸生活各方面的細節規定涉及多個部門，往往參照外籍人士管理辦法，重新整合規定工程量異常龐大。建議各部門全面梳理涉及臺胞的規定，由臺辦牽頭重新依據「同等待遇」設定，進行統一檢查和規範，然後全國統一實行。

由於臺灣各方面現代化程度比較高，臺胞包括臺青具有良好的法制思維和法治觀念，應進一步完善涉臺投資及糾紛領域的關聯法律和法制保障，如法院設立臺胞法庭，公安局和檢察院設立臺胞偵查局和檢查委。

臺籍教師面臨制度轉換和體制機制、規章條例的適應問題，不熟悉辦事流程，阻礙其進一步發展的往往並非能力，而是摸不到套路、多部門推諉或者「系統無法錄入」之類。應適當破除陳規陋習，根據惠臺政策原則減少手續，更新系統，由統一的專責工作編組處理流程規定等問題，支援將臺籍教師全面納入編制範疇之內。

3 · 兩岸交流方面：培養青年代表

積極發現和培養臺青代表有利於與時俱進，緊跟臺灣時代特點，瞭解島內年青一代聲音。因此，要進一步發現和培養臺青代表，逐漸鼓勵其主導兩岸交流，而不是僅僅依託過時的「老人」主導兩岸關係；鼓勵新一代登陸發展的臺青充分利用島內的資源和人脈關係，舉辦一些活動，帶動更多的臺青登陸實習、參訪、旅遊。

鼓勵更多臺商或臺青成為連接島內民眾的紐帶，鼓勵他們協助大陸高校招生、招攬就創業群體、成立基金會和社團，降低兩岸利益群體壟斷交流的消極效應，促進惠臺政策福利之合理化與公正公開分配。

（四）深度重塑兩岸認同

1‧改善語言風格

大陸媒體對臺報導要改善體制內習以爲常以至氾濫成災的話語體系，自然地形成一套對臺交流的話語體系，巧用閩南語和客家話，力求語言幽默機巧，杜絕死板、機械化和教條化，在宣傳過程中樹立大陸的親善形象。

2‧促進民族認同

（1）引導正確認知

設計輔助讀本。面向臺商子弟學校學生和高校臺生設計專門輔助讀本和專項教材，以選修課、講座、研討會等多種方式，促使他們瞭解中國國情、歷史文化和現代成就，降低臺灣當局「去中國化」的效應；鼓勵臺青通過社會實踐、志願者講解、兩岸交流活動等方式，增強對中國傳統歷史文化的吸收和儲備。

（2）傳播傳統文化

開設文化課程。針對臺青設立漢語選修課和中華文化精品課，體驗繁體字與簡體字的演變互換，體驗閩臺語言、兩岸民俗信仰的異同及其關聯，感受中華民族文化，如傳統節慶、古典詩文，增強臺青對中華文化的認同。

組織多元文化之旅。通過各種文旅活動體驗大陸各民族的飲食、服裝、語言、地域文化；支持臺青瞭解大陸各地的高原、草原、沙漠、湖泊等風情地貌及歷史文化遺跡，深化臺青對中華文明疆域的瞭解、認同和情感交融。

促進文化交流。加強與島內各領域之國學者和傳統文化人的交流往來，鼓勵他們到大陸從事傳統文化關聯事業或者舉辦傳統文化關聯活動，同時宣導和支持在大陸名勝古跡舉辦兩岸交流論壇，增強臺青對中華文化的感知和體驗。

傳播優秀作品。加強與島內媒體的聯絡和合作，鼓勵他們播放中華歷史文化關聯影視作品，如《三國演義》《康熙大帝》之類。

（3）促成官方共識

盡力爭取兩岸官方溝通機會，協調調整兩岸的歷史課綱，促使兩岸在低端政治方面如中國歷史和中文化認同方面達成基本共識，鞏固「兩岸一中」的歷史根脈和憲法原則。

3·促進青年交流

（1）協助積累人脈

協助臺青在大陸關聯發展領域積累、擴充社會網路和人脈資源。鼓勵臺青擔任學校學生會、社團、志願活動、體育賽事的負責人、法人；鼓勵臺青以負責人如隊長身分承擔各類科創比賽；協助搭建臺青與臺商會、臺協會的連接管道，擴充合作管道，共用資訊資源。

（2）完善交流管道

擴散交流資訊。鼓勵高校成立臺灣校友會，協助在臺灣廣泛傳播招生資訊；鼓勵高校和臺灣基金會、社團合作，最大範圍傳播兩岸活動資訊；爭取與臺灣高校合作舉辦活動，在島內高校校園網發布交流合作活動資訊，吸引更多臺青尤其臺生登陸參訪。

分享成功經驗。鼓勵已經登陸創業、就業成功的臺青分享登陸經驗和體驗，通過互動式交流增加臺青認知和瞭解登陸後生活和工作可能遭遇的問題和可望解決的路徑；促進兩岸高校合作，舉辦臺生登陸經歷分享會，分享臺生到大陸高校學習的體驗和收穫。

（3）創新交流方式

鼓勵各地臺辦創新兩岸民間交流互動的方式，開展各地涉臺機構如臺辦、臺聯、高校分享兩岸交流形式的創新。例如，鼓勵兩岸青少年在家庭交換互住（最好一周或十天以上），以瞭解彼此生活方式及思維慣性；由大陸交換生邀請臺灣朋友到大陸參訪，臺辦等涉臺機構協助落地接待，等等。

（4）鼓勵深入基層

鼓勵臺青參與大陸扶貧、基層建設、民生調研等活動，以廣泛接觸大陸基層百姓；鼓勵臺青參觀紅色革命基地，參訪歷史文化博物館，參加社會經濟研討會，瞭解大陸基本國情，使之換位思維，嘗試以大陸視角認知大陸政府從微觀到宏觀的安排，以縮小兩岸認知的分歧。

（5）注重心靈交流

努力減少形式，積極深化情感。目前部分活動過於形式化，政治色彩明顯，被視為「作秀」。兩岸活動應起到加強思維碰撞、娛樂氣息、情感深化的融合，要從細微處著手舉辦各類活動如讀書分享會和影視觀賞會之類，相互交流包括

歷史、心理學、小說文學等方面的認知，促進生活觀以至價值觀的融合；舉辦兩岸青年共感興趣的項目比賽等，以高校臺生為對象如化學醫藥、物理機械、天文地理等領域的賽事，促進兩岸青年興趣交融和科技體驗，以建立兩岸青年深厚的情誼。

4‧重塑政黨印象

（1）解決臺青訴求

鼓勵涉臺機構尤其臺辦等黨政部門定期參訪各高校、臺胞社區、臺企等基層單位，鼓勵成立臺胞之家或者臺青驛站，建立專屬微信群；臺辦臺聯等涉臺部門和機構定期聯絡臺青，主動關懷臺青，特別是在傳統節日、畢業季。

（2）提升幹部親和力

相比臺灣官員表現與民眾零距離、嘻嘻哈哈，涉臺幹部應杜絕講排場、打官腔，放低姿態，從「臺胞服務者」的角度，親人朋友般地與臺青相處；涉臺幹部應減少級別上的區分，主動接近臺青，與臺青親切交流，以建立大陸幹部中共黨員在臺青心中的親民形象象。

六、結語

　　2018 年 11 月，即「大陸惠臺三十一條」發布九個月、「廈門惠臺六十條」發布六個月之後，臺灣地區舉行「九合一」選舉，贊同大陸惠臺政策的中國國民黨獲得大勝，而詆毀大陸惠臺政策的民進黨則慘遭大敗，臺灣綠地變藍天，統獨格局發生翻天覆地的變化。這當然不只是大陸推動兩岸關係發展和祖國和平統一的政策所導致，但以「大陸惠臺三十一條」為總則及以各地如「廈門惠臺六十條」等為細則的惠臺政策或許也在一定程度上發揮了作用。正如本研究所發現，惠臺政策增強了大陸對臺灣民眾尤其是臺青的吸引力，至少增進了其對大陸的經濟認同，從而增進了其對大陸的情感，最終可以促進其與大陸達成某種程度的「心靈契合」。隨著惠臺政策進一步實施，登陸發展的臺青也許可以逐步形塑在地認同（如地域性的「廈門認同」「福建認同」），進而形塑更大區域的「兩岸認同」，最終進一步演化為兩岸一體的「國家認同」。

　　由於包括惠臺政策在內的大陸和平統一政策，不僅對兩岸關係、甚至可能對臺灣社會發揮著與日俱增的影響，不僅 2018 年新當選的臺灣市縣首長、甚至 2020 年競選臺灣地區領導人的人，都不得不認真對待包括臺青在內的臺灣民眾對兩岸關係和平發展的期待，重新審視臺灣與大陸的關係，以交流合作代替對抗對立，以重振臺灣經濟，滿足臺灣民生需求，解決臺青就業生活保障，這或許可以稱之廣義的「維持現狀」。因此，以大陸的視角而言，進一步貫徹落實惠臺政策，特別是推動臺青登陸學習實習就業創業，無疑可以進一步促使臺灣民眾認同「兩岸一家親」，促使臺青成為在大陸成功尋夢、築夢、圓夢的「兩岸族」，進而成為積極推動兩岸關係和平發展和國家終極統一的「中國人」。換言之，惠臺政策的貫徹落實將進一步充實臺灣社會認同一個中國的民意基礎，促使臺青主動參與兩岸關係融合發展和國家和平統一進程。

　　中共中央總書記習近平在《告臺胞書》發表 40 周年紀念會上發表的講話——《為實現民族偉大復興　推進祖國和平統一而共同奮鬥》中指出，「中國夢是兩岸同胞共同的夢，民族復興、國家強盛，兩岸中國人才能過上富足美好的生活。在中華民族走向偉大復興的進程中，臺胞定然不會缺席。兩岸同胞要攜手同

心，共圓中國夢，共擔民族復興的責任，共用民族復興的榮耀。臺灣問題因民族弱亂而產生，必將隨著民族復興而終結！」，並強調，「國家的希望、民族的未來在青年。兩岸青年要勇擔重任、團結友愛、攜手打拚。我們熱忱歡迎臺灣青年來祖國大陸追夢、築夢、圓夢。兩岸中國人要精誠團結，攜手同心，為同胞謀福祉，為民族創未來！」本研究證明，以大陸的視角而言，惠臺政策作為習近平新時代對臺政策的具體體現之一，是可以充分地促進臺胞包括臺青主動加入中華民族同圓「中國夢」的時代大潮的！「廈門惠臺六十條」作為貫徹習近平新時代對臺政策思維尤其中央惠臺政策精神的具體措施，如確確實實付諸實施並不斷完善，無疑也可能卓有成效地促進廈門成為臺胞包括臺青登陸的「橋頭堡」，為兩岸融合發展發揮「先行先試」示範區的作用。

案例探討
廈門惠臺政策對臺灣青年之落實

一、前言

　　政策研究的首要目標是服務現實。無論是中央政府層面的「大陸惠臺三十一條」還是地方政府層面的「廈門惠臺六十條」，惠臺政策頒行的宗旨是引導宏觀方向，天然地帶有宏觀敘事的性質，而登陸的臺灣同胞（「臺胞」）包括臺灣青年（「臺青」）是一個龐大的、具有不同出身和利益訴求的群體，官方政策實際上難以顧及所有的個體。親體制媒體（包括大陸媒體以至港澳臺和海外親大陸媒體）關於惠臺政策和受益群體的報導，多以宣示政策正確性為出發點，自然而然地放大正面效應，而有意無意地淡化存在問題。儘管如此，理想化政策和複雜性現實之間的矛盾極可能產生反向效果。一方面，臺胞包括臺青滿懷希望地登陸，期待受惠於惠臺政策措施以順利創新創業，卻可能發現惠臺政策措施不如預期之完善，且存在諸如官僚主義之類的妨礙，對大陸的印象難免惡化；另方面，大陸民眾只是接受親體制媒體單向的宣傳，一廂情願地認為惠臺政策很好地付諸實施，臺胞包括臺青受益巨大，應當更親近大陸進而贊成統一，但事實可能並非如此。換言之，最終的發展可能事與願違，最初旨在促進兩岸融合發展的惠臺政策，因為其實施過程中的偏差而導致兩岸人民產生誤解激化衝突，反過來妨礙兩岸融合發展和國家統一進程。故此，以登陸廈門創業的臺青為對象，通過田野調查、人物訪談等方式，探討惠臺政策的落地實施情形，對效果良好部分分析其成功原因，對存在不足部分探究其改進方法，對各界呼籲強烈而目前政策未涉及領域研究繼續制定新政策並付諸落實的可能性，無疑可以推動兩岸良性互動和兩岸人民相互理解，從而形成「溢出效應」，為兩岸融合發展奠定基礎。

　　本研究嘗試通過個案探討廈門惠臺政策對臺青之落實情形。首先運用個案研究法，選取三種在廈門不同創業形態的臺青為對象，他們是入駐集美海蠣文創空間的廈門富創通企業管理顧問有限公司執行長陳振銘先生，華僑大學閩臺青年創新創業服務中心執行長許思政先生，以及獨立創業者戴婉純女士。通過訪談瞭解他們登陸到廈創業的原因以及在創業過程中遭遇的困難以及相關政策的落實情形。接著運用文獻分析法，通過登錄政府網站檢索並分類整理大陸從中央到地方所出臺的惠臺政策，重點是分析比對廈門市及所轄之思明、湖裡、海

滄、集美四區惠臺政策措施的異同。最後運用綜合歸納法，結合三個案例所適用
之具體惠臺條款及實際落實情形，探討惠臺政策貫徹落實過程中存在的問題，
並提出進一步完善的對策建議。

二、案例探析：陳振銘、許思政、戴婉純

　　為了深度瞭解惠臺政策在登陸到廈門創業之臺青群體中的落實情形之差異，本研究選取廈門富創通企業管理顧問有限公司執行長陳振銘先生、華僑大學閩臺青年創新創業服務中心負責人許思政先生，以及素食餐廳止觀園老闆戴婉純女士為調查對象。雖然僅僅三個案例難免以偏概全，但至少也可以在一定程度上反映「廈門六十條」的實施情形及其可改進的方向。

（一）陳振銘：廈門富創通企業管理顧問有限公司執行長

　　陳振銘，1967 年生於臺灣，2017 年入駐集美海蠣文創空間，為廈門富創通企業管理顧問有限公司執行長，兼任海蠣文創空間創業導師。陳氏為臺灣工業合作協會人員，登陸前已經做過十幾年的兩岸人才交流工作。實際上，在到廈門之前，陳氏先後去過上海、重慶、四川等地，熟悉大陸多地的惠臺政策，對各地之政策執行度有其看法。他在各地的經歷以及最後選擇在廈門落腳，或許在一定程度上呈現廈門惠臺政策優勢的一面。

　　陳氏來大陸創業時，在臺灣有一份穩定的工作。對於來大陸創業的緣由，陳氏重點談及臺灣中生代與年輕一代的不同。臺灣中生代來大陸創業是有顧慮的，因為他們在臺灣已有一定的事業或地位，如果來大陸創業就意味著要放棄已有的工作，從頭再來。相較於中生代，臺灣年輕一代沒有既有工作的束縛以及養家糊口的壓力，因此敢於來大陸創業。但是，年輕一代在大陸既沒有資源，也不瞭解大陸的市場和政策，加之生活方式的差異，容易「水土不服」，最終鎩羽而回。因此，需要已經登陸的中生代挺身而出，為年輕一代開山引路。陳氏作為中生代的一員，希望用自己的經驗幫助滿懷創業夢的臺灣年輕一代登陸創業者。臺青登陸創業發展過程中互相幫助，抱團發展的精神由此可見。

　　陳氏在來廈門之前曾去過浙江、重慶、貴州等地，最後之所以選擇廈門，是因為廈門市政府的執行力吸引了他。毫無疑問，廈門之所以能夠吸引眾多臺青登陸創業，首先是因為，廈門與生俱來的對臺地理優勢以及廈門的自我定位。在上海自貿區取得巨大發展時，許多省市紛紛爭取設立自貿區，而自貿區名額極

其有限，最終廈門能夠脫穎而出，對臺特色無疑發揮了關鍵性的作用。廈門作為對臺合作「先行先試」的名牌，也促使廈門市政府更加堅定並強化對臺合作的決心，不斷完善惠臺政策，持續加大惠臺力度，這是其他城市所無可比擬的。其次是因為，從社會氛圍看，廈門與臺灣地理相近，五緣相親，作為閩臺區域共通語的閩南話顯然拉近了包括臺青在內的臺胞與廈門民眾之間的距離，廈門社會對臺青來廈創業的氛圍也更加包容。陳氏談話中反復談及重慶社會整體比較保守，也反證了廈門的包容開放。最後是因為，從產業結構看，廈門第三產業比重達比較高，2017 年已達 57.7%，重視文化創新和高新技術發展，而這些行業領域均為臺青登陸創業的熱點和重點，自然能夠吸引大批與陳氏志同道合的臺青登陸入廈。

陳氏入駐的集美海蠣文創空間對來廈門創業的臺青實行「先就業再創業」的幫扶模式，讓想創業的臺青先熟悉創業的流程，瞭解創業必備的事務，然後根據其自身情形選擇創業與否。陳氏認為這種模式是可取的，因為來廈門創業的臺青多數沒有相關的創業經歷，如果沒有前期借鑒學習，而只憑著熱情和想法是很難成功的。創辦一個公司，既要考慮公司架構和股權分配，還要考慮市場對接以及運營推廣，各個環節缺一不可。實際上，集美海蠣文創空間並不是獨一無二的案例，廈門各臺青創業基地的設立初衷都是如此。

陳氏根據其自身經歷，強調臺灣中小微企業較少在大陸成功落地，因為大陸各級政府較多將目光放到大企業投資，而不是臺青的小型創業。毋需贅言，由於大企業不僅已有一套成熟的投資運營機制，而且還具有一定的知名度，因此比較容易成功登陸投資，這類大企業的入駐可以給大陸地方政府帶來更多經濟社會效益，因此廈門市政府即使更傾向於讓臺灣龍頭企業落戶廈門也不奇怪。但是，誠如陳氏所指出，為了長期發展，為了深入互動，廈門市政府應該更多地關注臺灣中小微企業，畢竟這類企業才是大多數。

陳氏在言談中還涉及來廈臺青創業者的住宿問題。陳氏在落戶集美之前曾去過湖裡區某創業基地，但是那個基地沒有提供居住用房，需要自己找房子落腳。相形之下，海蠣文創空間為他提供了住宿空間，即集美人才培訓中心。陳氏表示，這給他創業前期免去了不少麻煩。雖然這個免費房最長期限只一年，但是搬出去租房能享受每月 1000 元、最多 3 年的補貼，這顯然有助於緩解臺青創業

初期的經濟壓力。

總體而言，陳氏對於廈門惠臺政策是比較滿意的，他認為廈門市政府對臺廈民眾交流確有想法，政策執行有魄力，為兩地民眾做了實事。當然，他也表示雖然政策在不斷完善，但是跟不上臺青來廈門創業的速度，政策與現實有些脫節。陳氏認為，這就需要他們這些熟悉惠臺政策又瞭解臺青創業需求的人獻計獻策，為廈門市政府和來廈臺青創業者搭起一座溝通的橋樑。

（二）許思政：閩臺青年創新創業服務中心執行長

閩臺青年創新創業服務中心（「閩臺青創」）於 2015 年 4 月 17 日在廈門揭牌成立。該中心是華僑大學臺灣校友會為幫助臺灣學生及校友在大陸創業，融合華僑大學大陸青年校友資源出資創建的公益服務平臺。中心執行長許思政先生來自臺灣嘉義，1989 年畢業於華僑大學，後成為華僑大學臺灣校友會會長。許氏十多年前開始在廈門創業，宣導成立服務中心是希望以其自身經驗幫助來自臺灣的學弟學妹，為他們在大陸創業提供便捷服務。

許氏根據其自身的經歷表示，臺青來大陸創業十分不易。首先，對市場的瞭解程度低導致他們在創業中遭遇不小的挑戰。由於地域性和文化差異，臺青很難做到在創業之初就對市場行情有全面的瞭解，而這可能直接導致創業的失敗。其次，尋求創業的臺青在大陸普遍缺乏資源。由於遠離家鄉，缺少大陸的資金、技術、人脈支持，因此臺青在資源層面相較大陸青年沒有優勢，創業難度遠高於大陸青年。再次，來大陸創業的臺青還面臨著衣食住行的問題。生活上的開銷、生活方式的差距、地域文化的差異，都對臺青落地生根造成一定的阻礙。諸如此類的阻礙因素，使臺青來大陸創業難上加難。而「閩臺青創」的搭建，就是為了給臺青登陸來廈創業創造條件，提供便利。許氏表示，作為省級眾創空間，「閩臺青創」依託華僑大學的資源、臺灣校友會的資金，給臺青尤其臺生提供了創業的平臺。在此同時，華僑大學臺灣校友會還收購一家會通旅行社，用以聯繫臺灣各地的華僑大學校友，為其登陸創業提供服務。

與其他眾創空間相異其趣，「閩臺青創」是一個依託學校的公益平臺，其獨特之處在於不以盈利為目的，而是服務優先，為臺青提供創業機會、場所、資金等各項支持。臺灣創業青年入駐後，平臺不收費用、不入股，不分紅。大陸青年

申報項目若通過導師評審也可入駐，在校臺生亦可成爲項目團隊的成員。

作爲一種公益性服務平臺，「閩臺青創」的運營資金尋求通過一種創新性的模式維持。許氏表示，當前平臺不收取任何費用，但臺青日後創業成功，可以選擇捐款給平臺，是一種「先賺錢再給錢」的模式。實際上，「閩臺青創」沒有人爲規定的准入門檻，只要是華大學子或是臺灣同胞，都可以申請入駐。

正如許氏所強調，「閩臺青創」的創建和運營是與大陸方面的扶助支持分不開的。作爲福建省涉臺省級眾創空間，「閩臺青創」與華僑大學的合作，使雙方在人才和資源上實現共用達成雙贏，「閩臺青創」的成功甚至還使華僑大學獲得政府獎勵。由此可見，「閩臺青創」實際上是活用大陸政府部門惠臺政策，在運用高校資源幫助臺青創業同時，也借助政府部門支持回饋給學校資源。這種互利雙贏模式無疑也使這一平臺的存在有了合理性。

儘管如此，「閩臺青創」是否眞的普惠臺胞呢？毋需贅言，「閩臺青創」建立的出發點及其運營模式對於臺青是極爲有利的，甚至堪稱有百利而無一害。然而，或許是新近創辦吧，「閩臺青創」辦公樓的設施依然很新，已過幾年而少有使用痕跡。掛牌公司不少，但是現場經營人員不多。對於眞正在「閩臺青創」創業的臺青人數，許氏避而不談，只提及幾個臺青的名字。各種資料包括網路資料檢索顯示，在「閩臺青創」成功創業的臺青案例屈指可數。一個已經成立多年，有著如此優勢的資源依託，還可以獲得大陸政府的惠臺政策扶持，爲何卻少有臺青參與呢？

許氏提及不少大陸本地項目，也提及不少陸生在園區創業。即使是來自臺灣的青年創業團隊，其中也有不少的大陸青年。難道是由於許氏前述之重重困難的存在，而導致臺青依然難以在大陸獨立創業？

作爲一個事業有成、社會地位較高的臺灣人，許氏所站立的角度和所出發的視角較高，對他而言，大陸政府部門包括廈門市政府對臺青的優惠政策，既是可以幫助臺胞的福利政策，也是「閩臺青創」順利運營的保障之一。相形之下，如果從一個還在苦苦打拼的臺青的角度出發，對大陸惠臺政策的解讀也許會有所不同，第三個案例即是如此。

（三）戴婉純：止觀園茶坊老闆

　　戴婉純是一位爲追求家庭生活幸福而親身登陸來廈門創業的臺青。她生於1980年，化學專業出身，2017年10月來到廈門創業，在集美學村獨自經營一家僅兩位員工的素食店，名爲「止觀園茶坊」。

　　「止觀園茶坊」絕對不會引人注目。這家店低調地隱匿在集美學村一個社區的眾多店面中，看起來十分普通，很少人會想到是由臺青創辦經營。實際上，若不是目的性的拜訪，我們也不會到這家小店。「止觀園茶坊」堪稱家庭式休息場所，裝潢簡單卻溫馨，舒緩的音樂彌漫小小的空間。店面不大，店員兩人，即戴女士和一位年輕女性。此外，還有一位年紀較大的女士，爲人熱情，溫文大方，她是戴女士的母親，經常在員工休息時到店幫忙，自然增添了這家店的家庭氛圍。雖然這家店沒有過多推廣與宣傳，但其臺灣味素食別具一格，爲在集美學村工作學習的臺胞以至越來越多的大陸同胞所喜愛，成爲他們一個新的休閒聚會場所，顧客雖然不算多但也不少，勉強維持經營。

　　客觀而言，戴婉純女士不是一個純粹的登陸創業者，她是隨作爲臺幹的丈夫來到廈門的。戴女士的丈夫因臺灣公司人事調動而到位於廈門集美工業區的公司上班。爲了不與丈夫長期分居，戴女士不得不帶著孩子，在母親陪伴下來到廈門，最終在集美學村創業。與前兩個案例大相徑庭，戴女士絕不是在瞭解到大陸政府部門的扶持政策才決定來廈創業的。她事先完全不知道諸如惠臺政策之類的扶持措施，之所以決定登陸來廈出於兩個方面的原因，一是爲了一家人團聚；二是爲了在大陸推廣蔬食餐飲。惟其如此，戴女士的創業啓動資金全部來自個人存款，既未申請銀行貸款，也未收到政府補貼。實際上，戴女士在各政府部門辦理開店證明和手續時，也沒有政府工作人員主動告知她惠臺政策規定的扶持政策；後來在開店經營過程中聽顧客提及大陸對臺青創業的扶持政策，但查詢未果，加之自認爲惠臺政策的扶持必然是有門檻的，也就沒有繼續深入查詢。換言之，戴女士創業根本沒有獲得任何惠臺政策的幫助，她的創業過程十分艱難與辛苦。實際上，由於高昂的住房租金和店面租金，戴女士只能苦心經營，甚至長期處於虧損狀態。當然，經過辛勤的努力，戴女士的店換到一處比較寬敞的房子，依然是在她所喜歡的集美學村。

三、惠臺政策內容梳理及分析

（一）扶持臺青創業政策

　　毋需贅言，大陸涉及臺胞包括臺青登陸創業的政策措施不少，近年更爲促進兩岸青年交流和融合發展而推出許多專門以臺青爲對象的優惠政策。通過政策關聯度高低，頒布時間早晚等因素，從國家、廈門市及市轄區三個不同層面，選取代表性的政策文件進行比較和分析，可以在一定程度上厘清大陸各級政府部門對臺青創業的關注與重視程度，以及惠臺政策自上而下之貫徹執行和側重變化。

　　根據政策關聯度，2015 年以來國務院臺灣事務辦公室等部門聯合發布的《關於促進兩岸經濟文化交流合作的若干措施》（文件①），2018 年 2 月 28 日），廈門市政府頒行的《關於進一步深化廈臺經濟社會文化交流合作的若干措施》（文件②，2018 年 5 月 9 日）、《關於鼓勵和支持臺青來廈創業就業實施意見》（文件③，2015 年 8 月 4 日），以及廈門市海滄區人民政府推出的《廈門兩岸青年創業創新創客基地扶持辦法實施細則》（文件④，2016 年 1 月日）、《海滄區引進臺灣人才暫行辦法》（文件⑤），2015 年 6 月 11 日）體現了大陸不同層級政府部門在不同時期出臺的惠臺政策措施（詳參後之「文件選錄」），其具體規定如表 1 所示。

表 1　　大陸扶持臺青創業之政策

	具體的政策措施	備註
臺青	③第一條：鼓勵和支持臺青（原則上爲 18～40 周歲）以獨資、合資或合夥等形式創辦企業。	海滄區對臺青人才的定義範圍比市文件中所規定的範圍有所擴大，說明其政策覆蓋的人群更多。
臺青人	⑤第一條：原則上應具有大學以上學歷或具有專業技術資格認證（由行政部門或專業技術職稱部門頒發證書），年齡不超過	

才	45 周歲，在海滄區內就業或註冊創辦企業的臺青。	
鼓勵及扶持行業	③第一條：在我市文化創意、電子商務、高新技術、都市農業、物聯網等行業領域創業。	1.海滄區對其青創基地有明確的扶持行業，而市文件只鼓勵性地羅列一些行業領域。
	④第一條：扶持行業：電子商務、移動互聯網、軟體資訊、資訊技術外包資訊流程外包、動漫遊戲、文化創意、創新金融、協力廠商支付平臺、生物醫藥技術研究和開發等新興產業和現代服務業。	2.海滄區扶持行業具體的扶持政策或者方面並沒有在之後的政策中有所體現。 3.總的來說，鼓勵創業的行業偏向新興產業和一些高科技行業。
創業啓動資金	③第七條：對臺青創業項目的科技含量、規模、經濟社會效益、市場前景等進行評審，視情給予 5～15 萬元的創業啓動資金扶持。	針對全市臺青創業項目，覆蓋面積廣。
開辦補助資金	⑤第四條：新引進臺灣人才創辦企業，正常運作經營 1 年以上（含 1 年）的，按臺資部分實到註冊資本計算，達 10 萬元的給予 5 萬元的開業補助；10 萬元以上 20 萬元以下（含）部分再給予 40%的開業補助；20 萬元以上 50 萬元（含）以下部分再給予 30%的開業補助；臺資部分實到註冊資本 50 萬元以上企業給予最高 20 萬元開辦補助。	1.對引進的臺青人才的傾向性更大。 2.不普及全區臺青創業者，只關照落戶青創基地者。這意味著有門檻。
	④第三條：在青創基地設立企業並有效經營 1 年以上的企業，按註冊實到資本計算，20 萬元以內給予 25%的開辦補助；超過 20 萬元以上 50 萬元以下部分再給予 20%的開辦補助；超過 50 萬元以上 100 萬以下部	

	分，再給予 15%的開辦補助；超過 100 萬元以上 200 萬以下部分，再給予 10%的開辦補助（即 10 萬元）；超過 200 萬元以上，一次性給予最高額度 30 萬元的開辦補助。	
	對有臺灣注資企業除按上述補貼外，另按臺資實到資本計算，10 萬元以內給予 50%的開辦補助；超過 10 萬元以上 20 萬元以下部分再給予 40%的開辦補助；超過 20 萬元以上 50 萬元以下部分，再給予 30%的開辦補助；超過 50 萬元以上 100 萬元以下部分，再給予 20%的開辦補助；超過 100 萬元以上，一次性給予最高額度 30 萬元的開辦補助。	
住房補助	③第十七條：支援有條件的基地設立人才公寓，提供給臺灣創業青年居住。對入駐創業基地自行租房的臺灣創業青年，可享受期限最長不超過 3 年租房補貼，補貼標準不超過 2000 元/月。	1.廈門市和海滄區政策都提及。 2.主要針對兩類人：一是落戶在青創基地者，二是引進的優秀人才或被評為廈門市的創新創業領軍人才或團隊核心人才，門檻很高。 3.人才公寓不是青創基地標配，只是支援有條件的基地設立；未說明其建設資金是基地自籌或政府有所資助，如果是基地自籌，則人才公寓實施推廣可能性很低。即使有，入住條件也會很高。
	③第十八條：被評定為廈門市創業創新領軍人才或創業創新團隊核心人才的臺灣創業青年，在廈購置自用住房的給予購房補貼。	
	④第四條：臺灣籍人員在青創基地就業，按照實際繳交社保期限，每人每月給予 1000 元的住房租金補貼。非臺灣省籍創業人員在青創基地就業，按實際繳交社保期限，每人每月給予 500 元的住房租金補貼。每家企業合計最高補助人數 10 名。	
	⑤第二條：新引進臺灣優秀人才，引進前在廈無房產及購房記錄，第一年給予每月 2000 元租房補貼，如在海滄購房並實際居住的，給予安家補貼 15 萬元、分 3 年發放，安家補貼與住房補貼不可重複享受。	

	臺青人才在海滄求職期間，參照《海滄區引進重點高校畢業生暫行辦法》規定享受免費入住人才公寓、生活補助等優惠政策。	
創業場所補貼	③第十條：各基地根據自身條件為臺青創業提供場地、廠房、門面等必要場所支援，在前三年給予租金補貼。原則上第一年給予全額租金補貼，第二、三年分別給予適當補貼。	1.廈門市和海滄區政策都提及。 2.主要針對的是群體：一是落戶在青創基地者；二是引進的臺青人才，且需要入駐指定園區；三是參賽獲獎項目團體。 3.基地或園區扶持有年限，前3年第一年是全額補貼，力度很大；海滄區規定場所面積上限。 4.參賽獲獎項目可獲得3年創業的免租金場所或租金補貼（不可兼得），場所有面積範圍；海滄區對臺青人才所參與的獲獎項目直接給予最高面積的創業場所。
	③第十一條：參加兩岸青年（高校）創意創新創業大賽獲獎的項目可申請為期3年的100～300平方米的免租金創業場所支持或最高5000元/月的租金補貼（不可兼得）。	
	④第五條：對入駐青創基地的企業（含臺資、非臺資），辦公用房以100平方米為限，第一年給予全額租金補貼，第二、三年分別給予70%、50%的租金補貼。	
	⑤第五條：新引進臺灣人才創辦企業，入駐指定園區，3年內給予最高100平方米創業場所租金補貼，其中，第一年租金全額補貼，第二年租金減半補貼，第三年依據企業發展情形，重新評估租金補貼辦法。參加海峽兩岸青年(高校)創新創業邀請賽的獲獎項目，在海滄落地轉化，給予3年內最高300平方米創業場所租金補貼。	
交通補助	⑤第八條：新引進臺灣人才每年可按經濟艙機票標準80%給予一次廈臺往返交通補貼。臺灣人才因結婚、生育、罹患重大疾病或家庭發生重大變故等確需立即返臺的，可再提供一次廈臺往返經濟艙機票補貼，待返廈後據實報銷。	只針對臺青人才

健康體檢	⑤第九條：新引進臺灣人才每年可按照1000元標準安排免費體檢一次。	
創業貸款擔保	③第八條：創業項目可根據不同條件申請50萬元以內的小額擔保貸款和最高200萬元的科技貸款貼息項目支持 支援各類擔保機構爲在創業基地內創業的臺青提供融資擔保 對爲臺青創辦生產性企業提供擔保的擔保機構可按年度擔保額16‰給予風險補償；對爲臺青創辦服務類企業提供融資擔保的擔保機構可按年度擔保額10‰給予風險補償。	1.廈門市和海滄區都提及。 2.市文件貸款額度50～200萬元，最高爲科技項目。 3.區文件涉及落戶青創者和臺青人才，對臺青人才的扶持力度更大。
	④第六條：對入駐青創基地的企業，按照擔保貸款項目實際擔保費率（不高於2.5%，超過2.5%的統一按2.5%計算）的50%進行補貼。單戶企業補貼金額不超過10萬元。	
	⑤第六條：新引進臺灣人才創辦企業，按中國人民銀行同期貸款基準利率的50，給予貸款期限不超過3年、貸款總額不超過100萬元的創業貸款貼息扶持。	
培訓經費	③第十四條：支持臺灣創業青年參與廈門市創業創新領軍人才或創業創新團隊核心人才評定，獲評的臺青3年內參加境內外學習培訓的，給予培訓費補貼（總額最高不超5萬元）。	1.廈門市和海滄區文件都提及。 2.只針對獲評的臺青和新引進臺青人才。
	④第七條：新引進臺灣人才參加與企業業務相關培訓，每人次補助培訓費用的50%，每人每年補助不超過8000元，單人累計補助不超過2萬元	

團隊補貼	③第十八條：被認定為廈門市創業創新優秀團隊的，可給予團隊成員每人每年 4 萬元生活補貼（每個團隊不超過 5 人，累計年限不超過 3 年）。	對獲評優秀團隊的生活補助。
項目扶持	③第五條：參加兩岸青年（高校）創意創新創業大賽獲獎的項目，可以直接落戶基地，優先給予優惠政策；廈門市臺商協會等大陸臺商協會、臺青創業協會總會、青年商會總會、生產力中心、育成中心以及兩岸高校、科研機構推薦的臺青創業項目經認定後優先進入基地發展；臺青自攜創業項目來廈的，經認定後可進入基地發展。	對獲獎項目或高新技術項目等優質項目給予很大額度的支援。
	③第六條：對入駐基地符合廈門市科技計畫項目立項條件的高新技術項目，或擁有核心技術、市場前景的優質項目優先給予支援。	
創業基地建設	③第三條：支援在廈設立各具特色的臺青創業基地或創客空間（以下簡稱「基地」），鼓勵在現有基礎條件較好的創新創意創業園區以及產業孵化中心建設創業基地。支援臺商、社會資本參與基地建設。對累計引進 15 家以上（含）臺青創業企業、吸引 40 名以上臺青、且持續經營滿一年以上的基地，市財政給予最高 300 萬元獎勵；對累計引進 50 家以上（含）臺青創業企業、吸引 100 名以上臺青、且持續經營滿一年以上的基地，市財政給予最高 500 萬元獎勵；對累計引進 100 家以上（含）臺青創業企業、吸引 200 名以上臺青、且持續經營滿一年以上的基地，市財政給予最高 1000 萬元獎勵。	1.廈門市和海滄區都提及。 2.扶持力度很大。
	③第四條：創立創業基地品牌。選擇綜合	

	條件較好的基地，作爲我市重點基地，集中力量進行扶持。	
	⑤第十三條：重點支持 2 至 3 個民營臺青創新創業基地，經區委臺辦牽頭評估認定，給予每個基地最高 50 萬元經費補助。	

　　如表 1 所示，經過惠臺政策內容的梳理可以發現：第一，文件①②幾乎沒有直接關於臺青創業的具體政策，只是有所提及，與其說是提出政策措施，毋寧說規定了原則精神。從高端政治的視角而言，大陸高層級政府部門在促進兩岸關係發展方面，對臺青登陸創業還不是特別重視，有待進一步提升。第二，廈門市政府對臺青登陸來廈創業十分重視，2015 年已經出臺專門的政策；海滄區政府也推出對應的引進臺灣人才辦法和青創基地扶持辦法。總體而言，廈門市各級政府部門對臺青創業的扶持力度非常大，涉及啓動資金、住房、創業場所、金融支援等各方面。僅從政策措施而言，臺青來廈創業享有極大優惠，並備受鼓勵和支持。毫無疑問，廈門市推行惠臺政策措施走在大陸各地前列，充分證明廈門是當之無愧的大陸對臺工作「先試先行」前沿。

（二）廈門市區二級政府的臺青創業政策

　　實際上，廈門各市轄區對臺青創業的支持政策有所差異，儘管都是以中央政府和廈門市政府的政策爲根據，但也是根據各區的具體情形規定不同的實施細則。前述三個案例所涉及的三個市轄區——湖裡區、思明區、集美區都爲落實表 1 所提及的《關於鼓勵和支持臺青來廈創業就業實施意見》（文件③），而出臺了具體的區級政策措施，即《湖裡區關於鼓勵和支持臺青創業實施辦法》（2016年 6 月 23 日）、《思明區落實臺青創業就業優惠政策辦法》（2016 年 7 月 11 日）、《集美區關於落實鼓勵和支持臺青來廈創業就業政策的實施細則》（2016 年 7 月 13 日）。惟其如此，以市政府文件爲基準對比三個區在具體落實中的細微差別，可以管窺其貫徹程度以及變化情形（參見表 2），並更好地認知三個案例所呈現的情形。

表 2　廈門市政府與各區政府臺青創業政策對比

政策內容	廈門市	湖裡區	思明區	集美區
臺青	原則上 18～40 周歲	18～40 周歲	18～45 周歲	原則上為 18～40 周歲，能力、業績特別突出或集美區重點發展領域緊缺的優秀臺青經區眾創辦審核可放寬至 45 周歲。
鼓勵創業領域	文化創意、電子商務、高新技術、都市農業、物聯網等行業領域創業。	符合我區「6+3」產業導向重點鼓勵在高新技術、互聯網+、軟體資訊、IC 設計、文化創意等新興產業領域。	無	無
成立專門部門	無	湖裡區臺青創業工作領導小組	思明區臺青創業就業工作領導小組	無
申報條件	無	同時具備：（一）臺青所創辦企業必	無	享受政策的創業基地營運機構及臺青創業企業必

			須承諾五年內不得遷出集美區。
	須註冊在湖裡區，依法經營並在湖裡區繳納稅收。（二）企業法定代表人必須為臺青。		
臺灣青創基地	推進創業基地建設，對青創的扶持、獎勵很高創立創業基地品牌，建成臺灣青創示範基地。	無	創建臺青創業基地	推進創業基地建設
創業啟動資金	對臺青創業項目的科技含量、規模、經濟社會效益、市場前景等進行評審，視情給予 5～15 萬元的創業啟動資金扶持。	總額相同：5～15 萬元。附加條件：運營需滿 1 年。申請標準：實際出資 10～20 萬元(含 20 萬元)，給予 5 萬元；實際出資 20～50 萬元（含 50 萬元），給予 10 萬元；實際出資 50 萬元以	總額不變：5～15 萬元。在基地內註冊（遷入）並實際運營滿 3 個月以上的青創企業，按以下標準申請標準：實際到資或增資（指臺青出資，下同）10 萬元（含）按 50%計算實際到資在 10～20 萬元（含），前 10	1.資金範圍擴大：5～30 萬元。2.申請團隊要滿足四個條件，項目由專家按照《集美區創新創業項目評審細則》評審，並對應的給予資金扶持，申請標準及評審方式很大不同。

	上,給予15萬元。	萬元按5萬元計算,超出部分按40%計算;實際到資20萬元以上的,前20萬元按9萬元計算,超出部分按30%計算,上限15萬元。	
創業貸款擔保	可根據不同條件申請50萬元以內的小額擔保貸款和最高200萬元的科技貸款貼息項目支持。擔保機構有風險補償。	和市文件一樣。	創業項目可根據不同條件申請最高200萬元的科技貸款貼息項目支持。注重科技類。	無
創業場所	租金補貼:各基地根據自身條件為臺青創業提供場地、廠房、門面等必要場所支援,前三年給予租金補貼。原則上第一年給予全額租	附加條件:運營滿1年以上第一年按租金全額補貼,第二年按70%補貼,第三年按50%補貼。最高至200平	實際運營滿6個月以上具體補貼占比與湖裡一樣:第一年按100%,第二年按70%,第三年按50%。補貼金額最高不超過5000元/	分兩種情形:租賃,給予3年租房補貼。自主購房,給予一次性購房補貼。補貼按不超過按軟體園三期租金標準的90%給予,面積不超過300平方米。

	金補貼，第二、三年分別給予適當補貼。	方米，最高至1萬元/月。	月，低於5000元/月的按實際租金給予計算。 沒有場所面積限制	條件：創業支出超10萬元，由創業基地運營機構審核推薦，經區眾創辦組織評審。
參賽項目支持	直接落戶基地，優先給予優惠政策。 申請 100～300平方米為期 3年的免租金創業場所支持或最高5000元/月的租金補貼（不可兼得）。	條件：落戶我區，項目主創人員至少有一半臺灣籍青年，且運營滿1年以上期限、面積不變。 最高至2萬元/月的租金補貼，有所提高。	條件：落實我區，項目主創人員中至少有半數以上為臺青，可申請為期3年100～300 平方米的免租金創業場所支持，最高 5000元/月租金補貼。	條件：落地我區，由創業基地運營機構推薦給予撥付一次性獎勵 20萬元。
培訓經費	獲評廈門市臺灣創業青年參與廈門市創業創新領軍人才或創業創新團隊核心人才，3年內參加境內外學習培訓的，給予培訓費補貼（總額不超5	和市文件一樣。	和市文件一樣。 培訓費在5萬元以下的按實際培訓費計算。	和市文件一樣。

	萬元）。			
住房保障	提供居住用房或給予租房補貼。支援有條件的基地設立人才公寓。自行租房的，可享受期限最長不超過3年的租房補貼，補貼標準不超過2000元/月。鼓勵和支持在廈購房。繳存住房公積金以及申請公積金貸款。	給予居住用房租金補貼。與自行租房的臺灣創業青年，可享受最長3年的租金補貼，補貼標準按實際租金給予補貼最高至2000元/月。	提供居住用房或給予租房補貼。（與市文件內容一樣）條件：實際入駐基地滿3個月以上的臺青按以下標準申請租房補貼：第一年按100%計算，第二年70%計算，第三年按50%計算。每人最高補貼金額不超過2000元/月，低於2000元/月的按實際租金給予計算。	提供居住用房或給予租房補貼。入駐集美區內創業基地的，可免費入住集美區政府安排的公寓樓，入住期限為6個月，可延期6個月。自行租房的，可享受最高每人每月1000元的租房補貼享受住房和租房補貼期合併計算，總期限最長不超過3年。
優秀團隊	被認定為廈門市創業創新優秀團隊的，可給予團隊成員每人每年4萬元生活補貼。每個團隊不超5人，	一樣	一樣	一樣

	累計年限不超3年。			
優秀教育資源	臺灣創業青年子女就讀小學由市區教育行政部門按照就近入學原則負責辦理入、轉學手續；就讀國中高中可報考我市國中高中臺生班，不收取國家規定以外費用。	一樣	無	一樣
仲介機構服務補助	無	無	無	1.對成功推薦臺青創業團隊入駐我區創業基地創業的仲介機構給予獎勵，每推薦 1 家臺青創業團隊且入駐創業基地滿 6 個月並在集美區註冊成立公司的，給予5000元獎勵。 2.提供設立企業的商事登記和稅務

				登記等手續服務的，每服務一家臺青創業企業給予仲介機構 5000 元補助

由此可見，各區政策內容與市文件內容大同小異，都比較好地貫徹落實了市政府惠臺政策的原則精神。只有小部分根據各自區域發展特點進行修正，如扶持行業的導向，獎勵金額的不同，申報條件的差異等。

概括而言，從中央政府到地方政府，大陸各級政府部門所推出的各項惠臺政策的最大共同之處是，政策扶持極大地傾向引進的臺灣高層次人才或者落戶青創基地的臺青，似乎並不是全面地惠及全部類型的臺青。換言之，惠臺政策是存在一定的門檻條件的，甚至還是比較高的。

（三）廈門市的臺灣人才引進政策

如前所指摘，以臺灣人才尤其高層次人才為重點是廈門市引進臺灣人才政策的導向，廈門市側重引進的臺灣人才包括領軍人才和青年創業人才，其中臺灣領軍人才包括福建省引進臺灣高層次人才、「百人計畫」人才、「雙百計畫」人才、臺灣特聘專家、臺灣特聘專才等，對於各類人才分別給予資金、金融、場租、住房等方面的政策支持，以便其在廈創新創業（參見表 3）。

表 3　廈門市臺灣人才引進政策之內容對比

對象	人才政策項目	政策內容
領軍人才	福建省引進臺灣高層次人才	經確認並到崗落地後，可獲安家補助 50 萬元。
	福建省引進臺灣高層次人才「百人計畫」	最高可獲 100 萬元資金支持，視同政府獎金。

	「雙百計畫」人才	引進海外高層次人才可獲 100 萬元工作生活補助，可優先享受人才住房政策，子女可擇校選擇；領軍型創業人才可獲 100 萬～500 萬元的創業扶持資金，100～500 平方米的場租補貼，企業主營收入 3000 萬元以上的可按業務收入 1%給予獎勵金。
	廈門市臺灣特聘專家	給予累計最高 150 萬元工作生活補助（每年 30 萬元，逐年發放）；住房公積金貸款額度可放寬至我市最高 4 倍；政府短期柔性引進的臺灣專家可獲其薪酬的 20%。
	廈門市臺灣特聘專才	年薪達到我市上一年度城鎮單位在崗職工平均工資 4 倍以上的，按用人單位所支付年薪的 25%、最高 12 萬元給予補助，累計最多 5 年。
青年創業人才	資金支持	獲評福建省「臺灣來閩創業創新優秀人才」的創業項目，可獲最高 50 萬元創業資金支持； 經廈門市區有關部門評審通過，可獲最高 5 萬～30 萬元的創業扶持資金。
	金融支持	經申請評審通過的創業項目最高 50 萬元小額擔保貸款和 200 萬元的科技貸款貼息。
	場租支持	符合條件的可向各區申請場所支持或租金補貼，最高可達三年內 16500 元/月。
	住房支持	在市級以上重要青年創業比賽獲獎的臺灣人才在廈創業，可獲 3 年內最高 2000 元/月的月租房補貼；入駐創業基地的臺灣創業青年租房，各區視情分別給予 2～3 年內最高 2000 元/月的租房補貼。

四、典型案例之政策適用及落實

根據第二節之三個創業案例情形，結合第三節之政策內容梳理，可以發現各案例之政策適用及落實情形如下：

（一）案例一：陳振銘

第一，關於創業啓動扶持資金。

文件③第七條規定，對臺青創業項目的科技含量、規模、經濟社會效益、市場前景等進行評審，視情給予 5 萬～15 萬元的創業啓動資金扶持。儘管如此，集美區政府出臺的實施細則增補了相應的條件，根據《集美區關於落實鼓勵和支持臺青來廈創業就業政策的實施細則》第三章第四條（給予創業啓動扶持資金），對入駐集美區經認定的創業基地的臺青創業項目，由創業基地運營機構審核推薦，經眾創辦審核，並組織專家對臺青創業項目的科技含量、規模、經濟社會效益、市場前景、入駐情形等進行評審，根據不同情形給予 5 萬～30 萬元的創業啓動扶持資金。申請的臺青創業團隊需滿足以下條件：

（1）書面申請的臺青創業項目內容需符合集美區產業發展方向；

（2）在集美區註冊成立公司，並領取工商營業執照；

（3）入駐創業基地滿 3 個月（以工商營業執照批准日期為准），正常運營；

（4）由創業基地運營機構審核推薦，經區眾創辦審核並確認入駐。

由此可見，雖然廈門市政府已經明確創業啓動資金政策，但是負責政策落實的區級政府卻附加了了不少的條件。廈門富創通企業管理顧問有限公司是臺港澳自然人獨資的一家企業，註冊時間為 2017 年 8 月 2 日，註冊資本為 100 萬人民幣，游慧英全額出資。由於該企業最初註冊地在中國（福建）自由貿易試驗區廈門片區，所在行政區劃為廈門市湖裡區，2017 年 12 月 11 日將經營場所變更為集美區的海峽兩岸青少年文創交流基地。因此，根據集美區政策，該企業在集美區無法享受創業啓動扶持資金。

與集美區頒行的條例相比，湖裡區推行的《湖裡區關於鼓勵和支持臺青創業實施辦法》，雖然對於創業啓動扶持資金沒有附加條件，但是實施辦法開宗明

義地確認臺青申報創業優惠政策要具備的條件，一是臺青所創辦企業必須註冊在湖裡區，依法經營並在湖裡區繳納稅收；二是企業法定代表人必須為臺青。而對於企業中途遷出湖裡區後，之前享有的獎勵和補助是否有效的特殊情形，仍存在條例上的空白。換言之，如果各區政府都不承認申請資格，臺胞包括臺青所創辦企業根據惠臺政策原則應該獲得的權益可能受到損害。

第二，關於提供住房保障。

根據《集美區關於落實鼓勵和支持臺青來廈創業就業政策的實施細則》第三章第六條（提供居住用房或給予租房補貼），入駐集美區內創業基地創業的臺青可以免費入住集美區政府安排的公寓樓，入住期限為 6 個月，到期後由創業基地運營機構推薦可以根據實際情形給予適當延期，延長期限不超過 6 個月。對入駐創業基地創業但未安排入住免費公寓、自行租房的臺灣創業青年，可以享受期限最長不超過 3 年的租房補貼，憑租賃合同和票據給予補貼，最高每人每月 1000 元。每人僅限在一家臺青創業團隊申報一次。享受免費住房和租房補貼期限合併計算，總期限最長不超過 3 年。陳氏轉入海蠣文創空間後享受到基地提供的居住用房，而之後陳氏也主動說明初來基地的臺灣創業青年，引導他們辦理住房登記。陳氏表示，基地提供居住用房對尋求創業的登陸臺青而言是非常好的福利，因為這項規定使臺青在創業初期省去找房麻煩，從而可以安心地創業。由此可見，關於提供住房保障這項政策，落實情形是比較好的。

第三，關於政策獎勵。

根據《集美區關於落實鼓勵和支持臺青來廈創業就業政策的實施細則》第三章第八條規定，對成功推薦臺青創業團隊入駐集美區創業基地創業的企業或社會團體（可以是民間團體、商協會、大陸團隊或臺灣團隊）給予獎勵，每推薦 1 家臺青創業團隊且入駐創業基地滿 6 個月並在集美區註冊成立公司的，由創業基地運營機構推薦，經區眾創辦審核，給予 5000 元獎勵。陳氏公司之所以從湖裡區某眾創空間遷到集美區，是因為湖裡區某基地以電子商務為主，公司難以發揮作用。而根據前述之各區關於行業導向政策分析，湖裡區比較重視電子科技等產業，《關於印發廈門市湖裡區科學技術進步獎勵辦法的通知》《關於印發廈門市湖裡區科技創業園入駐企業管理辦法的通知》等已經充分證明這種導向。而集美區作為廈門市重點發展的文化教育區，文創氣息比較濃厚，陳氏公司

屬於管理諮詢公司行業，與集美區的發展方向更爲貼近，在做好自己業務同時還能享受更大的政策獎勵，因此選擇集美不失爲最好的選擇。

（二）案例二：許思政

作爲一個大規模的青創基地，以許思政爲執行長的「閩臺青創」之建立，是離不開大陸政府部門的政策性扶持的，其中最重要的是創業啓動扶持資金補助，如：

文件⑤第四條規定，新引進臺灣人才創辦企業，正常運作經營 1 年以上（含 1 年）的，按臺資部分實到註冊資本計算，達 10 萬元的給予 5 萬元的開業補助；10 萬元以上、20 萬元以下（含）部分再給予 40%的開業補助；20 萬元以上、50 萬元（含）以下部分再給予 30%的開業補助；臺資部分實到註冊資本 50 萬元以上的企業給予最高 20 萬元的開辦補助。

文件④第三條規定，在青創基地設立企業並有效經營 1 年以上的企業，按註冊實到資本計算，20 萬元以內給予 25%的開辦補助；超過 20 萬元以上 50 萬以下部分再給予 20%的開辦補助；超過 50 萬元以上 100 萬以下部分，再給予 15%的開辦補助；超過 100 萬元以上 200 萬以下部分，再給予 10%的開辦補助（即 10 萬元）；超過 200 萬元以上，一次性給予最高額度 30 萬元的開辦補助。對臺灣注資企業除按上述補貼外，另按臺資實到資本計算，10 萬元以內給予 50%的開辦補助；超過 10 萬元以上 20 萬元以下部分，再給予 40%的開辦補助；超過 20 萬元以下 50 萬元以下部分，再給予 30%的開辦補助；超過 50 萬元以上 100 萬元以下部分，再給予 20%的開辦補助；超過 100 萬元以上，一次性給予最高額度 30 萬元的開辦補助。

如此高額的獎金令人震驚！毋庸置疑，這類獎勵性政策自然而然地促使計畫建立平臺的人千方百計尋找臺胞包括臺青加入創業團隊。不僅如此，許氏之「閩臺青創」的成功，還令合作的高校獲得一百多萬元的政府獎勵。

可想而知，「閩臺青創」也一定根據惠臺政策規定獲得不少政府部門的補助。據說「閩臺青創」雖然也有臺青參與的團隊，但其主體還是大陸青年，這令人不得不發問：在惠臺政策實施過程中是否存在著一種現象，即：只是在團隊中加入臺青，從而達到利用這些惠臺政策的補貼規定，攫取大筆利益？據說這種「反向

（惡意）利用」政策的方式在其他創業基地並不是不存在，不少創業基地的人為了獲取政府惠臺政策的支持，千方百計在創業團隊中加入臺青，甚至高價借用臺胞證，將自己偽裝成臺青創業團隊。

毋需贅言，「反向（惡意）利用」惠臺政策現象只是榜枝末流，但其影響極為惡劣。假如補助金和獎勵金都流入弄虛作假、有名無實的「臺創團隊」，名副其實的臺創團隊如何生存和發展呢？而且，只要一個團隊成功造假，無疑會吸引更多的團隊造假，如此惡性循環，大陸扶持臺青創業的美好願景非但不能實現，相反還會造成涉臺創業團隊市場秩序混亂，更不利於臺青登陸紮根，創業發展。進而言之，創業團隊市場秩序混亂勢必給臺青造成衝擊性的惡劣印象，而如果他們返臺不管有意還是無意地進行反向宣傳，對於兩岸關係正常發展也是極其不利的。惟其如此，大陸政府部門無疑必須採取措施，杜絕這類現象的出現和反復。

（三）案例三：戴婉純

戴婉純女士創辦並經營「止觀園茶坊」過程中應適用的惠臺政策之優惠包括：

第一、創業啟動資金補助。文件③第七條規定「對臺青創業項目的科技含量、規模、經濟社會效益、市場前景等進行評審，視情給予 5 萬～15 萬元的創業啟動資金扶持。」「止觀園茶坊」雖然規模較小，但以臺灣味素食為特色經營的發展潛力頗大，戴女士也正是看中這點而選擇做蔬食餐飲的。目前廈門地區蔬食餐飲類企業數量較少，而在臺灣地區市場已近飽和，「止觀園茶坊」兼具「臺灣風味」和「健康蔬食」兩塊招牌，具有很大的發展空間，因此是應該獲得一定數目的創業啟動資金的。儘管如此，由於戴女士並不清楚具體的優惠政策資訊，關聯政府部門及辦理人員也未曾主動提供協助，因此戴女士及其「止觀園茶坊」未享受到政策性的啟動資金補助。

第二、補助基金。文件④第三條規定「在青創基地設立企業並有效經營 1 年以上的企業，按註冊實到資本計算，20 萬元以內給予 25%的開辦補助；超過 20 萬元以上 50 萬以下部分再給予 20%的開辦補助；超過 50 萬元以上 100 萬以下部分，再給予 15%的開辦補助；超過 100 萬元以上 200 萬以下部分，再給予 10%

的開辦補助（即 10 萬元）；超過 200 萬元以上，一次性給予最高額度 30 萬元的開辦補助。」由於該項政策只是針對在青創基地內設立的企業，而未能惠及在青創基地以外獨自創業的臺青，因此並未惠及戴女士這類獨立創業的臺青。

實際上，獨立創業即未依託任何創業基地的臺青是一個不小的群體，換言之，該項政策很難惠及相當數量的臺灣青創者。此外，該項政策要求在青創基地內的企業有效經營 1 年以上，亦即設定一定的門檻，而實際上不少企業可能很難撐到一年。

第三、住房補貼。文件③第十七條規定「支援有條件的基地設立人才公寓，提供給臺灣創業青年居住。對入駐創業基地自行租房的臺灣創業青年，可享受期限最長不超過 3 年的租房補貼，補貼標準不超過 2000 元/月。」文件③第十八條規定「被評定爲廈門市創業創新領軍人才或創業創新團隊核心人才的臺灣創業青年，在廈購置自用住房的，給予購房補貼」。文件④第四條規定「臺灣籍人員在青創基地就業，按照實際繳交社保期限，每人每月給予 1000 元的住房租金補貼。非臺灣省籍創業人員在青創基地就業按實際繳交社保期限，每人每月給予 500 元的住房租金補貼。每家企業合計最高補助人數 10 名。」顯而易見，這三條政策規定都設定具體的門檻條件，適用對象分別爲在青創基地創業的臺青，被評定爲廈門市創業創新領軍人才或創業創新團隊核心人才的臺灣創業青年，即再次將適用範圍限定於在青創基地內的臺灣創業青年，而大多數沒有平臺依託、獨立創業的臺青可能更需要住房補貼而未能受到實惠，戴女士即屬此類。

第四、交通補助。文件⑤第八條規定「新引進臺灣人才每年可按經濟艙機票標準給予一次性廈臺往返交通補貼。臺灣人才因結婚、生育、罹患重大疾病或家庭發生重大變故等確需立即返臺的，可再提供一次性廈臺往返經濟艙機票補貼，待返廈後據實報銷。」由於戴女士沒有管道瞭解這項資訊，不瞭解這項交通補助優惠政策，因此從未享受到大陸政府部門應該發放的交通補助。

第五、創業貸款擔保。文件③第八條規定「創業項目可根據不同條件申請 50 萬元以內的小額擔保貸款和最高 200 萬元的科技貸款貼息項目支持。支援各類擔保機構爲在創業基地內創業的臺青提供融資擔保。對爲臺青創辦生產性企業提供擔保的擔保機構可按年度擔保額 15‰給予風險補償；對爲臺青創辦服務類企業提供融資擔保的擔保機構可按年度擔保額 10‰給予風險補償。」實際上，

由於戴女士不瞭解這項優惠政策，故也從未享受到。

毋需諱言，像戴女士這樣普通但獨立的臺灣創業青年，是很少能享受到大陸惠臺政策的導向性扶持的，這類案例與前兩個案例形成天壤之別，充分顯示不同身分的臺青在大陸創業時面臨截然不同的處境。大陸主流媒體以至不少港澳臺及海外媒體經常報導臺灣創業青年在大陸各項政策的扶持下，事業迅速壯大，但在明亮的聚光燈之外普通臺青也有另一種處境：不瞭解大陸優惠的扶持政策，也從未獲得任何政策扶助。惠臺政策是明確的，關鍵在於具體的貫徹和落實，戴女士之類獨立創業的登陸臺青從未獲得惠臺政策的扶持，除了戴女士們自身沒有主動瞭解大陸惠臺政策並積極爭取的原因之外，是否也說明惠臺政策在貫徹實施過程也存在人為性的問題，如：為什麼在辦理營業執照等證明和手續過程中，工作人員並未主動告知戴女士們可以申請享受相關扶持政策？是政府部門內部政策資訊不對稱還是工作人員怕麻煩而不作為？為什麼戴女士們在大概瞭解了政策資訊後卻查詢無果？由此可見，惠臺政策在傳播和實施過程中也可能存在問題，如：

1、惠臺政策普及性宣傳工作不到位，目標受眾並未充分瞭解。

2、政府部門存在不作為現象或者內部資訊不對稱現象。

3、惠臺政策設定一定的門檻，很難惠及缺少青創基地或其他平臺依託的臺青創業者。

4、臺胞包括臺青的生活學習習慣與大陸存在較大差異，資訊獲取方式不同導致獲取程度不足，這或許是戴女士之類的臺胞包括臺青不能充分瞭解大陸惠臺政策——遑論充分活用惠臺政策——的原因吧。

五、存在問題及對策建議

（一）存在問題

　　毋需贅言，作爲對臺工作「先試先行」的示範區，廈門市政府根據廈門地區特點頒行一系列吸引臺青登陸來廈創業的優惠政策措施，使廈門成爲名副其實的臺青登陸的橋頭堡。儘管如此，從政策的具體內容看，扶持力度偏向高層次人才，或是落戶於創業基地的臺青創業者。因此，除了高層次人才之外，惠臺政策受惠者多爲或是有平臺依託和支持的創業團體，或是在創業基地成長起來的團體。相形之下，完全依靠己力登陸來廈創業的普通臺青實際上並沒有享受到多少惠臺政策紅利。特別是由於負責政策具體實施的區級政府進一步對優惠條例設定較高的門檻條件，導致普通的臺灣創業青年更加難以享受到惠臺政策的優惠。惠臺政策付諸實施過程必須面對的現實是：絕大多數登陸來廈創業的臺青是普通創業青年，他們才是惠臺政策的最大的對象群體。但是，普遍臺青登陸創業者，或因爲缺乏資訊管道，並不太瞭解大陸各級政府部門的惠臺政策，進而無法享受到理應享受的政策優惠；或對惠臺政策一知半解，最終又因爲政策門檻條件高而不得不放棄，喪失創業發展過程中理應獲得的重要助力。換言之，作爲登陸來廈創業的臺青主體，普通臺青實際上難以享受到大陸各級惠臺政策的紅利。

　　在此同時，或許是由於政策規範細節缺失，加之別有用心者之「反向惡意利用」，某些人利用惠臺條款套取政策紅利，在一定程度上成爲惠臺政策實施過程中以至兩岸關係發展過程中的既得利益者（群體）。如前所指摘，在部分享受惠臺政策優惠的創業團隊中，臺灣創業青年不僅不成其爲團隊的核心，甚至不成其爲多數成員，換言之，在這些所謂臺青創業團隊中，臺青在更大程度上只是套取惠臺政策紅利的符號。毋需諱言，這類似是而非的創業現象自然而然地造成一種借用臺胞包括臺青名分，以節約創業成本、降低創業風險的虛假創業，進而造成創業團隊市場秩序混亂，最終損害眞正尋求登陸來廈創業的臺青利益，不利於臺青在廈門紮根發展。不僅如此，創業市場秩序混亂勢必給臺青造成惡劣印象，如果他們返臺後無意或有意進行反向宣傳，無疑會妨礙臺胞包括臺青之

繼續登陸發展，進而阻礙兩岸融合發展以至國家統一進程。

（二）對策建議

針對惠臺政策貫徹落實過程中存在的問題，本研究提出如下建議：

第一，完善政策實施之監管機制。

首先，在評定惠臺政策優惠對象前對申報團隊條件進行核實，必要時成立特定的工作小組進行調查，確實瞭解每個團隊的眞實情形，確定眞正符合條件的團隊進行補貼。其次，發放補貼後應定期召開工作進度彙報會，如此不僅能使政府部門跟進臺青的創業進度，而且還能使臺青及時回饋意見，從而促進臺青更好地發展。最後，對於扶持政策的實施情形，廈門市政府及各區政府都應該進行及時進行公示，便於包括臺青在內的群眾監督。

第二，擴大惠臺政策宣導。

目前，惠臺政策資訊不對稱是登陸來廈創業的臺青所面對的普遍問題。例如，惠臺政策優惠涉及哪些方面？優惠政策如何辦理？政策具體落實對應哪些職能部門？優惠政策對應的服務窗口在哪裡？連絡人是誰？諸如此類。毫無疑問，只有充分擴大政策宣導，才能最大程度地解決這些問題。首先，政府部門尤其各級臺辦可以以臺商協會爲主導，開闢服務窗口，整合各種資訊，解決臺青創業者的疑問。其次，政府部門尤其臺辦可借助新媒體工具包括臺青廣泛且熟悉運用的 Facebook 和 TWYitter 以及 Line 等，整理有關歷史問題，開放線上答疑等功能。最後，各級政府應定期收集和整理臺胞包括臺青關心的問題，邀請關聯部門適時舉辦說明會，爲臺胞尤其是臺青創業者答疑解惑。

第三，擴大創業融資管道。

融資困難是登陸來廈創業的臺青無可回避的重大難題，而這直接影響臺青在廈門創業的結果。或許應該根據中央對臺政策尤其是惠臺政策精神，專門以登陸創業的臺青爲對象，由國有金融機構或特定企業法人出資，設立臺青年投資（專項）基金，以解決臺青在大陸的信貸問題；或是由廈門在兩岸金融機構合作、尤其是合作銀行征信方面「先行先試」，以解決初次登陸來廈之臺青缺少征信資料的問題。

六、結語

　　廈門與臺灣依託一灣海峽相連相牽，地緣相近，血緣相親，商緣相連，是大陸對臺工作「先行先試」的示範區。由於臺青對臺灣政治發展以及兩岸關係走向具有持續性重大影響，大陸對臺工作自然也應該以臺青爲重點（之一）。根據中央對臺政策尤其是惠臺政策精神，廈門各級政府部門已經推出多項惠臺政策，包括關於吸引臺青來廈門創業的扶持政策，爲臺胞尤其臺青登陸創造了良好的政策環境。然而，任何政策都不可能是十全十美的，現行惠臺政策在實際貫徹落實過程中也存在不少問題，比較嚴重者如：扶持力度偏向高層次人才和落戶於創業基地的臺青創業者，而難以惠及靠一己之力登陸創業的普通臺青；更有甚者，由於少數別有用心者爲套取惠臺政策紅利而弄虛作假，還滋生了虛假「臺青創業團隊」的現象。對此，本研究建議通過完善惠臺政策的監管機制、擴大惠臺政策宣導以及擴大創業融資管道等，進一步完善並確實落實惠臺政策，以推進兩岸融合發展和國家統一進程。

　　當然，本研究也難免不足之處，如對惠臺政策的學術梳理不夠深入，對訪談對象的瞭解不夠全面，對案例的分析也不夠深刻，僅僅三個案例也不足以反映臺青在廈門創業全貌，期待在未來進一步的後續研究中得到補充和完善。

實證資料

一、臺灣青年訪談實錄

TWY01 訪談實錄

臺商子弟，2017 年高中畢業後來到大陸，父母在大陸做生意，外公、爺爺1949 年隨國民黨遷往臺灣，還有親人在大陸，時常到大陸探親。父母時常教育她：「咱們的根在大陸，不能忘本。」她的觀點能夠在一定程度上代表臺商子女和具有「根在大陸、鄉愁依依」情結者的觀念。

Q：您第一次來大陸是什麼時候？您原先對大陸的印象是什麼樣子的？

A：第一次是 12 歲跟父母去秦皇島探親的時候，爺爺的家人在那生活。原本認知裡的大陸就是很落後的感覺，去了秦皇島後並沒有改變我的想法，之後臨時加了行程到北京，那時候才讓我重新認識大陸這塊土地，其實並不是大家眼裡那種髒亂不堪的地區，反而有些部分比臺灣還要先進。

Q：您在臺灣主要是通過什麼途徑瞭解大陸？來之後認知有什麼變化？

A：因為我爸爸是貿易商，有跟大陸廠商合作，大部分是透過聽爸爸說，然後在家裡也會看一些關於大陸方面的新聞，學校的話其實以前的課綱還是有關於大陸的一些資訊的，我主要是透過這幾個部分瞭解的。後來我眼裡的大陸反而是分區域的，進步的很進步，比如北京大城市，落後的還是沒有更新。

Q：您認為臺灣高校的教育模式和大陸有區別嗎？您更喜歡哪種？

A：我覺得各有利弊，如果想要安逸，我肯定選臺灣的，因為競爭相對沒有這裡激烈，壓力也沒那麼大，反而更自由，這裡的高校感覺比臺灣的高中還嚴格，體驗不同，但也可以讓自己學著成長。所以，我覺得兩個我都體驗過了，各有喜歡跟不喜歡的地方。

Q：您更希望選擇大陸的高校還是歐美的高校，為什麼？

A：大陸的高校吧，因為目前語言是我的障礙之一，至少這裡語言能通。

Q：您認為小學到高中的老師對您的兩岸觀念有沒有影響？

A：我覺得我很幸運，我讀書那時候是國民黨執政，兩岸關係都挺好的，而且我遇到的老師很鼓勵我們向大陸這邊學習，我反而沒遇到老師排斥我們過來內地的情況。

Q：您來大陸上學有什麼困擾或不適應的地方，比如說？

A：不適應應該是看醫生的部分負擔滿大的，還有就是說話方式吧，另外老師上課的口音有些比較重，聽的就比較吃力，可是現在習慣了就覺得沒什麼。

Q：您希望在大陸生活嗎，希望在大陸有怎樣的生活，想像一下？

A：如果可以的話當然會嚮往大城市工作，有份穩定的薪水，過著不愁吃穿的生活。（工作）創意方面的吧，雖然跟我學的有出入，但我很喜歡出點子類型的工作，比如廣告方面，規劃方面。

Q：您如何看待最新的惠臺政策？哪些資訊對您幫助比較大？

A：其實在臺灣並沒有廣泛的讓大眾瞭解惠臺政策，如果不是因為我來這裡，其實我也不會知道還有這個新政策，臺灣宣傳的方式很被動。肯定是學習方面對我幫助會更大一些。

Q：惠臺政策有沒有改變您對大陸的認知和印象？改變了哪些？

A：其實沒有改變什麼，因為我原本就知道大陸對臺灣一直很優惠而且友善，所以我沒有特別想說的。

Q：那您對惠臺政策有沒有負面的評價？

A：沒有，因為有時候我也會希望大陸一國兩制，我覺得主要是我父母從小給我灌輸的觀念就是不要忘本，我們的根是在大陸，所以我不會有這種想法，反而受不了現在臺灣的一些政治人物洗腦臺灣民眾，新聞都是局限在臺灣而已，沒有宏觀的世界觀。

Q：那您認為惠臺要補充哪些方面能更加滿足您的需求？

A：回鄉機票優惠啊之類的吧，或者保障回鄉學生跟臺商一定有票可以回家，內地過年的陣仗真的嚇壞異鄉的我了。還有看醫生這部分，也可以加進去，讓我們在異鄉就醫可以優惠，不然總是從臺灣帶成藥。

Q：您認為兩岸青年交流的現狀是什麼？怎麼進一步加強兩岸交流？

A：我覺得某些臺灣學生還是會比較排斥大陸的學生，但比以往少很多了，而且我認為在交流前可以先在自己的地區先瞭解對方，不至於見面從期待到變成更對立。比如說話方式，我覺得很容易成為一個點。其實我覺得不是大陸這邊要加強交流，應該是臺灣那邊要教導學生不要用主觀去看陸生，臺灣這方面我認為還是缺乏的。臺灣那邊我認為可以多讓臺生跟到臺灣學習的陸生有些分組

機會，從生活層面就慢慢改變，而不是強烈灌輸，反而會適得其反。

Q：您認為惠臺政策對兩岸青年交流有什麼作用或者不足，能說說嗎？

A：肯定有的，我認為可以多加補助方式，讓更多陸生到臺灣去交流，臺灣對這方面資源很被動。既然如此，我覺得可以從大陸這邊進入臺灣來做首先的交流，促進大家更知道有這個政策，進而讓有意願的臺灣學生也知道這個政策。

Q：您認為以後兩岸的關係會有怎樣的發展，為什麼？

A：我覺得臺灣執政黨要換，不然兩岸關係不可能好，慢慢就變成封閉的臺灣走不出國際。

Q：您對臺灣人不能在大陸擔任公職有什麼看法？

A：可以理解，出自保護國家，我認為沒什麼不好的。

Q：請您評價一下盧麗安或賴清德？

A：賴清德……，沒有救的執政者，別人對就可以想辦法找出別人不對的地方，自己錯了就堅持是別人陷害。

TWY02 訪談實錄

土生土長臺灣人，中產階級家庭，父母是臺灣中型企業普通職員，就讀於臺灣國立交通大學交通管理專業。對「中華民國」有較深的認同度，政治立場偏「藍」，思想「親中」，認為「統一如果能讓臺灣更好，也不失為一個好的選擇」，能夠比較好地反映臺灣「親中」青年的觀點。

Q：您第一次來大陸是什麼時候？您原先對大陸的印象是什麼樣子的？

A：我第一次去大陸的時候是 2004 年，那個時候我父親是安排在那邊的臺幹。然後我就跟著去那邊，待了三個月，也在那邊上過三個月的幼稚園。那時候在臺灣看到的宣傳或者從新聞上面得知的，我知道那時候大陸可能比較落後，像是城區裡面的房子沒那麼高啊，郊區都是以農田為主。我那時候去天津的濱海新區，也是才剛發展起來，非常荒涼的樣子。

Q：您在臺灣主要是通過什麼途徑瞭解大陸？來之後認知有什麼變化？

A：去大陸之前，臺灣是所謂的綠營在執政。綠營長期來說就是比較討厭大陸地區的一個政黨。在那之前其實沒有一個特別的固定印象啊，但是整體的氛圍，他們呈現的就是大陸比較落後，比較沒那麼開放的樣子，那是整體社會氛

圍，政府傳遞給我們的。去那邊也讀幼稚園嗎，這等於在跟一般的民間第一線做互動，然後在互動過程中，我發現跟臺灣的幼稚園比起來，大陸的幼稚園即使到現在，都還算比較先進的，對幼兒的照顧是比較好的，整個教育體制是比較完善的。

Q：您和大陸青年相處得多嗎？與和臺灣青年相處有什麼區別？

A：所謂真正的青年互動話就是像 2017 年參加珍珠旅，那才是一個比較印象深刻的跟大陸青年互動的活動。然後在互動的過程中發現，大陸青年比臺灣青年主動，像是回答問題呀，臺灣人一般都不會樂意做第一個回答問題的人，而大陸青年就是第一時間，假如有想法第一個就會樂意把手舉起來回答問題。

Q：您認為臺灣高校的教育模式和大陸有區別嗎？您更喜歡哪種？

A：比較兩邊的高校教育模式，我在 2018 年年初，去找北京找珍珠營的一個小夥伴，他在北京交大讀交通運輸學院，我在臺灣讀的是運輸管理學系，一個運輸為核心的專業。然後發現大陸地區的學習比較偏向實際應用的層面，學的一些比較貼近實務的內容；臺灣的話，學的比較屬於理論基礎的，基礎理論學的比較扎實，但是實務的方面就少了一點，可能是要通過自己進職場才能學習。

兩種教育模式比較起來，我可能會比較喜歡大陸這種比較偏向實務的。因為理論的話，我可能背書的能力比較差一點。如果偏向實務的話，這種學習能夠跟自己的生活經驗或者是未來的經驗做結合，這種學習模式對我來說比較適合。

Q：您更希望選擇大陸的高校還是歐美的高校，為什麼？

A：以我自己的規劃，我可能會在明年，選擇透過學校的申請計畫出國交換，那我會優先選擇大陸地區的學校，因為我自己學習的是交通領域。我會希望找一個跟臺灣比較相近的，像大陸地區人口分布的模式啊，或者是整個的生活習慣比較相近的地方，這樣將來學成之後比較有機會回到臺灣，為社會做出貢獻，把自己的學習回饋給自己的國家。所以，我比較偏好將來能夠學以致用的方案。

Q：您認為小學到高中的老師對您的兩岸觀念有沒有影響？

A：這個可以分成兩個階段，我的國小老師在臺灣比較偏藍，偏國民黨這一邊的政治觀念。他在國小的時候告訴大家，臺灣只是一個島名不是一個國家。如果他真的有一個國家的名稱的話，那他應該叫做中華民國，這就是他當時告訴我的觀點。這個觀點到現在一直深植在我心裡面的，比較讓我能夠接受並且理

解。因為假如說兩岸同屬一個中國，另外一種說法，叫做一個中國各自表述的話，那在各自表述的情況下，我認為這個中國可以是中華民國。

到了高中，我的歷史老師比較支持民進黨。他就會給大家一個觀念，就是一個臺灣為主的思想了，臺灣主體思想，那就是把臺灣跟整個大中華做切割。

在我經歷了國小之後，我個人的主張就是指一個中國各自表述。這個中國，可以說是中華人民共和國，也可以說是中華民國。在這個架構以下，對於和平來說，我會比較喜歡這個觀點。

Q：您來大陸上學會不會有什麼困擾或不適應的地方，比如說？

A：到大陸之後一個感覺就是背井離鄉，臺灣不是那麼可以經常回去。可能思鄉是難免的吧。我從以前的經驗，有一些同學學長去大陸交換回來之後，他們也說大陸的同學對讀書這方面滿拼命的，比較認真。但是，這種集體很認真的氛圍在臺灣是沒有的。所以怕過去之後，可能在這方面會有一些跟不上進度，或者說整個讀書的衝勁等力度上可能沒辦法那麼強，怕成績上跟不上。

Q：您覺得大陸文化和臺灣文化有哪些區別？

A：我覺得大陸文化和臺灣文化，如果就傳統文化方面來講，大陸地區經歷過文化大革命，可能對於一些古典的東西，以現階段來說可能會差臺灣一點。但是隨著這幾年臺灣越來越不重視中華傳統文化，以及大陸地區開始慢慢發揚，比方說孔孟思想啊，這樣一增一減的情況下，大陸地區可能就會逐步改善這個落差，然後將來會超過臺灣。

如果就社會文化的角度出發，我會覺得臺灣對於文明啊或者是守法這些觀念，在小學的時候就灌輸的滿徹底的。臺灣地區的整個守法、有禮貌文明的情況，會比大陸地區好一點。大陸地區的話，以我這幾年的觀察，在一線城市，像上海這種地方，整個文明有慢慢改善，慢慢提升上來。

對於一些臺灣人去大陸來說，可能也不見得每個人都會去一線城市。有些人到了二線城市的話，那可能就會發現，文明可能比臺灣地區差了一點，對於一些臺灣人就會比較不習慣，這是文化上面的差異。

Q：您希望在大陸生活嗎？希望在大陸有怎樣的生活，想像一下？

A：如果在大陸生活，我可能會是以工作為目標的。我認為大陸地區人口數大，整個市場比較寬廣，有更多的機會可以一展長才。臺灣地區這幾年人口沒有

成長了，也開始下降，所以在臺灣的工作舞臺可能會日漸稀少，大陸對我來說是一個可以有機會一展長才的地方，去奮鬥的地方。

但如果以退休之後的角度來說，我可能會選擇回臺灣。因為臺灣的健康保險制度，在世界各國各個區域裡面來說算是比較完善的。大陸地區這幾年應該在這方面也開始慢慢有逐步努力。但是，以臺灣整個衛生系統整個保險制度來說，我認為老年回到臺灣對我來說是一個比較好的選項。

Q：您如何看待最新的惠臺政策？哪些資訊對您幫助比較大？

A：惠臺政策我是覺得學歷方面可能對我幫助比較大，既然學歷兩邊可以互相承認，然後有些證照也應該可以兩岸之間互相轉換。對於我來說提供的方便就是能夠用在臺灣得到的證照，在大陸用最低的成本轉換成在大陸可以使用的執照啊，對我來說這是好的。

Q：惠臺政策有沒有改變您對大陸的認知和印象？改變了哪些？

A：惠臺政策以現階段對我來說影響應該還好。沒有特別深刻的印象，因為可能還暫時用不到。但是之後，可能找到機會在那邊就業的話，可能列為一個可以參考的選項。

Q：您對惠臺政策有沒有負面的評價？

A：像這次惠臺政策，其實大陸地區長期對臺灣的一些政策一些福利措施，在社會的觀感是覺得可能對於未來沒有一個保障性，要暫停隨時會被停掉。像是之前一些臺商在一些工業區的工廠被勒令停工，隨時要他走就被調走了。所以，對於將來這些惠臺措施是不是有一個長期的保障，在我心裡面可能是一個問號。

我認為這些措施應該就是統戰的一環，尤其在臺灣現在的政局來說，可能就是放出一點小利，然後讓兩岸的關係能夠有一些轉變，我認為這應該是統戰的措施。但是，如果以製造人民機會的角度來說，這也算是給臺灣人一個增加在那邊工作的誘因。

Q：您認為惠臺要補充哪些方面能更加滿足您的需求？

A：我認為惠臺措施應該要解禁兩岸之間的金錢流通的這方面的問題。因為長期以來有些臺灣人在大陸沒辦法把他的工資以實際的轉換比例兌換回臺灣，必須透過一年有限的額度才能把這些錢轉回來。我認為應該放寬這方面的限制，

或者說提出某方面的證明，在大陸那邊有就業的話，就是應該可以開放，可以把他那一整年的工資額度以合理的轉換方式轉換回臺灣。

Q：您認爲兩岸青年交流的現狀是什麼？怎麼進一步加強兩岸交流？

A：以交流的現狀來說，我覺得可能就是像我們，就是民間私底下透過這種兩岸辦活動的機會認識，然後有機會的話就是繼續私底下有來往。我覺得臺灣並沒有很清楚明瞭的機構在辦理這些活動，那可能就必須自己找，通過自己收集資料，才能得知什麼時候有辦理兩岸活動。這個問題，換個方式來講，可能就是對口單位不明確啊，不知道可以找誰可以透過誰來交流。

Q：您認爲惠臺政策對兩岸青年交流有什麼作用或者不足？能說說嗎？

A：恩，我覺得惠臺措施下降了部分臺灣人去大陸地區讀書的門檻，有很多人可以過去，當然是對於青年交流會有所解禁。

Q：您認爲以後兩岸的關係有怎樣的發展，爲什麼？

A：我認爲兩岸關係以中國長期歷史的角度來看，天下分久必合，合久必分，那可能就是在不久的將來，甚至我有機會看到兩岸回歸統一。而且，以現階段的角度來看，臺灣的整個條件越來越不利，包含經濟啊，內部的政治條件啊，我覺得整個發展情況越來越差。所以，長期來說，可能統一對於臺灣地區來說，說不定是一個更好的選項。

Q：您對臺灣人不能在大陸擔任公職有什麼看法？

A：以我自己學習交通的角度來看，因爲交通事業啊，大部分都是公家機關爲主的，所以無法擔任公職對我來說可能就是少了一個可以發揮作用的平臺和機會。但是以世界各國的角度來說，不讓眞正的本國人擔任國家公職應該是一個常態。所以，對我來說這是可以理解的情況，但是如果能開放的話對我來說是更好的情況。

Q：請您評價一下盧麗安或賴清德？

A：我滿贊成盧麗安的一句話——愛臺灣也可以同時愛中國，我認爲這是沒完全沒有違背的行爲。對於賴清德，我是覺得，賴清德他們整個民進黨長期把臺獨作爲一個對內騙取選票的一個口號，但是卻不敢有實際的作爲。

Q：您對近期解放軍軍演和臺灣邦交國減少問題怎麼看？

A：對於解放軍軍演來說，我覺得如果以人民的福祉最大來講，戰爭對誰都

沒有好處的。所以，要軍演也可以，但是希望兩邊都要忍下來，不要開第一槍。因為真的戰爭，對於整個民族啊，不分政治的立場都是有害的。歷代戰爭都是負面的影響，沒有人會因為戰爭而受益，所以我是堅決反對戰爭行為的。

臺灣邦交國減少的問題，其實這個問題自 2016 年蔡英文當選以來，已經是一個存在的問題啊，只是時間的早晚。以世界各國角度來說，跟世界第二大的經濟體建交，肯定是利大於弊吧。

Q：您如何看待太陽花運動和當中的學生？

A：我認為太陽花運動是造成臺灣這幾年停滯不前的原因，一群人因為怕中國而將原本促進兩岸共同發展的方案拒之門外，不計後果的民粹是很可怕的。那些學生受到政黨的煽動，在沒有就業經驗的情況下就去為反對而反對。我認為那是盲目的。我的兩岸觀點就是，中國正在起飛，如果臺灣在起飛的階段拉著大陸，那就會一起飛起來。就像買股票，如果你知道這股票會漲，那肯定要趕快買的。我覺得與其臺灣挾著不同文不同種的外援自重，如美日，為什麼不和同文同種的大陸一起合作呢。

TWY03 訪談實錄

土生土長臺灣人，中低產階級家庭，就讀於臺灣中原大學企業管理系。由於家庭條件狀況不是特別理想，一直半工半讀。從來沒有來過中國大陸，對大陸的認知局限於網路和媒體，受到臺獨課綱影響。立場上不支持藍也不支持綠，喜歡柯文哲嘻嘻哈哈、幽默的政治風格，能夠較好反映對大陸陌生卻保持好奇、中低產階級出身、政治立場中立之臺灣青年的觀點。

Q：我想問問大陸在您的觀念裡是什麼樣的？

A：這個很複雜。一般來說，其實對大陸會相較於其他國家有自己人的感覺，不會特別排斥，容易親近，像幾年前陸客來臺，我們都覺得很新鮮，這些來自其他省的大陸同胞來到臺灣各自講不同的口音很好玩。在學校遇到交換生也會好奇他們來自的省份，想多認識認識。但是在政治上，雖然我不是臺獨，但在國際現實下看到中共在國際上打壓臺灣的國際空間，一些小比賽上也以統獨問題刁難臺灣，心裡還是有些不是滋味。

Q：在您眼裡，大陸會不會很落後？

A：知道大陸經濟很進步了。落後⋯⋯不知道怎麼說起，哈哈。有時候在媒體上看到一些關於大陸遊客在其他國家脫序的行為，也是笑笑而已。我在學校也有擔任陸生學伴，與陸生交流的多一些。

Q：那您覺得陸生好相處嗎？會不會有隔閡？

A：有時候會有，一般都還行。有些人政治意識特別重，開口閉口新時代什麼的，一聽到不符合他們思想的東西馬上變臉給你看，很符合四川變臉的文化。剛剛說的是我在一個四川人身上看到的例子，那次聊天一提到臺灣是亞洲什麼前幾名的國家，一聽到國家兩個字馬上變臉，雖然也明白你們對這兩個字的敏感。

Q：那他有說些什麼嗎，還只是表情上的變化？

A：就說臺灣不是國家！立場上我們講出這兩個字並沒有不對，也知道你們對這個詞大有意見。不過，如果總是糾結這些用詞，那彼此交流恐怕就沒那麼容易，彼此都是中國人，天天要吵這些沒什麼意思。

Q：那您瞭解大陸、瞭解兩岸活動的途徑是什麼？

A：沒什麼，就是網路跟媒體。其實感覺媒體很亂，特定媒體就是宣揚臺獨，天天在那邊亂。活動的話，學校有時候會發一些公告，暑期營隊什麼的。

Q：您有打算來大陸嗎？來這裡看一下，真正的大陸是什麼樣子。

A：沒機會啊。對於半工半讀的我，費用方面可能無法承擔。機票大概一萬多臺幣吧，到了大陸其他花費不得而知。學校不會負擔個人機票，所以就很尷尬，我在學校工讀的薪水可能還不夠我去一趟大陸。

Q：您對大陸最新的惠臺政策有沒有瞭解？

A：其實看了一下而已，看的時候覺得能用的可能不多。

Q：您覺得這些惠臺政策資訊對您有幫助嗎？

A：我看看，感覺挺吸引人的。好奇什麼是重點產業、重點項目、重點學科、緊急需求、聘用人才。我學企管的，這就尷尬了。不過這些東西看的到，用的到嗎？

Q：您有想過未來來大陸生活或者發展嗎？

A：有想過。畢竟臺灣的經濟前景沒那麼好，但是其實對大陸還沒那麼熟悉，我貿然過去也不是那麼現實。

Q：或者來這裡讀碩士，先攢人脈？

A：似乎可行。就是大陸碩士要念三年，跟臺灣兩年不一樣。我之前看的好像都三年，覺得還要花三年待在學校就很累。

Q：如果您來大陸，您希望有什麼樣的生活？

A：在經濟上能夠自主，能去看看那些以前課本上的山川名勝。工作的話，在財務方面或者電商產業都有興趣，在廈門深圳武漢都行。

Q：您覺得如果來大陸，會不會有什麼顧慮？或者困擾您的地方？

A：爸媽在臺灣比較難照顧。還有是不是真的能融入當地生活，還是因為是臺灣人的原因會被異樣眼光看待。就是自己所學、自己的能力是否能勝任大陸的就業環境？再來就是一個剛畢業的學生，自身經濟並沒有那麼充裕，不能說想搭個飛機去大陸發展就能去。

Q：惠臺政策有沒有改善您對大陸的觀念和認知？改變了哪些？

A：有一些。住宿、就業方面的一些優惠。

Q：那有沒有改善您對中共的印象？

A：還好。就不是以前那個萬惡的共匪而已，不好意思，有點失言。在政治上，他想吸引臺灣年輕人去認識大陸，減少對大陸的陌生感，讓我們能更瞭解大陸，比較兩岸現況，好像也沒什麼不好。如果沒這麼做，因為隔了一條海峽，各自講各自的話，永遠就這樣對立下去，只會更差。

Q：那您對惠臺政策有沒有負面的評價？

A：是很明顯的統戰啊，但是他給臺灣的悶經濟開了另外一條路，讓海峽對岸的年輕人有不一樣的選擇。

Q：那您覺得惠臺政策再完善哪些會更滿足您的需要？

A：暫時還提不出來。如果能改變臺灣對大陸那種強勢的反感，恐怕會更有用，這個可能有點難。

Q：您覺得這種反感是怎麼形成的呢？

A：中共國際上無差別的打壓，民進黨政府的煽動。

Q：您國小到高中的老師對您的兩岸觀念有沒有影響？

A：有一些吧，有統有獨。但他們不會講太多，儘量以中立的態度教學吧，偏激的比較少，可以說不怎麼在乎。

Q：您覺得以後兩岸關係會怎麼發展？

A：要看習大大啊，看習大大想怎麼辦，可能越逼越緊吧。可是臺灣問題也很複雜，不是兩岸政府說怎樣就怎樣，民進黨可以這樣，也是因爲他們看准美國就是想用臺灣牽制中國。

Q：您覺得未來兩岸關係會怎麼發展？

A：可能大陸對臺灣青年更多優惠，但政治方面可能起來越緊。如果有一天美國不再需要臺灣，或者兩大國達成什麼協議，就統一了也說不定。當然兩岸能攜手合作最好。

Q：您聽說過盧麗安嗎？覺得她怎麼樣？還有賴清德？

A：聽過。這個不好說，可能只是一個傀儡。開會的時候擺在那邊當臺灣代表，可能全臺灣的人都這樣感覺吧。賴清德莫名其妙站在行政院長的位置上說他是臺獨工作者，只會讓臺灣的處境更危險。

Q：您怎麼看最近解放軍軍演？

A：習慣了，看看就好，愛飛就飛唄。

Q：您覺得解放軍軍演和臺灣邦交國減少會不會衝擊惠臺政策的效果？

A：多少會，就讓大家多一些戒心，但是也知道這是蔡政府兩岸政策的問題。

Q：您認爲應該如何促進兩岸青年交流？

A：剛剛說兩岸青年交流，大概就是多多舉辦兩岸交流活動吧。但這個好像也不那麼現實，臺灣急統急獨的可能是一小部分，大部分都中立，就差在偏統或偏獨而已，而這些人大部分都明白臺灣現在的處境。好希望能眞的去大陸走一遭。我有想過弄個眾籌，希望有人能投資我機票錢，讓我能去大陸看看，我把這些經歷寫成遊記，讓更多人看看那個對岸那個大陸，但就不知道這個想法可不可行，對不對。

Q：您如何看待太陽花運動和其中的學生？

A：他們用他們的方式表達了訴求，只是覺得他們自以爲在守護臺灣，在前面沖在前面吼，但是卻重創臺灣經濟。

TWY04 訪談實錄

臺灣青年代表，在臺灣就讀於頂級高中和大學，赴美國留學後攻讀賓大沃

頓 MBA，接受臺灣和美國精英教育體系的培養，深受西方主流價值觀念和民主政治的影響，在一定程度上反映臺灣精英階層的主流觀念。以大陸視角而言，其觀點比較偏激，措辭比較強硬，但是也反映了相當部分臺灣人的意見。

Q：您有到中國大陸發展的打算嗎？為什麼？

A：沒有，目前沒有這個計畫。我反而想請教你，為什麼想要去那麼專制的地方發展？因為錢，你可以拋棄民主和自由的價值；或者說因為錢，你可以拋棄對民主和自由的認同或尊重，對不對？臺灣就不能溫飽嗎？你看民眾間的差距那麼大，人均收入差那麼多，你真的認為臺灣的人不能溫飽嗎？

Q：如果您來中國大陸發展，您希望有什麼樣的生活？在哪些領域，在哪裡發展？

A：我不知道怎麼描述，但是我大概不想過一黨專政的生活。大家都有一個基礎上的想法，假設有一個小學的老師，就是喜歡用拳頭和教鞭說話，你喜歡那樣的環境嗎？當然，如果你願意做他的 teacher's poppy，你當然會過得很開心，你可能還受到很多榮譽，甚至還有很多的稱讚和獎狀，但那都不是我要的。大概是這樣。

Q：您認為兩岸青年交流的現狀是什麼？有具體促進兩岸青年交流的建議嗎？

A：兩岸的青年，我認為在物質觀，也就是對比較世俗或比較物質的方面，想法可能會比較客觀；但是在價值觀上面，可能還是比較難有接觸。

Q：所以，您認為大陸的青年習慣過那種 teacher's poppy 的生活？

A：我覺得他們也有自己的難處和想法，但那些背景和情況不適合用在臺灣。

Q：所以，您在臺灣 Top1 的名校也組織了一些活動，您認為您所接觸到的周圍學生的主流價值是不會為了錢而拋棄民主和自由去大陸讀書？

A：要看你是面對哪樣的人群，如果你是面對比較屬於前 20%的這些人的話，那麼大家基本上都不會有那個計畫，我們都往美國走，往歐洲走，往日本走，甚至有的去韓國，但是我們基本上不會往中國走。一定是只有在個人遇到發展上的瓶頸或者遇到一些困難，不能實現自己的夢想，所以要放棄這條路，去換一個方向去實行。當然在不同的時期會有不同的改變，比如說我們在國中或者高中的時候，比較不能接受別人不同的意見，所以我其實是不大能接受往中國

發展的人的，也就是當世界觀比較窄或者眼光比較短的時候，你比較不會去考慮別人的感受。那我也是考慮到自己的觀點，才選擇這樣的觀點和意識。也許去中國有更多的機會，但是你是否願意爲了錢，選擇放棄對社會、對文化、對人類歷史的通則跟共識，有沒有一定的尊重和理解呢？如果你對這些比較堅持，像我這樣的話，你就不會想要把自己的 capital 和客戶的 capital 投入到一個這樣不道德的市場裡面。這樣從長期的角度來看，中國市場多了一些投資的機會，但對臺灣投資的人而言可能是把他們的資金投入到一個不道德的地方，這樣其實對兩方都是有害的。

Q：您對「不道德」的定義是什麼？

A：你覺得什麼樣的市場是道德的？

Q：那您認爲什麼樣的市場是不道德的？

A：內線交易。我不會說大陸 100% 都是內線交易。你覺得內線交易有低到 1% 以下？

Q：美國有嗎？

A：你這個問題問的很好。這個要看你對內線交易的定義是什麼？公司特意釋放一些重要資訊給他的大股東，你覺得算不算是內線交易？公司的領導人可以向他的朋友洩露投資的機密，你覺得算不算內線交易？如果你覺得這兩個都算的話，我覺得這可能是一個定義上的問題，因爲如果前者即向每一個股東都提供這樣的資訊應該就不算吧，因爲每個相關的人都得到了相關的資訊，但如果以公司或個人的利益出發，給他的朋友或家人這樣的資訊的話，比較觸及我對內線交易的定義。

Q：所以，在您看來大陸的機會都是「不道德不民主」，或者說「未開化」的階段，是嗎？他們對於品德上的追求還是偏低的？

A：我不認爲這個世界上有「未開化」的東西，我比較認爲這是一個歷史演化過程中遭遇到的一個東西，就是不論是教育還是時間，是一些比較硬性的東西，這些比較偏硬性的東西累積不足造成的，他們現在還在累積，他們是不是還在往這個方向發展？雖然說中國的市場我現在還是不認同，但是跟十幾二十年前我得到的資訊比起來，還是要好很多的。等到哪一天我對這個市場的競爭覺得比較公平，或者符合我對這個市場的定義的話，那我也會考慮到加入這個市

場。但目前，你也知道現在 A 股情況非常有趣，算是一個超低的低點，但我自己大概是不會進去啦。

Q：如果下周漲了四五點，您也不會去賺這個錢？

A：三四點的錢，也就是五趴，我會因為五趴的收益賣出自己的靈魂嗎？我會因為五趴賣出自己的信仰跟堅持嗎？我花了好幾年堅持，現在為了五趴而把他賣掉，你覺得這有可能嗎？

我認為每個社會都要健全金融教育或一些民主的感化和對普世價值的認同，如果我們對人類未來的走向都有一定的共識的話，我相信都會做出和我一樣的決定。我不認為這是精英與不精英的關係，而是資訊能不能完整的問題。

Q：所以，您認為真的是在臺灣混不下去了才會選擇赴陸發展？

A：我自己不會用「混不下去」這種話，因為「混不下去」的定義應該是那種「垃圾」，打輸了就跑，然後當個土地主或者土匪，那才叫「混不下去」。臺灣已經走到一個相對比較穩定的經濟體系，機會不會有那麼多，當然並不是每個人都有這麼好的機緣去得到這些我剛剛說的文化和資訊，他們也不知道少了這些東西會對自己未來生活的發展造成什麼樣的影響，當然也許根本不會，但我也認同他們。如果在他們的背景下，我可能也會做出和他們一樣的選擇，但可能是我運氣比較好吧。

如果他們是想去賺錢，他們會不會想著去賺更多？他們能不能把錢全部帶回來？有困難。那他會想要放棄他現在已經得到的錢回家嗎？所以，你覺得他們還會回到臺灣然後把他當作未來長久居住的地方嗎？我認為他們會花比較多的時間在中國。

Q：那也有一批赴陸發展的人，他們賺大陸的錢，但是還是支持臺灣的民主的價值觀，所以他們還是會選擇把賺到的錢弄回臺灣。

A：是。但我們有沒有發現身邊這樣的人大部分還是想要赴歐美發展，赴陸發展反而是很少回來的，這一點是我們比較難以取得共識的。

Q：所以，您認為北京當局籠絡那些赴陸發展的年輕人，想要借此改變兩岸關係，對這些人的看法，您是 just a kidding？

A：他們的方向基本上是正確的，往年就已經開始下手了，的確對臺灣下一代民主價值是一個很重大的危機。但就如我剛剛所講的，我自己得到的價值資

訊都是從臺灣比較嚴謹、比較專業的學術體系裡面還有教育體系以及專業人士的分析裡面得來的，只要個人普遍認為專業、比較願意花時間的人都願意接收這類價值資訊，我不認為中國任何的惠臺政策會有任何的決定性的效果。

Q：所以，您認為他們找的人是沒有辦法對臺灣主流價值觀有任何改變的，會導致他的這一塊毫無作用？

A：我們打開天窗說亮話吧。他們不是找錯人，他們是找不到可以用的人，連連戰這種「垃圾」他們都找過去了，你籠絡他兒子，連連勝文都知道，還有一點意義價值，至少他在年輕人裡面支持率跟聲望比較高，不應該去找超過五十歲的人吧？畢竟他的聲望還是比他的爸爸好。你既然要做年輕人這塊，你就一定要做到底，但是他們畢竟找不到什麼人，沒有半個年輕人。

我不認為你剛剛說的臺灣的中產階級的人會支持這樣的價值觀，因為對這些人而言他們最重要的是生活，但是就目前中國政府的政策和走向來看，他們只會是最大的受害者，他們絕對不是獲得利益的人。你覺得惠臺政策可以幫助到那群臺灣人嗎？研究中國政府這個體系，對我來說最感興趣的一直都不是他怎麼經營內政，他經營內政方法有他自己的看法，我更有興趣的其實是他的宣傳手段，他的這種傳播手段和他過硬的宣傳手法差異是相當大的。

我身邊的人很少去中國頂尖的學校發展。中國排名前幾的名校我不認為他們能提供比臺灣更好的師資。

人與人的交流其實滿看機緣和巧合的，這是我自己的看法。如果你硬是要把兩個族群的人放在一起交流，對我來說就好像把兩隻不同品種的狗放在一起。這是非常高傲的一個想法，這不一定能取得效果。我們覺得重點真的不是在交流，如果真的想往和平的方向發展，那麼應該是尊重而不是交流，要建立對兩邊群體差異的共識跟認知，才能談交流這件事。

Q：大陸政府對臺灣尊重嗎？

A：你怎麼定義「尊重」？對什麼樣的人尊重？用什麼樣的角色尊重？是一個日本曾經的殖民地？一個割讓出去的土地？還是一個有自己主權的、一個有尊嚴的、一個有自己制度的區域或是國家？

Q：我們不提這些我們無法解決的，我們說他們有沒有把我們當作他們口口聲聲所說的「臺灣同胞」來尊重。

A：這麼說好了，如果你尊重一個人，你會不會對一個人動刀動槍，動手動腳，這你認同嗎？你也不會想要用一些武力跟暴力恐嚇，像是跟父母動小孩，你用武力來這樣說理吧。國際上比較緊張的局勢，南海這邊的局勢，大家都清楚，這個問題我也不特別回答。我比較想問為什麼派出戰機還有一些軍人踐行他們的觀點？既然這樣口口聲聲地說和平尊重，那為什麼還要做出這些像「父母打壓孩子」的手段？這只是讓人家對你的評價還有智商以及尊嚴這些東西進行質疑？我想我已經把我的意見說得很清楚了。

假如我在你面前拿一把槍刀在你面前晃晃，然後說如果我砍到你是你的問題，你也不要覺得心裡不快啦。如果每個中國官員這都能這麼接受的話，我想大家都是很開心的啦。我們不會再問這麼蠢的問題。

Q：您對中國共產黨及中國政治制度的認知是什麼？您你如何看待兩岸的政治制度？

A：一個好的專制或集權你覺得應該是什麼樣的？你認為在天災和人為因素死亡的那些民眾人數不夠多，所以非常好？難道你覺得死亡的人應該多個十倍二十倍？Baby，哪天爆了死了一億人，你才覺得這個體制是沒有效率的對不對？你對你應該負責的人哪怕死了也一句話都不說，然後還試圖掩埋他們的存在跟他們的生命，這已經不是一種集權與不民主的問題了，這是作為一個人的你對人類這個群體沒有生命價值、人類價值的共識。

Q：但是，也許讓其他人能安穩吃飯更重要？

A：人都死了還能吃飯嗎？你應該讓你的人民活在這種不確定的風險下嗎？政治制度只是一方面，更重要的是對人類價值、對生命價值、對臺灣人的尊重與理解。你要集權，我退一萬步同意，但你必須尊重這些價值觀。在你不尊重這種價值觀的前提之下，你任何的政治體制都是失敗的。

國民黨本身就是一個在三十前年就已經被消滅的組織，他們存活下來是對我們臺灣人的侮辱，侮辱臺灣人的智商。但我們其實是自由民主的，我們還是尊重一個集團現有的生存方式吧，所以我們對這部分人勉強能夠接受吧，但情感上不能接受。如果真的要往人民民主的方向發展的話，他們不應該被清算，這是從臺灣人的角度出發，那以中國的角度，他們是不是接受？我換個角度，大家小時候是不是玩過螞蟻巢，就是那種螞蟻窩，我以前都有那種把他拿起來搖著玩

的這種變態心理，小時候無知嘛，你覺得這種行為也是不好的，但你會發現大部分螞蟻都活下來了。那種頑強的生命力，那種絕望後都會過得更好啦！你一直要把中國的發展跟中國政府的政治體制和管理體系扣在一起，這其實不一定有相關性，就像這個故事。可能是因為他們剛好在這個比較進步時代的背景裡面，直接靠竊取那些已經成功的故事，剛好直接複製那個模型進行，所以得到了成功，他們的進步不是源自於原創，而是認命，有效率地走別人已經成功的路。

Q：也許這樣效率比較高，看看他們修地鐵的速度。

A：為什麼要建地鐵？服務哪些人民？那城市和鄉村的人會不會有差別？用的錢是不是都市和鄉村人的錢？我們追求民主的制度不是相信人性本善，而是我們在認同人性價值的同時也認同人性比較不堪的這一面人基本上一定會有。但中央集權政府最後一定會面臨著一個壞的情況，這也是歷史教給我們的。我們認同人類的文化體制，我們堅信這一點，我也不認為未來會有任何的改變，很明顯大概是這樣。

Q：您覺得惠臺政策有沒有改善對中國共產黨及其制度的感覺？

A：我覺得是中國政府很可笑的一部分。每天早上一看川普的推特，就能讓我對中國都有所改觀？中國政府你砸這麼多錢，這麼說好了，我直接跟你說，如果宣傳的人——中國政府負責宣傳的人是一個公司的行銷計畫人員的話，放在公司現在大概已經被浸豬籠消失在這個社會。

認真來說，其實我認為兩岸之間的差距源於我們的歷史背景，還有教育以及文化的軌跡。在這些體制下，我開玩笑說那些人該被消失，但他們很難做自己。

第一點，你要先認清楚兩邊的差異，懂了差異大概就會知道這個趨勢是不能改的。第二點，他們認為這個趨勢可以直接改變。這一點就是他們有自己的觀點，他們自己的這種看法會拖累他們的行動。大陸覺得兩岸現在發展情況是不對的，不是自然趨勢造成的，大陸方面想進行人為的改變。但大陸的整個社會文化、教育背景，會讓北京方面做出來的事情，有時候反而更加惡化了兩岸關係。對我們來說，這是很自然的事情，很多我們覺得很正常、很自然的事，放在大陸會不被理解，因為其實他們採取了鈍化的行動，「愚民化」。我認為臺灣比較屬於有自由意識這一塊，我們會有相應的動作，因為臺灣自由民主，所以當大陸做一

些臺灣人反感的事時，臺灣這邊會有人做出相對應的動作回應。我認為，甚至講到了，開開玩笑，除非你給臺灣每人一億人民幣，然後每個男人可以娶五個老婆，女人可以嫁五個老公，那我覺得統一日子快近了。如果你敢這麼做，就這麼做也行，我也很樂意，但我要十個，應該是這樣！

我認為比較可能的方式是一種政治上的協議，一種實質上的區隔，就算統一了，也是一個「兩制」，徹底的，不是香港那種。

Q：像香港那樣的現狀，您覺得好嗎？在結構上來說，臺灣跟中國大陸不可能會像香港那樣緊密。從各種角度來看，畢竟隔了一個海。所以，您認為更重要的要素是香港從頭到尾都沒有所謂的民主意識，是從殖民地變成另外一個很像殖民地的東西？

A：對，OK。我覺得這肯定是很重要的一點，但更重要的一點應該是香港比較小，然後從中國來的人比較多，從區域從地理上的角度來說比較容易進入。我認為現在的香港已經跟以前的香港不一樣了，所以中國政府才能夠得到比較高的統治。你會發現香港那邊比較有意見的都是一些「被消失的」，香港有民主意識的人被消失了，例如銅鑼灣書店老闆。對，那些人大概也是比較有機會系統性地接受一些人類的文化和歷史吧。

我建議你去參考一個網站叫 free house，他對每個國家的經濟民主正在進行的狀況做一種資料比較，儘量做量化的資訊。其實，就像你剛剛說的差異是什麼，看網站就懂差在哪了，確實是滿明顯的。我覺得另外一個比較可能的因素就是香港人太少了，能組織活動的人太少了，活動組織起來的人也太少了，所以組織活動的人很容易被消失。

雖然我一直尊重民主這些普世的價值，但我也承認寡頭是必要的形式。所以，我也會選擇民主，我選擇了民主，可能其他人會選擇專制。現在香港人比較可惜的地方，是他們沒有選擇的機會。香港跟臺灣的歷史規律很像，在當地的人其實歷史上都沒有什麼選擇的機會。香港從歷史上到目前為止沒有了，現在臺灣可能有點選擇的機會，我覺得這是整體比較幸運的一點。

Q：某種程度你們是臺灣主流價值觀的代表跟民意影響的風向，臺灣社會文化其實在某種程度是靠你們在拉動的，您覺得當我們爸媽的那一代——民國五六十年代出生的那一代人都已經慢慢退下社會舞臺，我們這一代起來的非常快，

您覺得我們這些民國七十年代到九十年代出生的小朋友是不是會主導他走向跟大陸更反方向的地方？

A：人口的確不斷老化，但一個趨勢就是決定事情的人年紀變越來越低。過去時代是五十幾歲，六十歲才有決定權，現在可能三四十歲就有這個機會。我覺得未來這個數字會降到二十幾歲、十幾歲。

Q：可能目前來說臺灣整個社會的主導力量是在三十多歲這一塊，我們就看現在的民調，11月就中期選舉了，時代力量的人比兩黨要多出很多機會，對吧？可是您覺得會出現更多像柯文哲黃國昌這樣的人來參與政治嗎？政治參與能力會變嗎？他們會把臺灣帶向一個更獨立的方向嗎？

A：他們一直都是很獨立的。我想其實我們兩個在認識上有差別，現在中國即使切斷所有跟臺灣的貿易，臺灣人還是會活下來，還會活的很好，甚至發展的更好。

Q：所以，其實大陸那邊不斷地鼓吹說，中國的貿易跟臺灣的貿易占很大一塊，其實是沒有的事情，是嗎？

A：是。假設大陸完全封鎖臺灣，臺灣因為臺灣的產業結構，還有科技環境，雖然短期內會有一大波損失，但是實際上，臺灣經濟體體現了企業公司在世界，科技產業發展走在最前端。只要這個世界持續發展跟進步，臺灣不可能會因為大陸的封鎖而撐不下去。為什麼？因為我們總是走在時代的尖端後面一點點，我們總是能搭上時代潮流，看看歷史上幾次的產業變革、科技產業的變革，臺灣哪次沒有跟上？臺灣都跟上了世界；甚至在更早之前的產業變革，臺灣也曾抓到了機會。臺灣人是很有創造力，很有能力，很樂意接受新事物的。所以，不論中國怎麼辦，只要世界不斷繼續發展，我不認為中國經濟制裁會達到他的目的。

Q：我們就講85℃這件事好了，大陸如果真的哪根筋不對了，突然做什麼比較驚嚇的事情，比如說蔡英文表弟去買了一杯咖啡，然後隔天就是所有大陸的廠商、大陸的政府官員、衛生部門稽查衛生之類，然後全部泡紅牌，導致85℃兩天跌停板的這種情況，然後發生在所有臺商身上，會對臺灣的經濟社會產生一定的影響嗎？

A：首先就是我們大家先開天窗說亮話，會到中國進行大量投資的，除非是自己要發展自己的事業，企業的目標更重要，不然你在臺灣混不下去，而在臺灣

混不下去的比重最高。目前看來，要轉移企業發展中心的大概不到十家，規模夠大的不到十家。這些企業，其實也沒有占臺灣太大的經濟體系，而其他的小型公司則是我覺得應該被淘汰公司，在臺灣活不下去，要去中國大陸發展求生存。

Q：其實臺灣的經濟一直都是靠中小企業撐起來的。與當初亞洲「四小龍」新加坡香港南韓相比，臺灣不靠大型財團，而是靠中小企業成才。中小企業其實很大部分都與大陸有經濟上的往來，他們如果受到影響，勢必臺灣的經濟、臺灣的社會跟人民生活也都會受到一定的影響。

A：我想反問你的就是中小企業。撐起臺灣的經濟這個說法，你在什麼時候什麼年代聽到？如果你對產業發展有些瞭解的話，你就會發現這確實是臺灣很重要的經濟成長特性。我認為大部分中小企業都找到自己活路，他們就開始進一步發展。這些真正的中小企業反而是不會去中國發展，因為去中國發展並不能帶給他們最渴望的技術，還有一些未來發展性的優勢。來講一下你印象中有誰？可能想到的比較有名的就是郭臺銘的鴻海集團。郭臺銘後來還是搬去了美國。你也知道，其實是他為了自己企業規模，市場規模做了一些調整。還有一些比較大的，也基本上都是代工廠。臺積電也有在江蘇設廠，但那個不是他的主要發展方向，他最重要的幾奈米的晶片還是在臺灣，都是在臺灣中科跟竹科，一些比較核心的東西是沒有到中國的。中國政府也很難像過去為他們提供低勞力，在現在的趨勢下，臺灣企業撤走的情況已經發生，留著的大概都是為中國市場。

Q：那您說中國市場倒掉會不會對臺灣有什麼影響？

A：即使今天臺灣所有在外國的蛋糕店都倒掉，臺灣人還是有蛋糕可以吃。對，只是個人的利益受到影響。

Q：從周圍我們看得出，現在從大陸賺很多錢的大商人，他們其實內心也還是支持臺灣自由民主價值的。從長遠來看，臺灣其實還是不會受到大陸任何的制約跟影響。所以，您覺得大陸對臺灣反而應該採用懷柔政策，不應該恐嚇，他的恐嚇對我們不會有任何的影響，這也是為什麼我們這一代會選擇走向大陸的對立面，對吧？

A：我覺得你講得很好，但現在是一個這樣性質的訪談，我不會再說了。我不建議中國政府從他們角度採取任何的懷柔政策，為什麼？因為一旦兩岸之間的青年真的互相理解，我相信最後勝出的不會是中國價值觀，而是普世價值這

種追求人類集體利益的意識的勝利。危險的是中國現在當權的一些人，我是不建議他們這麼做的。

統一臺灣就是我剛剛才說的笑話，你給每個男性配五個女性過來，而且每個顏值都夠高。但是，我個人認為更高的可能是過來以後他們不想回去了。所以，如果臺灣的女性比例少，男女比升五百對一百，這種情況比較有可能發生。或者給女性配五個帥哥也可以。實際上，這個方法不錯，像臺灣人口暴增變成原來六倍，的確有可能造成經濟崩盤，中國再進來就有機會了。但我想有點腦袋的人都不會接受這種做法。

Q：您是如何看待太陽花運動跟其中的學生？在我們高中的時候發生的，我們也有討論過這個問題。

A：社會運動本身是群眾的聲音。當群眾聲音能夠吶喊出來之後，人類的共同利益才能找到他的方向。對我來說，那次活動之所以有這麼大的意義，就在於臺灣的一些青年將決定社會未來走向。有人找到了自己的意見，找到了自己的聲音，並嘗試說出來，雖然可能最後結果不盡如人意。

Q：太陽花運動確實是讓我們這一代在社會上開始主導潮流，就這樣成為了社會的主流價值觀，同時我們也希望這個行為打倒了早就快消失的 KMT（中國國民黨）。

A：事實上我認為 KMT 之所以存在是因為還存在著利益相關體。主要就是那些榮民還沒死光，等那群榮民死光了，然後也就 KMT 倒閉了。

我這麼說吧，KMT 可以轉型成別的組織，比如說馬英九基金會，或者是什麼中國茶藝、飲食文化協會之類的，可能未來發展會更好。對，因為你也知道，國民黨這組織過去跟現在都不是太會傾聽下一代的聲音，不會傾聽未來會變成社會潮流的人。這件事情真正的意義其實是社會上能傾聽主流發展的人——年輕人這一塊聲音了。未來表達聲音的人年紀會越來越下降，現在可能主要是大學生，我相信以後會變成高中生、國中生。

Q：這樣會不會發生一點危險，我們的民族變得濫權。您不覺得那群高中生思想不夠成熟？我覺得大學生上來是 OK 的，可是如果您讓高中生來做決定的話，會有一定的危險性，畢竟他們看到的世界還沒有很多，不知道下一代會怎麼樣，會不會對臺灣產造成不可回復的毀滅？

A：其實大家都知道，思想跟表達思想是一起的，知識是需要訓練的，年輕人的年齡層級不可能是立即下調的。我們希望的是年齡層級慢慢的下降，普及到高中生，甚至是國中生，讓他們有參與社會表達自己意見的想法。其實從人口比例上，我們也知道這些人不會是決定聲音的最大音量，不會是決定大眾意見的最主流，主流當然是二十幾三十幾甚至四十幾歲的人。

Q：照您這樣說，以後兩岸的關係會有什麼樣的發展？為什麼？您希望兩岸以後都是怎麼樣的？

A：我相信兩岸未來還是以和平為主發展，為什麼？因為中國知道不可能統，只要他們有點腦子，只要他們看現狀跟一些資料，他們就知道統一是不可能的。他們大概也不會浪費時間在妄想這些事情，因為他們畢竟是活在十九世紀的人，他們不是十三四世紀那種猿人的腦子，他們一定要往這個方向發展，這也沒什麼好說的。

Q：有人講習近平 2012 年上臺時候講第二個一百年就是在中華人民共和國建國一百年的時候要統一臺灣，您怎麼看？

A：他講這句話我也有印象，我很開心，他願意提「統一」這個詞，就代表他承認兩岸之間現在是兩個不同的政治體系。他其實是一個有腦子的人，他也常常說中國是一個自由民主的體系，人民可以發表意見，但你的打字系統現在能輸入「維尼」這兩個字嗎？現在能輸入「淹水死亡人數」嗎？現在能輸入「落石地震」嗎？這種搜尋詞我知道都不行。他的話聽聽就好。他不是神，他也只是一個人，他的話聽聽就好了。

Q：所以，我就講和平發展這一塊，講北京方面真的有落實到這一塊。北京在選擇一些臺灣代表，是不是也是無人可用？可能只是他們去就被選擇了。

A：是。我們自己都有對那些人評價，但你我都知道我對那些人的評價大概在哪裡或怎麼樣，結論就是我們畢竟是我們，他們畢竟是少數人，他們沒有起到決定性的作用。所以，他們真的要這麼做，臺灣軌跡也不會變化。

很簡單，因為統一臺灣一直都不是中國最主要最重要的、實際上排名前五的政策，這點如果能從他們的角度來思考就會明顯發現，他們現在無論在內政外交上都有更需要解決的問題。他們給我的想法就是他們希望能夠維持現狀，他們其實並不是希望統一。統一對我來說更像是一個口號，能維持現狀對他們

來說就夠了，以後的事以後再說。這樣子，你眞的覺得他們能成大事嗎？

Q：您是怎麼看待解放軍軍演跟臺灣邦交國減少的問題？是否對惠臺政策效果造成衝擊？

A：這個問題很有趣。看臺灣的外交，從來不能從大國角度來看，爲什麼？因爲臺灣在國際上就不是一個國家。世界上沒有任何一個國家在臺灣。你要談論外交，這個時候我一向都提倡用「個體跟個體之間的關係」會更好，例如經濟體的維持、文化上的交流，然後還有人員上的交流，這些是臺灣不是國家而是區域，眞正實際上的外交。其實從邦交國角度來看的話應該是邦交國，但邦交國從來不是臺灣這個區域跟外面交流的一個很好的指標。所以，剛才我說這東西聽聽就好，我覺得邦交國對我的意義就是知道臺灣人每年幫助很多人花很多錢在幫助第三世界的國家，我覺得臺灣人未必每個人都活得很好，但能幫助別人也是一種福氣。所以，我的結論就是邦交國不會對眞正有想法的人造成任何評估上的價值。

臺灣在國際上不是一個國家，所以才要獨立成爲一個國家。這好像並沒有任何矛盾。我想知道你的意思。

Q：您是認爲臺灣跟中國是兩個不同的政治體系，臺灣這樣的處境也是很艦尬的。當然，如果國際上不承認臺灣是一個國家的話，臺灣又要整成一個國家嗎？

A：我這樣講好了：上海不應該是「七國租界」嗎，不是應該是七個國家的殖民地嗎？山東不應該是德國殖民地嗎？換個角度講，東北部應該是張家的軍閥體系，爲什麼現在會變成不同的執政者？不同的區域處在不同的政治體系之下，然後又有人想改變。

Q：您怎麼看待解放軍軍演？

A：當然這在政治上絕對是一個非常愚蠢的行爲。其實從某方面角度來看，中國眞正博弈的對象從來不是臺灣政府，而是美國政府，所以他們會做出這些決策也是合理的。但他們做出這些決策的時候，也勢必造成臺灣人民的反彈。我相信中國政府也沒有判斷到軍演這個事件會在臺灣整體造成多大的影響，因爲文化跟背景上理解不同。

Q：所以，您覺得北京跟臺灣最主要的問題是北京從來沒有從臺灣人民的角

度去思考這些問題，總是從北京自己的角度去思考這些問題；甚至，您是覺得在軍人這一塊，他們第一個優先考慮到的對象也不是臺灣，而是美國的看法？

A：是。他們的政策裡面從來沒有變過，從來都不是臺灣價值。所以，我真的不認為目前政策繼續走下去會得到很大的一個成效。再加上臺灣人民本來就是跟中國人民處於不同的文化背景體系，我不認為統一這件事有很高的機遇。

Q：您覺得如果統一對北京來說不是最重要的，北京想幹嘛？

A：來宣示自己國家的主權，建立自己在東亞圈的地位。在我看來，他更想要向日本，向韓國，向東南亞其他國家，宣示自己在這個區域的存在跟主權。你可以看到他國內經濟不穩的情況，但他仍然選擇向外擴張，為什麼？因為他現在國內也遇到相當嚴峻的問題，看似陷入絕境，所以我對中國的經濟長期看空。他現在做的就是向外旋轉構造了，看看擴張能不能擴張到一個好機會來解決內部的問題。但要擴張，一定要有好的地位跟民生。你旁邊一直有個人跟你說我不是你們，可是中國對內宣傳說我們是一家，這種對國內恫嚇是向外擴張的一個大阻礙。我應該講的更細一點。因為大陸很清楚，中國很大，內部意識也是非常分離的。他們內部應該是沒什麼意識，也就是咱們的共識。對，然後再加上歷史文化背景，他們又強制的說臺灣其實屬於自己的。如果在未來某一天，這個說屬於自己的人分裂了呢？哪一天中國遇到危機的時候，是不是海南島分離？廣東分離？福建分離？上海分離？南北分離？甚至是東北西北分離？如果允許臺灣分離的話，這些事情發生的概率可能高很多，因為分離這件事決定的不僅僅是政府，更重要的是所有群眾的看法。所以，為了避免這種情況，他勢必要說對臺灣的統一，付出一些成本來維穩。我說他的目標其實一直都不是統一，他主要的目標都不是統一，他對臺灣的投資更像是維穩的一部分。

Q：所以，最核心的是，北京之所以跟臺灣不能維持很好的兩岸關係，要因是從頭到尾臺灣都只是他各項算計中的一個棋子而已，對吧？他根本也沒有真心想跟臺灣發展關係，所以才會導致兩岸間走向這種在歷史上應該算是滿對立的時期，對吧？

A：基本上是的。因為各項背景還有認知差異會造成你現在提到的這些問題。當然原因還有很多，可能我們也有忽略的地方，但是基本上我們把架構點出來了，我們認為是這樣沒錯。

Q：在您這方面，您覺得臺灣在獨立這一塊，還有哪些問題需要克服？是不是出於美國跟中國把臺灣做為一個博弈的點，覺得其實美國早已願意支持我們，臺灣馬上就可以獨立？

A：是。美國其實一直都是很支持臺灣的，像是《臺灣關係法》，還有新版的法規，具體的內容忘記了；《臺灣旅行法》還沒履行，其實內容都是把臺灣跟中國當成兩個主體來區別對待。當然可能只是他的想法，但事實上在美方這樣子博弈的情況跟背景中，再加上中方自己本身內部跟外部的問題，臺灣的統一是不可能的。

Q：如果他不是只是把臺灣當成國際博弈的一步棋子，而是今天把統一政策做為第一項，哪怕是前三項都好，統一要成功的概率大很多，對吧？

A：像中國這麼大一個體系，規模上大的體系，他認定的計畫，都有很高概率實現。但是他的背景跟時代應該分開講，還有他的組成跟他下面的問題都讓他不能這麼做。這些他遇到的問題基本上短期內是不可能改善的。所以，我們談他如果把統一政策當成第一位的話，統一會不會更加順暢，其實沒有太大的意義。

Q：所以，您覺得中美貿易戰在 11 月也不會有良好的競爭。貿易戰是一個將會持續到十年的事，根據你們華爾街內部的分析？

A：這個不方便透露。

Q：大陸不知道為什麼突然發展得跟美國一樣好，臺灣就願意統一？

A：如果他把利害關係那些東西都處理的好好的，至少機率會比現在高。

Q：所以，我們再來談一下，統一對北京政府重要嗎？

A：都是說說而已，他們從開始就沒有真心想要來跟進，這是其中一點。然後，再加上其實現在中國面臨內外環境的潛在紛擾，讓他也不會把臺灣統一當成他真心的想要達成的一個目標。

Q：那惠臺政策如何會更有用？

A：道路一定有，只是成本跟效率的問題。如果我有更多資源，我也許能找到一些對應的方法，但從我的本質上我不會去想這些方法，所以我現在沒辦法告訴你說一個確切可行、有執行意義的方案。這個問題我可能要先擱置，以後有機會再回答。

TWY05 訪談實錄

原清華大學 XX 學院學生會主席。自小在大陸生活，就讀於臺商子弟學校，也接受中國大陸比較完備的知識體系，屬於「兩岸族」範疇，對中國大陸國情國策有基本的瞭解，也深度瞭解臺灣現行的價值觀念和思想體系，能夠進行比較深刻的比對，或可反映資深「兩岸族」的意見和觀念。

Q：來到大陸後，您是否享受到了「與大陸居民生活和發展同等的待遇」？有哪些地方希望官方能夠再完善？請結合自己的工作和經歷談一談。

A：大部分享受到了，但是在生活中身分認證系統的不完善——如臺胞證取票、互聯網身分驗證——依舊存在，仍有很多系統沒有「臺胞證」認證管道；學習中，由於「臺灣身分」而未得到留基委的獎學金項目通知。

Q：臺灣方面在部分規定中提及：禁止臺胞登陸任公職，包含教師、事業單位和國有企業，例如之前對「中國銀行」出臺的相關規定。請問您如何看待這些規定？是否對您造成了不便？

A：對我個人未造成不便，但我相信對相關行業的臺灣人造成了障礙，我認為規定並不合理。」

Q：您如何看待「兩岸一家親」？您認為針對「兩岸一家親」還需要推進哪些方面的工作，能具體談談嗎？同時在這方面，您對兩岸青年有什麼具體建議嗎？

A：我認為兩岸交流的項目不應只停留在淺層的校園、企業參觀，也應該安排教育中互相理解文化差異、發展歷史。因為據我瞭解，在很多大陸青年的眼中「臺灣就是 1949 年以後蔣介石帶去的」，但實際上這座島嶼的發展不僅僅是這樣，而是有更複雜的文化背景；在臺灣青年的眼中，「共產黨就是侵犯人權、共產主義就是不能理解的」，這些都是造成偏見和差異越來越大的原因。在交換項目、兩岸青年營隊中，可以增加對歷史的瞭解和交流。

Q：您如何看待未來兩岸關係的發展，對您會產生哪些影響？您希望未來兩岸關係是怎樣的？

A：兩岸關係隨著互聯網、貿易等往來的增加必然發展成主流，對我這個生活在大陸的臺灣人來說，就是歷史的必然。我希望兩岸能夠和諧相處，並且互相理解、共同發展，最終達成人民的生活更加幸福美滿。

Q：請問您是否感覺到了大陸政府的善意？您認為大陸政府是一個「為人民服務、為臺胞服務的政府」嗎，為什麼？

A：感受到了善意。我認為是一個「為人民服務、為臺胞服務的政府」。因為很多政策，例如學習生活中學校港澳臺辦的關心等等，都能感覺到備受照顧。但是大陸人民的不理解，對臺灣的刻板印象、偏見，使我覺得很無力。政府友善對待，但人民不能理解，這樣在大陸生活也會有很多困難。就比如網友們會針對、辱罵臺灣人，或者遇到有人刁難「你們臺灣很多詐騙犯」「你們臺灣人來大陸就是為了賺錢的」「臺灣就是 1949 年後國民黨過去才有的」，等等。

Q：針對目前大陸政府對臺灣的強硬一面，例如解放軍軍演和臺灣邦交國減少，您有什麼感覺嗎？在您與大陸同胞相處的過程中，大陸政府的強硬是否對您產生了影響或者情緒的變化？

A：個人覺得是歷史的必然，我沒有過多情緒的變化。但是官方行動導致民間對臺灣的惡意言論會使我不太舒服。因為大部分大陸人是沒有瞭解過臺灣這座島嶼的歷史，不能理解臺灣從元朝至今的漂泊、文化多元、身分認同缺失的歷史，令我作為一個臺灣人很無奈。個人覺得不會吧，因為臺灣人明白臺灣當局政府無所作為、也無法改變國際社會的看法，畢竟中國大陸的經濟發展、成為國際社會矚目且無法無視的一分子，在政治上的打壓其實是難免的。臺灣人有一些會對中共不滿，但很多人也會指責臺灣當局政府。

Q：您認為兩岸青年交流的現狀是什麼？有具體促進兩岸青年交流的建議嗎？

A：我認為現狀就是很淺層，沒有對彼此成長經驗、受教育經驗、彼此歷史文化有所瞭解。更多的交流項目，加入更深入的在教育上、歷史、政治學習上的課程內容。

Q：您對最新的惠臺政策有瞭解嗎？是否對您產生了影響？是否滿足您的需求，在哪些方面？

A：大致瞭解，有影響。我個人是學習新聞與傳播的，對電影電視領域比較感興趣。惠臺政策中提出放寬該領域中臺灣人士參與的限制，令我對未來的發展更有信心，不像以前因為擔心受限制，而懷疑自己是否應該繼續在喜歡的領域走下去。但是我對政策何時能夠執行到位略有懷疑。

Q：您對惠臺政策有沒有負面的評價或疑慮？或者認爲不好的地方？

A：沒有。

Q：您認爲惠臺政策在哪些方面再補充什麼會更滿足您的需求？

A：個人作爲學生，目前還好。

Q：您對中國共產黨及中國政治制度的認知是什麼？您如何看待兩岸的政治制度？

A：我認爲中國共產黨及中國政治制度是基於中國的國情，因此我可以理解並且較爲贊同，畢竟歷史上從未有過國情如此特殊的國家。但作爲臺灣人，我認爲臺灣的政治制度是臺灣人不斷摸索出來的，發展至今，大部分臺灣人是不能接受大陸的政治制度的，尤其是自古以來作爲島嶼，與大陸不同的發展，尤其是近代的發展歷程差異極大，因此會產生現在的局面，都是自然形成的。

Q：目前島內對中共有明顯的反感，您認爲造成這種反感的原因是什麼？今年臺生登陸求學數量明顯增多，您認爲大陸政府要如何減少這種反感並且增加親切感？

A：這種反感是臺灣的政治環境、從小接受的教育與社會氛圍產生的，不是個別的原因，而是這一代人從出生起就被灌輸的。要增加親切感，我認爲大陸政府應該使臺灣青年明白中國眞正的國情、政治制度的合理性和必要性、共產黨的相關理念。

Q：假如有一位中產階級的臺灣青年決定登陸發展，他大學剛畢業，來到這裡面對著沒有房子，房租很高，工作底薪只有人民幣 2500 元，公司嫌棄他在本地沒有人脈，沒有什麼朋友和親人的幫助，他，一切都很不熟悉，往返機票又很貴，家人很擔心他的生活和健康，又不能想來就來，害怕被大陸人用異樣的眼光看待。您對他有什麼建議嗎？您認爲大陸政府能做些什麼去幫助他？

A：引導他聯繫相關組織，如臺灣青年創業群體，並鼓勵相關創業基地積極引進臺灣人才。

Q：當下的島內青年，有的在追求自己「小確幸」的生活方式，有的熱衷於實現自己的人生理想，有的熱衷於「一展長才，報效臺灣」，有的熱衷於「政治運動和民粹活動」。您如何看待島內青年未來的發展路徑？

A：實現自己的人生理想無可厚非，你不可能要求每個人都去實現遠大的理

想，都支持國家統一，畢竟近代兩岸的發展路線完全不一樣，臺灣在上個世紀的經濟發展領先就使人民進入安逸、關注自身人權的生活。但我認為島內年輕一代人的確缺少反思的能力，缺少理解中國大陸的能力，個人對此也十分迷茫。我們的上一代人也處於焦慮之中，更不要說島內外的臺灣青年了。但就現實利益而言，大陸的更多機會和發展前景，將不斷吸引臺灣青年前來，但究竟這些能不能回過頭帶動臺灣島內發展，就受到政治等力量的牽制。

Q：請問您如何看待盧麗安和她的經歷？

A：我認為她是少數。從政治的角度來看，當然是中國大陸希望歌頌的對象，也是「政治正確」的。但是說實話，在臺灣島中認同她的人絕對占少數。因為她加入了中國共產黨，支持共產主義，但臺灣和大陸根本的衝突就是意識形態的不同，而島上的發展已經發展到資本主義、追求個人人權等方面，對於共產主義是無法理解也不想理解的。因此，我認為她勇於表達自己的觀點，非常優秀，但我個人即使認同共產主義，作為接受臺灣教育的臺灣人，我是無法捨棄臺灣社會已經發展的完備系統而堅決擁護共產主義的。臺灣的歷史發展導致她不可能適用於共產主義，即使「一國兩制」也有其限制，或許臺灣人民也還難以接受，還需要很長時間的理解。

TWY06 訪談實錄

臺北大學—南京大學交換生，交換時期為六個月，此前到過大陸，或可反映各高校交換生項目對臺灣青年的影響。

Q：您沒來大陸前對大陸什麼印象？來了之後有什麼變化呢？

A：我來大陸前對這邊的印象的確是比較不好的，特別是人文素養，還有素質方面，我們覺得臺灣的軟實力還是比較好，覺得大陸這邊的環境很髒亂，人人都很喜歡擠來擠去的，對這方面的印象比較不好。但是在來之前就知道這邊的硬體建設都非常的先進，特別是沿岸地區。而來了之後呢，去過上海，那邊真的是高大上，外灘那一塊的建築是臺北怎麼比也比不上的。本來之前就覺得這裡好像硬體設備很強，結果是真正看到之後發現是遠遠超乎我的想像，更厲害。同時我也沒想到貧富差距可以這麼的大，因為我有去山西或者是其他比較二線或者更低階的城市去走動過，就發現那邊真的風沙滾滾，街道的市容也是比較髒

亂。我現在在南京交換。南京是個二線的城市，我以為二線會滿鄉下的，結果不僅新街口地區就是市中心，甚至是我們郊區的地鐵站附近的高樓大廈其實也是蓋的非常的雄偉，沒有我想像中的那麼落後，生活還是方便的，而且地鐵線比臺灣還多還複雜。光南京就這樣了，更不用說上海了。原本想像好的地方沒想到更好，壞的地方更讓我覺得像北韓一樣。

Q：您之前有聽過「惠臺三十一條」嗎？瞭解過後覺得哪些比較吸引您呢？

A：我們學伴有提過，其實不知道「惠臺三十一條」政策的具體內容，也是最近這幾個月，學伴團的學伴們跟我們大概提一下才瞭解的。因為我現在的身分是大學生，所以對於能夠考取大陸的學校，或是研究所這點比較吸引我。還有到這邊工作之後，好像會提供住宿或生活費的獎金，我覺得住宿這點很重要。

Q：您覺得「惠臺三十一條」裡面有沒有沒能滿足您的地方？怎麼樣補充可以滿足您的要求呢？

A：每點都很生氣！前面十二條完全是把臺灣當一個省。臺灣農業企業可以與大陸的農業企業享有一樣的補貼，這一點我就覺得很奇怪。臺灣的農業經營模式與中國的應該是不太一樣的吧，臺灣的農業經營的成本比較高，光這點要怎麼與中國內陸大規模的低人力的產出相比？光這點就應該會被抵制在外吧。說好聽是「惠臺三十一條」，根本就是想要直接把臺灣變成一個省。

Q：在臺北大學上課和在南京大學上課有什麼不同，您會更喜歡哪個呢？

A：兩間學校都有那種比較廢的課，也有同學上課在滑手機。不過相較之下，北大上課的時候比較沒有那麼嚴謹，有的同學會遲到，或者是有來上課，已經很好了，然後會比較需要自己去找資料學習。而在南大的話，教授上課會一直丟非常多的東西出來，然後還上的非常的快。相較之下，其實比較喜歡北大的上課方式。就是整體來說，份量還有速度是適中的。而且，北大的老師，因為我是學政治的，所以在上理論的時候會用更多的時事還有國際的一些形勢來驗證理論，而這邊的話就單純只是在教那個理論。

Q：您希望畢業後來大陸生活嗎？希望在大陸有什麼樣的生活和工作？

A：因為我想當外交領事人員，在政治敏感上，目前沒想到工作，但有考慮考研。

Q：您對兩岸未來發展有什麼看法呢？

A：我覺得臺灣政府實在是有點過頭了，但是大陸處處在國際施壓也不大好，我認為維持現狀當然是最好，就像柯文哲說的「兩岸一家親」，哈哈哈。

Q：再問問大陸支付方式和臺灣的有什麼不同呢？現在大陸幾乎不怎麼用紙幣了，臺灣還在用紙幣，您覺得臺灣未來也會走向「無紙幣」嗎？

A：我覺得關於兩岸之間對金錢支付方面的差異，是因為有各自的文化背景跟治安有關吧。因為大陸人多，而且扒手也很多，所以為了增加效率使用電子支付，這應該算是一種因地制宜。而相對於臺灣，我認為臺灣應該還是會繼續使用紙幣。因為臺灣人比較少，而且臺灣的 ATM 系統以及線上用電子轉帳。買東西常跟信用卡有關吧，就是你買一個東西，你只要拿出手機，然後按一按要轉過去的帳戶，其實呢就會自動從信用卡扣款。所以，我認為臺灣因為有很健全的制度，所以就不用「無紙幣」。

Q：可以再談談您對中國共產黨的觀念？

A：對於中國大陸來說，其實我認為共產黨算是很棒的一個黨，因為這裡幅員廣大，然後貧富差距又這麼的懸殊，所以他們使用的政策，雖然臺灣人可能會不同意，可是對於大陸來說是因地制宜的。這樣做其實是對他們比較好的，不然社會秩序如果混亂的話，那中央很難管到地方，所以才會有什麼公安系統。聽說不久後中國要有一個很先進的監察系統叫做天眼，他可以辨認你的衣服顏色還有眼鏡，你只要走出門在公共區域，你這些特徵都被天眼系統記錄下來，如果有一些竊盜案的話呢，員警可以通過這個系統快速的抓到犯人，我覺得這其實是一個滿厲害的技術。

如果在中國的每個人都要像臺灣那樣追求自由的話，那我覺得一人一張嘴，那個聲音可是非常的混雜，這應該也就是為什麼微博言論政府會一直刪吧，不過呢，我覺得只要有比較高階一點的知識分子，其實都可以分辨的出來現在的時事，甚至可以看到牆外的世界。我覺得政府的這些在我們看來很荒謬，沒有自由的一些手段跟行為其實是為了讓比較低階的人，就是比較屬於社會中低層的人們，可以維持好他們的秩序吧，就像政府的政策不是有提到要讓一部分的人先富起來嗎，這其實就是為了要讓貧富差距這件事不被關注，雖然大家都知道。但是，我覺得至少先讓國家整體的 GDP 起來，政府才有額外的心力可以去扶貧。

我看過電影《厲害了我的國》，裡面就是在宣揚目前中國的硬體上的高上大。

不過呢，其中有一點讓我印象很深刻，就是讓一些比較落後的地方的居民遷離他們本來住的地方，不過那個地方不會離他原本家鄉太遠，就是重新蓋了一個比較環境良好的住宅區，並在附近建設工廠增加工作機會。雖然在我們看起來這個生活環境還是沒有很好，但是在他們眼中其實已經好很多了，跟原本相較之下。所以，其實共產黨對中國是好的，不談臺灣的話。

Q：來講講中國歷史？

A：我覺得臺灣高中的中國歷史其實講的滿細的，而且在民國之前，應該兩岸之間的課綱教材不會差異太大，就是從新石器夏商周，然後一直到明清時期，這方面的描述應該都差不多，大同小異。

但是，我覺得中國的課本好像有特別的對一些地方加入比較不中立不客觀的看法，例如太平天國事件。中國這邊會把他視爲一個華人、中華民族的光榮，因爲他是一個勇敢抵抗滿清的政權。不過呢，在臺灣的教法，他就只是一個農民起義，要去對抗政府的一個歷史事件，就是臺灣的歷史比較客觀。

文革那一段，我就看到教科書展現了滿多共產黨很不對的一面，例如焚毀儒家的書，還有燒廟宇，還有就是會對一些文人做批鬥。我們就覺得這樣很荒謬。一開始先叫知識分子們「大鳴大放」，對，我記得這個專用名詞——「大鳴大放」。而知識分子一一跳出來大鳴大放之後呢，就是趁機把他們通通給批鬥死了。還有讓一些知識分子去一些很偏僻的鄉下做勞改，講好聽的叫做「下鄉」，結果其實就是勞改。我覺得很退步。文革那一段還有講到人民公社，就是「吃大鍋飯」，我們歷史課本後面有講到，說一開始這是好的一個共產的制度，但是到後面做的少做的多都吃一樣的飯，那爲什麼不做少一點，所以就導致有一些農民會謊報自己的收穫，結果政府呢就開始浮誇說我們生產了多少數字的農作物，但其實根本沒有那些數字。然後，農民能吃的飯也越來越少，就是這個制度還是有他的弊病。還有全民大煉鋼，把家裡的廢鐵拿出來燒煉，就是在浪費資源，已經夠窮了，還要把鍋器鐵器拿出來燒，那時候到底在想什麼啊！這一切我們臺灣大概都覺得這是毛澤東的錯。不過，毛澤東這個人功過好像非常兩極，大家還是覺得大陸人會覺得他功大於過。聽說後來文革那一段歷史都已經開放了，大家都把過錯推給「四人幫」。

TWY07 **訪談實錄**

輔仁大學－復旦大學交換生，交換時期爲半年，此前到過大陸，或可反映高校交換生項目對臺灣青年的影響。

Q：請問大陸在您的觀念裡是什麼樣的？

A：由於妳的問題涉及兩岸關係，我將妳以下所有問題中的「大陸」定義爲「中國大陸」，否則世界上還有美洲大陸、歐洲大陸、澳洲大陸……這些也是「大陸」，實在不可能一一講完我對世界上所有大陸的觀念。而且這問題可從過去牽涉到現在，每段時期的想法都不一樣，但如果是以最近，個人印象比較深刻的是「競爭激烈」「電子服務發達」與「愛國主義與軍國主義氣息濃厚」。

Q：有負面的看法嗎？

A：幼稚園到小學去廣東前，父母確實曾對我說過「大陸的小孩沒東西吃、很窮、很落後」，但是那時候的我年紀還小，不太注意這方面的事情，也就沒掛在心上。

Q：您覺得陸生好相處嗎，會不會有隔閡？如果有，能不能說說那個隔閡是什麼？

A：我覺得很好相處，但有些人跟我提到國慶日是「十月一號」，或是有些人對我使用「內地」這個詞彙等情況時，我會瞬間感覺到距離感。即便我明白爲什麼，但這與我平時在臺灣的生活有些差距。我個人本身有研究日本時代的臺灣史，對於那時候的臺灣人而言「內地」這個詞是指現在的日本全境，不含沖繩，所以現在我聽到「內地」這個詞彙的時候，會覺得有歷史的矛盾感。

Q：那您平時通過什麼途徑瞭解大陸呢？

A：媒體、書籍、網路以及親自交流。

Q：瞭解兩岸活動的途徑呢？

A：學校公告的消息、親友介紹、上網查活動。

Q：您對大陸這裡最新的惠臺政策有沒有瞭解？

A：主要是給予臺灣人在經濟方面的優惠。

Q：您覺得這些惠臺政策資訊對您有幫助嗎？

A：有。對我而言較有幫助的有：第 35 條關於臺灣學生獎學金、第 36 條臺灣學生實習見習相關、第 39 條關於臺灣專業人才申請參與國家計畫的補助、第

44條關於申請承租公共租賃住房。

Q：有想過未來來大陸生活或者發展嗎？

A：我覺得我只能短期生活或交換學生的方式前來交流，至於我未來想讀的碩士科系，目前看來還是會優先考慮臺灣的學校。

Q：如果您來大陸，期待有什麼樣的生活？什麼樣的工作？或者在哪裡發展？

A：期望能過一個能遇到更多有開創心且思想獨特的人的生活；想做一個能幫助人且與人交流的工作；如果不能跑到各地出差的話，那麼想到上海發展。

Q：您覺得如果來大陸，會不會有什麼顧慮，或者困擾你的地方嗎？

A：媽媽曾得過兩次重大疾病，外婆年事已高不適合移居他地，若我不在臺灣，但家人在臺灣遇到緊急狀況無法立即返臺的話，那我可能會永生後悔。

Q：惠臺政策有沒有改善您對大陸的觀念和認知呢？如果有的話，改變了哪些呢？

A：我是一個討厭差別待遇的人，就算那樣的差別待遇對我而言會是較有利的情況，我還是非常討厭。或許這樣的惠臺措施會吸引到其他臺灣人，但對我而言倒是沒有太多的吸引力。

Q：有沒有改善您對中國共產黨的印象呢？能具體說說嗎？

A：除了文革以外，中國共產黨許多政策總是讓我讚歎不已，所以也沒有所謂的「改善」，只有「更好」。

Q：在您的瞭解中有沒有對惠臺政策負面的評價？這種反感是怎麼形成的呢？

A：獨派人士基本上應該會有這樣的想法。我認為獨派人士的想法要從歷史的角度來看，過去的歷史會讓部分的臺灣人對「中國」這個詞彙產生距離感與悲憤感，因此這樣的政策或許會讓獨派臺灣人感覺「以金錢統一臺灣」。

Q：那您覺得惠臺政策再完善哪些會更滿足您的需要？

A：由於我本來就不喜歡差別待遇，所以對我而言也不需要再做完善與滿足。

Q：我比較好奇您國小到高中的老師對您的兩岸觀念有沒有影響呢？他們都是怎麼介紹大陸的？

A：我不太記得小學的事了，因此小學的情況無可奉告；國中與高中的立場

是「堅持不參與政治」，但是在國中時老師讓我們學生自己決定訂報紙，當時大家選的是《自由時報》，不過當時很多人只是想有個看娛樂新聞的管道，所以沒有考慮其中的政治因素。順道一提，圖書館訂的是《中國時報》與《聯合報》。也因此公民課老師便開始跟我們講解臺灣各大報紙中背後的政治主張，並要我們多注意以及選擇，我也才開始注意所謂的「兩岸問題」。又因為我的國中和高中是一個在臺灣著名的佛教慈善基金會所創辦的學校，這基金會在中國大陸也有許多分會，所以前去交流的機會其實不少，但基本上是志工活動。由於學校的立場十分堅持不參與政治，因此老師們也對於褒貶相對客觀，該讚賞就讚賞，該批評就批評。

Q：您覺得以後兩岸關係會怎麼發展，為什麼？

A：官方關係愈發緊張，民間交流愈發密切。官方不外乎是因為政治；民間則是經濟，這也與惠臺政策肯定有關。

Q：您希望未來兩岸關係是怎樣的，為什麼？

A：希望無論如何兩岸關係能夠以和平的方式解決，因為我是反戰主義者。

Q：您聽說過盧麗安嗎？您覺得她怎麼樣？

A：盧麗安是復旦大學外國語言學院副院長，去年十九大作為臺籍中共黨代表致詞，但也因加入中國共產黨而被臺灣政府除籍。由於與其他臺籍黨代表不同，她是從小在臺灣土生土長的臺灣人，因而特別受到臺灣媒體關注。

我沒有實際見過她本人以及跟她本人談過話，對她唯一的看法是：「加入共產黨是她的自由與選擇，然而由於臺灣當局有這樣的法律規定，因此除籍也是她必須為此選擇需承擔的後果。」

Q：那賴清德呢？能評價一下他嗎？

A：徹底的臺獨主義者。由於我長期生活在北部，他是近年才到臺北，過去他長期在南部執政，所以我不太瞭解他，但對於先前他有些發言失當的事，個人不甚贊同。

Q：您怎麼看最近解放軍軍演，會覺得那是威脅嗎？

A：世界各國都會為了展示自己國家的武力而實施軍事演習，因此只要不因此發動戰爭便不會感到威脅。

Q：對軍演的情感態度呢？

A：我自己本身對軍武、戰艦與戰機等很有興趣，而且我不認爲解放軍會攻打臺灣，所以對我來說只是藉由軍演更加瞭解解放軍而已。

Q：您如何看待臺灣邦交國減少問題？

A：首先，我認爲這個世界上沒有國家的名稱叫作「臺灣」，只有「中華民國」與「中華人民共和國」這兩個中國，只是中華民國政府現在在臺灣。如果臺灣早就獨立，那麼就不會有「反對臺獨」這議題；如果本來就只有一個中國，就不會有「一個中國」的政策與堅持。

至於「中華民國的邦交國減少」的問題，我認爲中華人民共和國要拿下所有邦交國是早晚的事，但如果眞的有一天變成零邦交的情況，絕大多數的臺灣人成爲無國籍人民，那麼臺灣人的選項或許就會有「歸化到別的國家」或是取得「中華人民共和國國籍」這樣的狀況。

Q：您覺得解放軍軍演和邦交國減少會不會衝擊惠臺政策的效果？

A：會。新加坡人原先也對祖國有許多的嚮往，因此李光耀原先也是禁止新加坡人前往中國發展，但後來他決定反其道而行，讓新加坡人自由前往中國，讓人民親自探究中國的情況，最後反倒讓大多數的新加坡人回到新加坡發展，所以我認爲無爲而治或許會是更好的方式。

Q：可以說說您在上海的經歷嗎？您感受到的大陸，大陸和臺灣的不同，或者您覺得大陸應該怎麼改善才能夠比較好呢？

A：經歷能談的太多了，不過對我來說比較新奇的經歷是「臺灣女生只要說話總會被人特別注意」，即便我知道原因，但沒想到就連只是走在路上跟朋友聊天都會被關注，然而我的長相不像大多數臺灣人，有時會被誤認爲馬來西亞人。我覺得可以改善的有：共用單車的傾倒問題（政府與業者協商）、垃圾與資源回收處理（政府與教育）、無障礙設施的廣泛設置、素食的普及與親民化（不一定是宗教，吃素也跟環保有關）、接納多元性別（教育）。

TWY08 訪談實錄

土生土長高雄人，高中畢業後到大陸求學，畢業後返回臺灣考取公務人員。從小受到高雄「綠色大本營」環境的影響，對大陸感到陌生害怕，不敢讓周圍親朋好友知道來大陸求學。或可透過他一窺高雄學生的大陸觀及其變化，從而探

究惠臺政策求學項目對南部所謂綠營學生的影響。

Q：您第一次來大陸是什麼時候？

A：我爸說我小時候跟著他來大陸出差，然後順便度假，就我爸我媽和我。那時候還是小嬰兒，所以那個記憶是不算的。除了這記憶以外的話，我第一次來應該就是來這邊念大學這次。

Q：您在來之前對大陸的認知是什麼樣的？您的感覺是什麼？

A：對大陸第一是陌生，講好聽一點是陌生，直接講就是有點害怕。我當初來的時候，就一直在想我要怎麼跟班上同學相處，因為我很擔心會有些同學可能和我們的意識形態不同，直接跑來問我一些比較敏感的政治問題，我不知道怎麼回答，甚至我覺得班上有一些人不喜歡臺灣人，所以可能就會比較緊張。你知道這是我考慮太多，那時候比較慌張，對於大陸的感覺也是受到媒體的一些影響，會覺得大陸比較專制保守。

Q：那您來到大陸後對大陸的認知有沒有改變？

A：嗯，算是有滿大改變，我當初是覺得大陸還滿保守的，可是現在來到這邊，我發現其實大陸在某些資訊方面也是滿開放的，除了一些比較敏感話題，都是滿開放的，發展之類的。人與人交流我覺得沒有我想像中這麼對立，我原以為大陸跟臺灣同學之間相處摩擦一定會比較大，可後來事實證明還挺友善的。

Q：您在來之前想像中的大陸是什麼樣的？

A：那時候我對泉州的感覺不是很好，因為我當時對大陸瞭解不多，對福建認識的就是廈門。當我知道我的校區在泉州，心裡面是有一點複雜，我那時候一直在問同學泉州到底是一線城市、二線城市還是三線城市，我一直搞不太清楚。之後覺得，如果以我認識的那種城市來講，跟廈門比起來，那我的生活水準跟我在臺灣相比，確實是有一點點的落差，這是在生活方面。

Q：在臺灣，您是通過哪些途徑來認識大陸、瞭解大陸的？

A：對於八九十年代出生的人，也就是我們這群新生代和學生，對於大陸的問題其實就是漠不關心。然後會接收片面的新聞媒體報導，而通常接收到的就是我們被大陸欺負，很弱勢然後很可憐這樣子，就導致像我這一輩的人，有的是很排斥大陸，覺得他們出生在這個年代很不幸福，因為大陸太強而我們被壓榨。然後也有一部分是像我這樣，在選擇的時候會想走出臺灣，去看看大陸是怎樣

的，能不能有更好的發展，或者說將來有沒有合作的可能性，或是說可以走上統一這條路。我當時就是抱持比較開放的態度，後來我就覺得新聞媒體是一個很可怕的東西，真的很容易影響到人對事情的看法。

Q：您覺得在和大陸青年交流的時候，和臺灣青年相比，有什麼不一樣的感覺嗎？

A：我覺得大學四年來對班上的同學，是從一開始的陌生到後來慢慢相處，女生大部分混熟就差不多，跟臺灣男生比起來，我覺得大陸男生還滿真是的。其實當初我來到這邊之後，很多人都跟我講說臺灣的男生很溫柔什麼的，可我覺得大陸男生其實還滿溫柔的。有一個說法，說臺灣的男生太娘娘腔了，當然大部分男生現在挺不錯的。在相處方面就是有一種模式，像有時候我們出去吃飯聚餐的時候，我就發現大陸的男生都會有一種觀念，就是說一定要請女生吃飯，而在臺灣，可能現在經濟水準下降，以前比較有錢的話，男生可能會這麼做，現在的話我們通常是 AA 制。我覺得跟你們相處其實還挺舒服的，其他的話，就人與人之間交往，我覺得在不同地方其實沒太大差異，除非跟外國人。但我覺得在大陸跟一般同學交往，其實沒有想像中差異這麼大，很快就打成一片了。

Q：會不會有一些敏感或緊張的情緒？

A：我察覺到班上幾個同學，可能他們對臺灣確實有點誤解，也覺得他們可能不是故意針對的。現在臺灣政局不那麼穩定，有一天我在朋友圈突然翻到她發的一篇新聞，是關於綠營都死光光之類的，可能她忘記屏蔽我了，或者她相信我不是綠的，讓我看到也沒關係。只是我的看法可能跟你們不一樣，你們可能追求的是兩岸統一，所以完全不能接受任何綠營的看法。而我們臺灣是兩黨制，國民黨跟民進黨，我們已經習慣了，儘管現在我不喜歡民進黨。可是假如在吃飯的時候，旁邊有一個民進黨的支持者在高談論闊，而我是國民黨的，我也不會這樣子，就是會擺臉色，或者只是知道也不會特別針對他們，這是言論自由，我個人是這樣。所以，當我看到她有這麼偏激的想法，我內心是有點受傷的，沒有想到班上的同學也有這樣的想法。我也沒有去跟他講這件事，他也可能忘記屏蔽我就讓我看到了。

Q：假如您或者幾個臺灣青年和一群大陸青年在一起，會做些什麼事情？

A：我覺得做一件事情的話，如果從目前的兩岸關係看，我覺得從政府方面

走出去已經很困難了，現在兩岸就是這麼敏感，就要從頭開始就從民間交流，所以我覺得現在年輕的這一代，已經有察覺到了，據報導像現在有越來越多臺灣的年輕人開始來大陸這邊念書，所以我覺得如果能讓他們兩方合作做一些事情，就是做一個對話平臺可以有幫助。緊接著不只是讓臺灣的年輕人，還有那些中產階級還有其他的人，可以真正的認識到大陸，讓他們真正走進來，而不是只在臺灣裡面看新聞媒體啊，片面地接受一些資訊啊就被誤導。我覺得年輕人還可以做這些事情，而有一些年紀比較大的，那些老一輩的，他們內心可能有一些成見，是比較難突破的。這就只能從我們這一輩開始。像我爸爸他們那個年代的人，對於大陸就是有那種歷史的包袱，而我們這一代年輕人，最重要的可能是想要怎麼求生存，我們可能會願意突破或者改變現況，會比較想要改革之類的。

Q：您認為大陸高校的教育模式和臺灣高校教育模式有沒有什麼區別？

A：哦，區別可大了。從我剛來這邊念書的時候，我大一那一年，真的是非常非常累。因為是直接來這邊念大學，大學部分不清楚。我覺得雖然老師可能上課也很認真，可是我有時候真的覺得聽著聽著就很想睡覺。臺灣方面的教學是這樣子，他們也會有教學評鑑之類的，可是我們通常教學評鑑是偷偷的來，不會讓學校知道。你們好像有專家來都會知道，讓所有人都知道說什麼呀，要 stand by 呀，要專心上課，手機不能玩啊。我真的是覺得教學評估，沒有達到真正改善教學品質的問題。然後就是，像通常如果我們上課的時候，學生睡覺，老師通常就會突然罵學生，可是在臺灣，如果一個教授開的課缺席率太高，或者說學生睡覺的話，第一個懲處的是教授而不是學生，因為這代表你上的課沒辦法抓住學生的注意力，而一個真正的好老師是會有效率地去傳授知識給學生。所以，當學生沒辦法專心於你的上課內容時，說明你要想辦法要改變教學方式。可是我在轉到這邊念書的時候很震驚，我在臺灣已經受到那種教育，就是會習慣老師有一些比較大的動作，或者知道會講一些比較新穎的東西抓住我的注意力，而這裡的老師就只講課本的東西或者看 PPT，然後我看著就開始有點慌神，注意力不集中，這節課就過去了。

因為我本身來這邊念書，中間教育銜接有點問題。在臺灣高中有分三個類組，第一類組是文科，第二類組是理科，第三類組是醫科，醫科是專門分的。我是文組的人，來到大陸念的是金融，金融是文理兼收，可是其實在臺灣教育中文

科跟理科之間的課程內容是有差距的，所以當我來到這邊念金融的時候，雖然你們說是文理兼收，可是我感覺進度完全跟不上，有很多東西是我高中應該要學的，可是文科組完全沒學，所以那個時候真的是還滿痛苦的。我認識的班裡唯一的臺灣同學，他念的是臺商學校，有專門銜接的教育，可是我從臺灣直接過來，就只能自己拼命在那邊自學。大一大二的時候有專門給境外生的數學課，但大三的時候，我完全要自己想辦法，發現很多該學的東西我沒有學到，只能自己想辦法去問其他同學學習，這個是覺得比較痛苦的問題。

Q：因為您是學文組的，能不能談談你們國中高中歷史課本是怎麼介紹大陸的？

A：其實我們歷史分三個地方，就是西洋歷史，中國歷史，還單獨分了一個臺灣歷史。中國歷史的話，他是從前面的明清一直講下來，可是講到後面民國時期的時候，開始分開。民國時期開始講大陸那個⋯⋯就是中共專制大陸的時候，臺灣主要是政策方面，就是像什麼總理提出哪些三點原則之類的，就只會提這些東西，不會去提其他東西比較。我在念書的時候，就只要背誦幾零年代誰提出了什麼政策，零幾年代馬英九提出什麼「三不原則、不統不獨不武」之類的口號性的東西，並沒有特別去強調講大陸的發展和經濟問題，我覺得這方面可能是避重就輕吧，比較敏感的地方不想講太多。後面主要在講臺灣現在的國際狀況，就專門講臺灣的國際狀況，例如一些邦交國越來越少之類的，那講的真是很可憐的樣子；然後還有什麼中國施壓呀，都是中國打壓之類的。像臺灣一直想要爭取加入世界衛生組織，可是課文就講那些中國人只讓我們以觀察員的身分進入世界衛生組織。然後好像講了零三年 SARS 襲擊臺灣，他其實應該是要講這個案例，特別強調說因為中國施壓導致臺灣沒辦法得到世界衛生組織的邀請，然後就導致發生這種事情，SARS 危機。我不知道這是真的假的，可是我覺得這個內容對我確實有影響，我不知道你們這邊有沒有講到這一點？我那時候看到這課文之後，心裡其實有點不太高興，就覺得說「哇太過分了吧？！像生病這種事情不是應該要兩岸合作的嗎？這時候就不要再考慮這種事情（兩岸對立）對不對？」可是你都講世界衛生組織就只能有一個名號，所以那時候就完全沒辦法進去，然後以觀察員的身分。我不知道世界衛生組織的觀察員身分是否真的有很大影響，大到沒辦法真正地進行遏制 SARS 的防治工作，這一點我真的是不

清楚，至少這個報導確實讓我感覺很不好。

Q：臺灣史主要介紹哪些東西呢？

A：臺灣早期其實是一個移民社會，有些異端分子，他們可能會講臺灣跟大陸沒有關係，會說這一點是因為臺灣早期有一個原住民，那個原住民是從東南亞過來的，其實是東南亞的外國人。之後在明清時代有閩南人，大概就是泉州人，慢慢移民過來，進行通婚，就是講這段移民社會之間的事情。接著講國民黨光復臺灣，中間還發生二二八白色恐怖事件。之後就開始講到兩岸分治，從八二三炮戰開始講這段歷史，然後在這一段後面就開始講國民黨治理臺灣的一些相關事項，包括什麼經濟改革，還有出口加工區，那段時間就是臺灣黃金十年，就是臺灣最光榮的時候。緊接著就是政黨輪替，這個地方他也特別強調是臺灣民族的一種大躍進，因為我們就是屬於兩黨制的。國民黨當初剛來的時候，他實際上是軍統，不是馬上讓我們進行投票的，是一段時間之後才開放投票，那個時候也是國民黨一直連連得勝，還不算是真正的一個民主社會，真正民主社會是不同的政黨都去管理這個地方。後來呢又經過兩次的政黨輪替，才說明這是一個真正的民主社會，因為我們可以接受國民黨，也可以接受民進黨的執政，這也有特別強調這是民主自治的一個觀念。然後就開始講比較多，主要是經濟的問題，還有一些外交的問題和困境。在學習過程當中，我發現對共產黨提的好像比較少，就是共產黨在中國歷史的尾端，後面就基本不談了。老師偶爾會說到共產黨，當初叫紅衛兵之類的，會說一些啃樹皮之類的，確實是講一些比較負面的內容，可是後面又講你們經歷改革之後迅速發展。所以，我覺得也算是客觀了。

Q：在您長期以來的印象中，中國共產黨是一個什麼樣的政黨？在還沒來大陸前，在您印象裡的感覺？

A：我覺得就是一個比較專制的政黨。當時還不知道，我一直以為大陸只有中國共產黨一個黨，後來發現還有很多個黨，然而中國共產黨還是最大的。我當時覺得很專制，我們常用中共中央即中共去取代中國這個名稱，就是因為中共就代表的是中國。當初內心就覺得有點不太好，因為你們這個政黨是大於一切並且凌駕於國家之上的。我們不是這樣子接受的。只是因為我每次看你們在講中共的事情，然後就覺得很重要甚至非常重要，確實因為共產黨是對你們的社會造成很大的影響，而且確實是帶動了中國發展起來，所以確實是值得尊敬，也

沒錯。

Q：來到大陸上學，有什麼覺得不方便或者比較困擾的地方嗎？

A：不方便或困擾的東西主要是，其實也不是什麼多大的問題。只是我每次來到這邊，要帶點錢過來，然後兌換成人民幣，雖然各個銀行都能兌換，可是金流方面還是不方便。如果直接兌換的話，是要求渣打或者是滙豐銀行這種比較大的銀行可以直接轉帳到我在中國銀行的帳戶，那種大銀行通常會要求一些儲戶要存多少錢才能開戶。可是如果不是這些銀行，而是小的銀行，像我們家我爸媽都是那種小小的銀行，如果要匯錢到大陸的帳戶就很麻煩，要簽什麼單子啊之類，用電匯的方式匯錢，而且手續費會比較高。一開始的時候是這樣，後來大二的時候，我爸就叫大陸的朋友，就是有一些人會專門做這種生意，可這種生意其實對於金融監管是不太好的。他們幫小戶人家去匯錢，他們在臺灣有帳戶，在大陸這邊也有帳戶，然後我們那邊打新臺幣給那個人，然後他直接兌換成那個匯率的人民幣，用他在大陸帳戶直接匯錢到我這邊來。這就像地下的換錢方式，不太安全可靠，我覺得這方面應該加強監督完善，金流方面稍微要開放一點。

然後就是直飛。因為我們學校在泉州，泉州直飛臺灣的航班非常少，而且我覺得很不開心的是像臺灣跟泉州明明距離就很短，按油錢怎麼算也不應該這麼貴，可是有時候比飛大陸其他一些內地的城市都來得貴，感覺好像在坑臺灣人的錢。我是在高雄而不是臺北，走小三通直飛的話，通常也要自己打車轉車坐車北上南下，直飛高雄的航班非常的少，而且都很貴，除非是臺灣那邊派來的航班。臺灣那邊航空公司就比較便宜，大陸這邊的航空公司不管多麼短的距離，只要飛到臺灣都特別貴。我不清楚是哪邊的價格定制的問題，是臺灣的問題，還是大陸的問題？

還有家人聯繫的問題。臺灣那邊主要的通訊網路軟體是 Line，這邊是用不了的，每次用 Line 的話都一定要翻牆，並且沒有不用花錢的翻牆軟體，有時候還被封掉。尤其去年還開了一個什麼會議，那段時間說真的網路封鎖特別嚴，剛來兩個月就不能聯絡到爸媽，我心情非常鬱悶而且很壓抑，尤其是家裡那時候有事情需要聯絡處理，就只能直接打電話。

我在這邊生活的時候，對共產黨已經沒這麼害怕。其實我覺得一個政黨只要能讓人民生活得好，不管他是什麼政治體制都是能接受的，至少我覺得還 OK

能接受。我最不能接受就是網路管制，還有什麼資訊管制這種事，我覺得這種東西就是太太那種了。我不知道為什麼要這樣做，我之前問同學，說是大陸太大了，要好好管理大陸這麼大的一個地方，一定要做一些資訊的管制，避免一些比較偏遠的地方會接收到一些錯誤的資訊。可是我覺得因為這樣導致我很抵觸，如果要我長期生活在大陸，然後還不能讓我好好的……讓我聯繫回臺灣都不行，那我覺得我很難接受。

醫療方面，學校有替我們辦社保卡，我也不清楚哪張卡。他們說這張卡如果去醫院看病的時候可以用，可是我去泉州第一醫院拿那張卡，醫生都跟我說那張卡用不到，莫名其妙！我都不知道這張卡到底是幹嘛用的。然後說每年年底的時候會結帳退錢回來，可是我完全沒有看到任何的帳戶明細，反正大學四年那張卡完全不知道是幹嘛的，照樣扣錢。而且好像我們在畢業之前又發了一個通知，說要貼錢進去，很莫名其妙，我不知道這是幹嘛。醫療水準的話，我到目前為止基本上是帶臺灣的藥過來，因為我大一剛來的時候，那時候還沒有意識到這個問題，有一次腸胃炎拉肚子，很不舒服，然後我去看醫生。那時候去校醫院，校醫院開黑色顆粒的藥，我晚上吃完藥睡到半夜肚子痛到爬起來吐了，第二次再去給校醫院看，校醫院說可能是我腸胃太差了，那個藥刺激性太強，所以吸收不了。後來給我開藥粉，可是我覺得效果不怎麼樣。他當時給我的解釋是大陸這邊的制成藥不像我們臺灣會比較精緻，溫和性比較強。我覺得吃你們這邊的藥，反應都特別大，我不知道是不是體質問題，我個人是這麼覺得。在看醫生方面的話，我也覺得服務品質有點差，我只在泉州看過，沒在廈門或者其他更大的城市看過病，應該更大的城市醫療水準會更好。我是確實覺得給那個醫生看的時候心情不是很好。

關於支付寶，其實大三的時候專門做了一個課題研究，是關於支付寶在臺灣方面的普及。當初一開始的時候是為了要迎接大陸客，肯定大陸客比較喜歡用，所以臺灣才開始引進。然後臺灣方面發現支付寶真是個好東西，而臺灣方面金融監管比較嚴格，相對比較保守，主要是中央銀行管控的，我們不太接受讓一些協力廠商支付平臺介入，可以掌控有這麼大一筆金錢。所以，那時候也是做了很多的法條法律更改，就是可以成立一些協力廠商支付類似於支付寶的東西。我們不想讓支付寶直接進臺灣，因為臺灣很害怕錢會從這邊流到大陸。他們想

要管控，不想讓錢到處進出，所以讓合法的協力廠商，臺灣本土的協力廠商去從事支付寶研究。可是，我覺得大陸在網路金融方面真的是非常先進，而臺灣人在這方面接受度還是有一點慢。我真覺得支付寶很好，我在這邊生活這麼久，回到臺灣就覺得很不爽，要拿錢包很麻煩。我跟我哥講，他說不會啊，刷信用卡就好，幹嘛一定要用支付寶？然後我就說用支付寶的話，往家拿一隻手機就好，可是信用卡還是要帶錢包，錢包裡面塞信用卡。

Q：回到我們剛剛談的教育方面，您覺得您從小學到高中，您的老師對您的兩岸觀念有沒有影響？

A：嗯，我覺得小學那時候，主要就是過度教育，因為我們是九年義務教育，所以小學六年其實不太會去涉及政治。我印象裡小學也有「公民與社會」，可是內容好像沒有關於政治問題，主要是教我們一些人與人之間的交流，還有一些禮儀禮貌。到國中之後才開始正式接觸到這種東西。所以小學老師對我來講，我覺得沒有什麼影響，他們不太會跟我們小孩子講這種問題，這種問題太過於沉重。國中老師在課程上講兩岸問題的時候，其實算是滿客觀的，不會特別去講中國共產黨是怎樣的壞，像課本上有講啃樹皮事情，老師也會跟我們說那個好像是假的，真的沒有特別去貶低大陸。我覺得這一點還是滿有用的，因為如果當時國中老師一直抹黑，一直說你們大陸不好，我可能現在不一定會在大陸這邊。我覺得國中老師還算不錯的。到高中的時候就比較複雜，高中時候我的老師跟我講人要看透現實，他說像大陸真的就是很好，所以即使兩岸之間有比較敏感的問題，但是你覺得哪一邊較幸福就去哪邊，他支持我。我來到大陸這邊念書的時候，其實我只有跟我的老師講，還有幾個比較熟的同學，跟其他的一些同學，我從不怎麼敢跟他們講，他們有些甚至都不知道我來大陸這邊念書，主要的原因是班上有一些同學不是很喜歡大陸。其實你知道我住在高雄，因為「北藍南綠」，高雄是綠色大本營，我高中是市區的學校，市區的人受綠色的影響比較大，所以那時候有些同學真的是不喜歡大陸。比如之前有一個同學跟我說，他以前有親戚來大陸，當初兩岸開放時大陸招商，臺灣的廠商可以來大陸設廠，那個同學的親戚就去設廠，可是過了幾年，大陸突然間拒絕提供免稅的一些政策，導致他親戚生意做不下去了，撤回到臺灣。但是我心裡是想說，人家說十年不用繳稅，怎麼可能永遠不用繳費而可以一直在那裡賺錢？因這是一種不公平的競爭，只是

爲了讓你可以踏進大陸這個市場，他不可能永久給你開放這樣的福利。可我覺得他那個親戚會生意失敗，本身經商方面肯定有一些問題，不然以十年免稅這麼好的環境，應該能站穩腳跟，然後取得一定的實力去跟其他大陸的公司競爭，不能想著大陸一直給你施恩惠。所以，那時候我對那個同學的觀點不是很理解，沒辦法理解，可能是他自己親近的人發生這種事情，所以比較沒辦法接受吧。他非覺得他親戚就是被大陸騙了，他就這麼覺得，所以那時候我不太敢跟他講我來大陸這邊念書。

Q：您有沒有希望自己在大陸生活，想要有一個怎樣的生活

A：在大陸生活的話，主要因爲我本身適應性沒這麼強，所以我當初選學校的時候我特意不選北方的學校。如果真的要在大陸生活，應該是以南部爲主，雖然我知道經濟方面的話，北上會比較好。這方面我覺得比起發展，我更想要的是一種比較幸福而確定的，比較好的一個生活水準。

比起那種賺大錢，我更想要一個比較舒服的生活環境，生活在南部並且挑選個城市，那就廈門吧，廈門總體來說感覺其實比較接近吧，他是屬於比較接近臺灣的地方，然後消費的水準啊應該都比較接近。至於生活環境的話，其實我覺得大陸還滿方便的，至少我覺得比臺灣方便得多，像我在大陸生活四年，跟在臺灣生活四年比反而更宅了，就是可以在宿舍，都不用出去，買東西手機隨便買買就可以有，對我這種路癡的人，不用走出房子都覺得很開心。而臺灣還比較沒辦法做到這一點，臺灣雖然有網購，可是網購方面，這個體系還不能這麼成熟。

Q：那工作方面呢？

A：我當然希望能跟自己專業金融相關，就是金融方面臺灣人的話可能還是會有一些受限，像我去校招，和統招相比還是會有一點影響。當然你可以從一些比較低的出發點，一些不是本專業的其他地方慢慢地爬，只是我爸媽並不同意我這樣子，因爲我來到這邊已經花費了這麼多，生活的成本這麼高，還去做一些你不是真正喜歡的工作，尤其又是個女生，不像男生，可以從底層開始爬，爬個三四年爬到上面去。他們說我沒有那麼多的時間可以耗費。

Q：那在臺灣就業和在大陸就有什麼區別嗎？

A：臺灣現在的就業環境當然不是那麼好，而且現在很多狀況例如大學生已經是一個普遍的學歷水準，有時候泡沫紅茶店的小妹可能都是大學生，就是很

普遍。而且就業環境太小了，工作機會沒這麼多，所以很多人沒辦法在專業上面有所發揮。像我學金融的，假如在臺灣也學金融，我可能真的找不到跟本專業相關的工作，這一點我是覺得還滿可惜的，而這點大陸的潛力還是比較大的。

Q：您覺得臺灣青年和大陸青年交流的現狀是什麼樣的？

A：聽說臺灣的一些大學會專門辦一些類似夏令營的活動，邀請臺灣學生來到大陸實習，還給他們補貼，直接實地去企業進行實習。例如我的一個同學，她去的是北京的某個電視局，看到很多明星，還給她拍照簽名，她每天化妝得很漂亮去拍照。我說好像沒有學到什麼東西，她跟我講還真沒學到什麼，因為基本上不讓實習的人做什麼事情，他們都知道是臺灣的學生，所以基本上就是給他們錢來這邊實習，住很好的飯店，不要那麼早起床，晚點過來沒關係，不用做什麼事情，只要去看他們算帳就好了。我同學就認為學到的東西不是很多，我也覺得有一點可惜，我不知道是那個活動有問題，還是說基本上其他的活動都是這樣特別去舉辦的。

對形式化的事情感覺好像意義不大，我認為等實習期過後他們還是要回到臺灣，因為他們也會知道只是走一個形式，並沒有讓他們真的有想要留在這邊。如果真的想要臺灣人來到這邊的話，應該讓他們在生活習慣方面有真實的瞭解，而不是假裝美化，感覺好像真的很好。這個我們自己也知道，不可能真去工作還能以這樣或那樣方式，所以我覺得這一點有些誇張，我不知道這是不是個例。

Q：那您覺得還有其他方式嗎？

A：兩岸交流的現狀就是這樣一個狀態。像我當初來這邊念書的時候，我查的是一些專門的論壇，還有臉書上面有一些公眾號，他們有透露一些資訊，因此可以過來這邊，只是我是覺得這些資訊還是不夠透明。像我當初對大陸這邊的學校瞭解就不是很多，所以我的選擇性就沒有很多，我不是說華僑大學不好，只是如果當初能給我更多更好的資訊，更全面的話，我可能會有更好的選擇。

Q：您覺得應該怎麼進一步促進兩岸青年互動？

A：之前有一個臺灣的海峽兩岸創意論壇，在廈門舉辦，找一些臺灣創業的成功人士來這邊參加，我覺得還是不錯的一個活動。只是我當初在臺灣的時候，我並沒有特別注意到這個消息，是到大陸這邊才知道。我也不太清楚那些從臺灣來參加這個活動的學生是怎麼瞭解這個活動的。我覺得關於這方面的資訊應

該再透明一些，增加此類活動曝光的機會，特別是在臺灣方面。我覺得在大陸方面已經算是做的滿多了，就是在臺灣那邊，訊息就會少一點。

Q：之前發給學姐看的「廈門六十條」，您覺得哪些東西對您比較有幫助？

A：就考證照吧。像我們金融方面的話，因為現在我的學歷在臺灣沒辦法適用，所以我大概只能考臺灣相關一些財經方面的證，去證明我有念過這個專業，我只能這樣。如果沒有開放這一條的話，我可能考都不能考，他就說一定要本專業的學生才能去考那些證照，就這一點還算是給我有一個後路吧。還有碩博連讀和寄宿補貼是比較有幫助的，畢竟像我們這些沒房沒車的，如果我們要在這邊生活的話，生活支出會比較高，這一點的話我覺得比較實用。

Q：這些惠臺政策有沒有改變您對大陸的認知？

A：我感覺大陸確實是很希望臺灣青年過來，可是就目前為止，開放比較大的是廈門嘛，其他地方不一定這麼想要臺灣的人，感覺目前力度最大的就是廈門這地方了，其他地方動作沒有很大。

Q：那您對這些惠臺政策有沒有一些比較負面的評價啊？例如是中共的統戰花招？

A：臺灣那邊都是這樣講啊，當然也不是都這麼認為。有一部分人會覺得OK，而有一部分人會贊同這個惠臺政策，內心認為這肯定也是統戰的一環。而且，他們也會覺得，現在是民進黨執政，如果之後國民黨回來，大陸這邊惠臺政策可能又會少起來。

Q：您是怎麼看的呢？

A：目前看來，時間越來越緊迫了，覺得現在大陸對兩岸的問題想要儘早解決。我覺得大陸既然已經放出這些條款，惠臺政策這麼快就來，像是一下子從天上掉下來的禮物，然後很快就會收回去，這一點我是不怎麼認同的。但是我也覺得這種惠臺政策太過了，就會達到負面的效果。像我之前說的，最低分錄取這種東西雖然本質上是因為臺灣學生受的教育不同，我們要參加你們的高考考進學校確實是有困難，所以採用這樣的方式。可是這種方式擴大了，就變成我去招聘的時候，很多人就會覺得臺灣的學生來到這邊念書是比較輕鬆的，是比較渾水摸魚的，是屬於被授予過多保護的一方，屬於弱勢的一方。所以，在去找工作的時候，像我們這種人，即使說是要招華僑大學的學生，可是覺得我們好像還沒達

到華僑大學的水準，所以我還是不想招你啊，我又不是慈善家。就好像一開始大家說臺灣人很好啊，可到後來就會是另一種說法，覺得臺灣人仗著國臺辦得寸進尺。但是很多時候呢，其實臺灣人真的並沒有特別在乎這一點，只是被過於宣傳和放大，變得臺灣人很想要這個東西，導致很多人覺得臺灣人就是得寸進尺，雜七雜八的一些負面的消息，我覺得是不太好。

Q：那您覺得惠臺政策要再補一些什麼東西來滿足您的需求？

A：我覺得最大的，還是希望，可是這一點我覺得惠臺政策解決不了這個問題，就是學歷的承認，是互相的一種承認。現在好像是大陸這邊全方面的承認臺灣那邊的學歷，所以我覺得真正的問題是臺灣那邊不願意承認大陸這邊的學歷，這個我覺得惠臺政策也救不了。大概是這個東西，這個東西我等到快畢業了。

Q：您認為未來兩岸關係會怎麼發展呢？未來會是一個怎麼樣的趨勢，為什麼？

A：我覺得應該漸漸真的有可能會走向統一吧。就是面對現實嘛，現在大陸發展得真的是很好。我們說民主很好，可是就現在看起來，之前有些人也有講過現在的民主制度已經變形了，叫民粹。現在這種民主變成一種狂暴化，一種人人都可以揭竿而起，政治很動盪，沒有起到當初的一個立意。現在臺灣的政治也是，很不好，那些當上去的政治人物真的爛到無底線，現在我們叫投票選，好像很自豪我們可以投票，去選誰上位，但現在感覺是在兩顆爛的蘋果裡面選一個沒有那麼爛的蘋果，這很誇張。可是像你們在大陸這邊只有中國共產黨，可是中國共產黨那些上位的人，我之前有看一些影片，就真的是有本領的，雖然不是選出來的，可是他內部在選的時候對他能力的考察還是很到位的。所以，我沒覺得民主制度一定好，其實應該說全世界的政治制度沒有哪一方是完美的，但是我覺得大陸這一點做的很好，就是他一直在改進，一直在改革，從一開始當初的那一個很專制到現在這一種改革開放，我覺得是很好。相比臺灣，一直在原地踏步，甚至開始往後退。這樣的話，我覺得還是走向統一吧，現在慢慢的，應該那些人也會認清事實，真的要有所改變了，不能總是這樣子下去。

Q：您希望以後兩岸關係會怎樣發展？

A：希望……嗯，要麼就是統一，要麼保持現狀吧，就是這兩種方式。保持現狀是希望在藍的方面，不是在綠的保持。我覺得綠黨執政真的是比藍的更誇

張，感覺兩岸太敏感。我覺得就算兩岸之間還沒有達到統一，至少不要屬於對立的關係，是這麼覺得的。

Q：您覺得兩岸關係的變化對您的發展有什麼影響嗎？

A：肯定有影響啊。當初我一直等著說四年，至少四年會承認我的學歷。可是你看，現在那個民進黨，他已經在去中國化，他有可能再多承認一個大陸學校嗎？而且，為了要保有當初支持他的選民，因為那些選民很討厭我們這些去大陸念書的，覺得我們這些去大陸念書的人是一種威脅，回來去搶他們的工作。他們現在也知道臺灣的大學太多了，大學生的素質逐漸降低。沒有來大陸的，其實就一直排斥，排斥那些去大陸的人，要他們不要回來了，現在就不要回來！我覺得民進黨為了要支持那些人，不可能再多承認一所大陸學校的學歷。所以，這一點我是覺得還滿夠嗆的。

Q：您對現在臺灣當局規定臺灣人不能擔任一切大陸的公職怎麼看？

A：他們還真的很害怕，他們會告訴大家說這是一種統戰的手段，他們一直叫臺灣人不要過去，現在因為臺灣發展越來越差，可能害怕有些人會受影響，融入過去。然後他們就一直做這種很奇怪的有針對性的動作。像中國銀行開放臺灣學生進去，臺灣這邊馬上就開始講，臺灣人不能去中國銀行那邊工作，就好像在打槍，受害者就是已經在大陸念書的那些人。你已經沒有選擇，可我們已經踏進大陸來了。所以，我是覺得他們現在就是要自我保護，為了要自我保護就一直做一些有的沒的動作，其實沒有意義，但很傷我們這些人的心。對，感覺搞分離的那種感覺。

Q：對盧麗安和賴清德，請您分別評價一下他們兩個人吧？

A：盧麗安的話，如果她當初到大陸之後，馬上就要進共產黨的話，我可能會有點鄙視她，因為我會覺得她就是為了要在裡面取得一個更好的生活跟更好的地位，所以進入共產黨。可是之後從她的演講中，我覺得她其實真的有在為臺灣人考慮，並不是單純只為了自己的利益和在大陸站穩腳跟，而是在臺灣當局沒辦法做什麼事情，她只好來到大陸這邊的共產黨去為臺灣的一些人做這個事情，我覺得她是 OK 的。而且，我對她其實還算敬佩，她這個行為勢必會為她在臺灣的一些親朋好友帶來麻煩跟問題，這一點上很可惜，就是臺灣方面會有一種另類的迫害。

我對於賴清德那種政治人物，感覺像作秀，我不太喜歡他們。現在其實臺灣年輕人分兩派，一派就是對政治活動非常積極的那些人和搞民粹活動那些人，還有一部分人像我這種，對於政治特徹底的冷漠。

Q：冷漠是不想去面對他嗎？

A：對是有點對，一個是我們不想去，但還是要去投票，可有一種絕望的感覺，就是每個上臺的政治人物好像都沒辦法給我們帶來希望。

Q：您覺得這兩部分哪一部分比較多？

A：我周遭認識的同學應該是屬於像我這一派的，可是也可能有一些是想要搞民粹的，但他們沒有能力跟人脈，所以他們就選擇沒有做這件事情，也有可能。這一點我不是很清楚，沒做過調查。

Q：您如何看待解放軍軍演和臺灣外交受打壓問題

A：就是「一個中國原則」嘛。爲什麼「一個中國原則」可以走這麼長遠的路，然後還是維持現狀，原因就是大陸說的「一個中國原則」，就是中共；可在臺灣，當初是說「一個中國，各自表述」。就是因爲這一點，我們臺灣一直都覺得，我早期也這麼覺得，「一個中國原則」就是「中華民國」，但後來這件事情被戳穿之後，很多人就講當初這個「各自表述」大陸根本沒有同意啊，因爲大陸一直都只承認是中國共產黨，可是我們臺灣就一直以爲是中華民國，所以他們覺得這是一種政治的謊言，或是一種爲了達到短暫和平，只是當初打仗雙方不能一直持續吵下去，所以爲了找一個臺階下就說「各自表述」，你表述你的，我表述我的，然後對外還是說「一個中國原則」，可是我們內心想的都不一樣。

軍演的話我覺得就是一個政治活動，爲了要告訴臺灣人不要輕舉妄動。以前國民黨執政的時候就沒有這麼嚴，這麼大，和頻率這麼高的軍演。所以，很明顯就是爲了要給民進黨施壓，這一點的話我覺得還好，至少我覺得是能接受的，因爲我覺得大陸應該是比較理性的一方，應該是不會一個炮彈打過來。

邦交國減少是從小就知道一定會的問題。每次遇到新聞在報導這個事情的時候，總是講說大陸打壓我們呀，每次我們去支援某個國家，之後中國大陸就跑去支援這個國家，錢比我們還多，然後那個國家就被買走了。其實內心很搞笑，原來你的邦交國家要靠金錢來買。我們以前會真的有點不太高興，現在心裡覺得有點搞笑，有一點無奈吧，就是這麼現實的情況，因爲政治活動就是這樣子，

哪一方比較強跟哪一方走，中國就這麼大的一個國家，大家一定都是承認中國這個地方，所以肯定臺灣邦交國就減少了。

Q：您覺得以上這兩個活動對惠臺政策的效果有沒有衝擊？

A：效果反面嗎？我覺得衝擊不是很大。因為真正看惠臺政策的那些人，他們基本上對大陸已經是屬於比較開放的態度，才會特別去注意惠臺政策，他們已經跟大陸是有聯繫的；而那些本身就不考慮在大陸的人，也就是很討厭大陸的人，對「惠臺」第一個反應就是統戰，他就不會去看，對他沒有任何吸引力。所以，軍演之類的東西都是統戰的活動，對他們有影響；真的想來大陸的人，他們就會特別關注正面的資訊，那些軍演活動就會把他當作是給民進黨看的一些事情，給臺獨看的一種表演。

Q：一直以來惠臺力度越來越大，臺灣卻越來越獨，太陽花運動就是一個很好的例子，您怎麼看待這個運動和當中的學生呢？

A：那時候這個活動確實影響很大。當初決定來大陸這邊念書的時候，我爸就跟我講說，這就是臺灣大學生不好好念書的結果。為什麼民進黨後來會打敗國民黨，有一個重要原因就是國民黨沒有好好地培養年輕一輩，國民黨那些大佬都是很老的，他們沒有去培養下一代的年輕接班人，而民進黨早已經深入到校園裡面，他們的勢力非常大，就像共產黨不是有什麼共青團，就是從學校就開始進行培養跟教育，可是國民黨就是沒做這種事情。當初發生這個運動的時候，新聞都有報，一定都是民進黨那一派的人，就是那些他們當初培養的一代人，而國民黨在校園就是沒有勢力，我覺得國民黨真的是有點太過於排資論輩和單純。我們是校園自治，所以政黨勢力是不能在校園出現的，像臺灣有些青年團不能在學校有一些活動，因為學校是教育場所，不能有政治活動在裡面。國民黨還真的很遵守這個規則，沒有在大學裡面安排一些什麼人手或者特別去安排一些學生去做監督，所以導致事情一發生，完全是一大堆大學生就跟著他們民進黨走上舞臺，開始搞一些運動跟一些民粹活動，國民黨真的是擋不下。

Q：那您如何看待這些學生？

A：那時候我爸一直跟我講，你要是在臺灣念大學就會容易就遇到這種人，因為你也知道臺灣因為經濟發展太差了，那些大學生為了要找出路就會做這種事情，所以根本就沒辦法再好好的念書，他問我要在臺灣念書還是在大陸念書？

我就說好吧，我還是去大陸念書好吧。

TWY09 訪談實錄

TWY09-12均爲登陸求學的臺青，分別爲第一次到大陸、香港求學失敗後登陸、高中前在美國就讀後登陸、高中時到大陸讀書。他們的登陸求學經歷、對大陸求學環境及條件的感受及其對未來發展的規劃，或可從一個側面反映大陸惠臺政策對他們的影響及其對於完善惠臺政策的認知。

Q：您第一次來大陸是什麼時候，在這之前您對大陸的認知或印象是怎樣的？

A：我第一次來是我高三的時侯，去參加上財的面試。那時侯去的是上海，整個感覺是很繁華，建設各方面都很好，就是人民素質不是很好。有發生一件事，我經過一個公家機關，後面的標語寫著「建設文明社會」之類，但是下一秒門口警衛打開門吐了一口痰。

Q：您在來上海之前是通過哪些途徑瞭解大陸的？沒來之前對大陸的感覺是什麼？

A：我在準備報大學的時候。在此之前基本沒有主動瞭解，就只是從新聞和認識的人那裡聽說，覺得就是一個到哪裡人都很多的地方。

Q：您來到大陸後對大陸的認知有沒有發生變化？有哪些變化？

A：來之前覺得這裡的競爭比較激烈，好像人會爲了達到目的做一些激進的事，因爲電視節目會特意強化這方面。但實際來了之後會覺得是電視節目太誇大了，不是所有的人都是這樣，那只是少數，雖然總體而言跟臺灣相比，競爭還是激烈很多的。

Q：您覺得大陸青年是怎樣的？在和臺灣青年相處的時候有什麼區別？

A：大陸的講話比較直爽，臺灣的比較溫婉。

Q：如果您和一群大陸青年在一起，您希望大家一起做些什麼呢？

A：吃飯吧，我喜歡吃，大家都推薦一下自己家鄉的美食。

Q：您認爲臺灣高校教育模式和大陸有什麼區別？您更喜歡哪種，爲什麼呢？

A：因為沒有在臺灣念大學，我不太清楚現在大學的情況，畢竟我們常常在教改。我覺得臺灣的教育好在高中之前，每一人具備基本的道德觀、衛生等一個人該有的素質。之前有去泉州的一所小學支教，我覺得教給小孩子這些基本素質是有欠缺的。我以前念的也只是最基本的公立學校，不是什麼特別貴的名校，但在這些方面做的還是不錯的。

Q：能不能談談您國中高中的教育更注重什麼？主要上哪些課？

A：我想課程上臺灣和大陸應該是大同小異，但你們這邊數理好像學的更難一點。國文、英文、化學、生物、物理、歷史、地理、公民、音樂、美術、體育、表演藝術、社團課，就這些。

Q：您更希望選擇歐美的高校還是大陸的，為什麼呢？

A：以後繼續升學會選擇歐美的，因為我在校成績不好，很難上大陸比較好的高校。

Q：來大陸上學對您會不會有什麼困擾或不適應的地方，比如說？

A：一開始會不適應。例如，水質比較差，食物吃不慣，聽不懂其他人的話之類，久了就適應了。

Q：您認為小學到高中的老師對您的兩岸觀念有沒有影響，怎樣影響了您？

A：很少提這方面的事。最多的就是，你們看大陸的學生競爭多激烈，你們還不快去念書。恐嚇一下學生吧，讓我們專心點。現在回想起來，他們說的那些關於大陸的故事，其實很片面

Q：您覺得大陸的文化和臺灣的文化有哪些區別？

A：差得最多的就是信仰吧。臺灣到處都有大大小小的廟宇，這邊比較少，像我是信奉媽祖，每次去廟裡都會有很多去參拜的人。但之前去開元寺，感覺大部分是觀光客，真的去參拜的人很少。

Q：您希望在大陸生活嗎？希望在大陸有怎樣的生活，想像一下？

A：我的適應力算是不錯的，目前沒特別想在哪生活，主要看哪裡有好的發展機會吧。

Q：希望有哪方面的工作？在哪裡發展？

A：沒有想法耶，念到大三才發現自己對會計真的沒興趣，想研究所先換個專業再說。

Q：在生活上您和大陸青年有哪些區別？希望有哪些改進？

A：希望某些購物網站和支付方式也可以用臺胞證；買動車票可以用自助，不用去排人工售票。

Q：您如何看待最新的惠臺政策？對您產生了哪些影響？哪些資訊對您有幫助？

A：提供生活津貼這一項，會增加在大陸就業的吸引力。

Q：惠臺政策有沒有改變您對大陸的認知？改變了哪些？

A：好像沒甚麼改變，就是知道了很多優惠的政策。

Q：您對惠臺政策有什麼負面評價嗎？

A：沒有，只是某些政策可能沒什麼人會用。

Q：您如何看待當前兩岸青年交流的現狀？要如何改進呢？

A：大陸去臺灣的交換生多，但臺灣來大陸的交換生少。大陸的大學去臺灣招生要擴大一些，我只知道北大有去我們那最好的高中招，其他學生都不清楚這些資訊。

Q：您認為惠臺政策對促進兩岸青年交流有什麼作用或缺陷嗎？

A：優點是吸引人來大陸就業，缺陷是宣傳問題。

Q：您認為以後兩岸關係會有怎樣的發展，為什麼？

A：會有越來越多人來大陸就業、生活，我覺得這是一個趨勢，不管政治上有什麼變化。

Q：您希望以後兩岸關係是什麼樣的？

A：我希望維持現狀。我覺得現在這個時段可能是大陸給的優惠最多的時候吧。

Q：您對臺灣人在大陸不能擔任公職有什麼看法？

A：我覺得這樣挺好的，可以減少不必要的紛爭。對當事人可能就只是一個工作，但他周邊的人不一定這樣想。

Q：您能評價一下盧麗安或賴清德嗎？

A：每個人都有自己的理念和爭取的利益，我不覺得其中那個特別好或差。

Q：您如何看待近期解放軍軍演和臺灣邦交國減少問題？

A：發展成這樣是必然的吧，合久必分，分久必合，歷史總在重複。

Q：來大陸後有沒有去旅遊？去了哪裡？還想去哪裡？爲什麼？

A：去了廈門，北京，上海，河北。有機會想去江蘇，因爲很多文學作品都以他爲背景。

TWY10 訪談實錄

Q：您第一次來大陸是什麼時候？您原先對大陸的認知或印象是怎樣的？後來有怎樣的改變？

A：我第一次來大陸是在去年暑假去陝西支教，就是幾百個人都是臺灣的，還有幾個西安交通大學的學生跟我們一起活動，那時也是觀光爲主！只是覺得說話用法、生活習慣有點差異而已。

之後 9 月多來上學到寒假，第一次比較長時間待在大陸。其實泉州跟臺灣每天的生活差異並不是很大，所以適應語言，就比較好！

來大陸之後，我發現兩岸之間有許多的誤會！就是網上會有人開玩笑說大陸人吃不起茶葉蛋……臺灣人……。以我個人觀點，大陸和臺灣的歷史觀和世界觀、價值觀是有所差異的！

我前陣子在看一篇推文，批評一部臺灣的電視劇，關於日治時期的！我知道大陸人是非常討厭日本人的！但是日治時期日本是把臺灣設的不錯的！這就是有歷史價值觀的差異吧。在大陸的教育比較偏向好好努力未來爲國家發展，我是滿認同這個想法的！不過這是我之前都沒有想過的！

促進兩岸發展，我認爲最好的方式就是更深入的互相瞭解！像是歷史方面，可以加強人文學科的歷史、繁體字的教學什麼的……我眞的覺得歷史非常的重要。民國時期的歷史有許多都是被抹滅的，除了對這些歷史有興趣的人，其他人是不知道的！這有點可惜。臺灣方面也有許多要改進的！

Q：您和大陸青年相處得多嗎？您覺得大陸青年和臺灣青年有什麼區別？

A：我在臺灣念國中高中時，就有好幾個同學因爲家庭關係，父母有一方是大陸人，就從小在大陸念書，後來回去臺灣念書！因爲他們的歷程特別不一樣，所以我都會找他們聊天瞭解一下不同的教育！我之前就覺得在大陸學習的他們學習能力特別強，來了大陸也這麼覺得，就是特別有企圖心特別有目標！我很欣賞。尤其我是臨床醫學的，就覺得他們都特別的認眞，上課很早去教室準備，

考試小測也特別認真準備！很欣賞。

Q：能不能談談臺灣國中高中的教育，更加注重培養什麼呢？

A：現在越來越推動多元發展，就是不再強調只有考試念書可以升學，仍有其他的許多管道，更強調去尋找自己適合的一個方向！不是只有念書可以出頭天！

Q：您更希望選擇歐美的高校還是大陸的高校？為什麼呢？

A：其實我那時候是想申請香港的大學的。不過如果是本科的話，歐美與大陸我會選擇大陸的大學，因為學費便宜、距離較近、語言方面也比較能溝通，比較好適應。

Q：能不能談談您國中高中歷史課是怎麼介紹大陸的？

A：在我的認知裡，共產黨是比較負面的！特別印象深的就是在國共內戰時期就會說被共產黨給逃掉了……之類的，不過也是很粗略的講過去，考試也不是考很多這方面的。大陸比較重夏商周到清朝……之後的歷史會講，但是考試不太考。臺灣史就是荷蘭人、鄭成功、日治時期。

Q：您認為從小學到高中的老師對您的兩岸觀念有沒有影響？怎樣影響了您？

A：在我印象中，老師們都比較會稱讚大陸的學生學習力好，大陸競爭強而已，並沒有說什麼關於政治的兩岸觀點。

Q：您覺得大陸文化和臺灣文化有哪些區別呢？

A：文化上大致上還是相同的，清明節吃潤餅，過年團聚，比較不同的是中秋節在臺灣喜歡烤肉，一群人在家門口一起烤肉吃月餅、聊天。

Q：您希望在大陸生活嗎？希望在大陸有怎樣的生活，想像一下？

A：我還是會想在大陸試試看的，尤其是上海、廣州這些大城市，畢竟全球百強企業在大陸挺好的。

Q：在生活上，您和大陸青年有哪些區別？希望有哪些改進呢？

A：其實跟班上同學關係是還不錯的，只是因為我學習的專業不是我喜歡的，我之後要轉專業，所以沒有那麼愛上專業課吧，有點學習態度不佳。其餘就是說話用法上有點不一樣而已！還有一個最特別的！我在圖書館看到有人拿了一盒水果在吃，我很驚訝，我這輩子是第一次看到有人在圖書館吃東西，還吃的那麼

光明正大。

Q：您對最新「惠臺三十一條」等惠臺政策有瞭解嗎？

A：知道有這個東西，但是不太清楚內容。

Q：您對惠臺政策有沒有負面的評價？

A：沒有吧。就是希望拉攏臺灣人過來發展。

Q：「廈門六十條」有沒有對您產生影響？哪些資訊對您有幫助？

A：實習政策、千人萬人計畫補助、換證執業、醫療服務、買房，這幾個是我現在看上去比較吸引我過去廈門發展的。

Q：那惠臺政策有沒有改變您對共產黨或者大陸的認知？改變了哪些？

A：惠臺政策還是比較無感的，感覺離我還是比較遠的，就覺得大陸政府對臺灣有了更多的善意。

Q：您認為惠臺政策再補充什麼會更滿足您的需求？

A：我覺得政策這種東西就是很空的感覺……嗯……政策這麼寫著，不過之後不一定會這樣。我還是會比較覺得真的有這樣的案例並且成功的給我參考才會比較吸引我，當我實行在那個政策下，我才知道需要額外補充什麼。

Q：您認為以後兩岸關係會有怎樣的發展？為什麼？

A：肯定統一，就是時間的長短而已。臺灣的政府黨派輪替、聲音吵雜，行政院立法院開會只會打架，為反對而反對，不同心協力只會搞內哄，就是會被統一的命運。

Q：您希望以後兩岸關係是怎樣的？對您有影響嗎？

A：身為一個臺灣人肯定是有影響的吧。還是希望先暫時維持前幾年的那種狀態，看似還不錯，其實也沒那麼深的交集，不要像現在每天演習來演習去的。

Q：您認為兩岸青年交流的現狀是什麼？如何進一步加強兩岸交流？

A：交換學生，更加開闊的心胸去到不同的文化學習環境，靜下心去體會去思考！每個地方都有每個地方的價值觀。然後回到自己原本的地方，應該宣傳的是對方的好、優點，而不是盡說些壞話。

Q：您認為惠臺政策對兩岸青年交流有什麼作用或缺陷？

A：希望臺灣人過來發展。缺陷，不知道。

Q：您對臺灣人不能在大陸擔任公職有什麼看法？

A：本來就不行啦，政治價值觀就很不一樣了！我也覺得不適當。

Q：您能評價一下盧麗安和賴清德嗎？

A：我認為盧麗安沒有資格成為臺灣的代表，畢竟我又沒選她，她憑什麼自己跳出來說她是臺灣的代表。賴清德在做臺南市長的時候表面不錯，不過因為一些關係，我還是有聽到他是一個比較愛做秀的人，對於他說臺獨要臺灣國，我覺得沒必要也太誇張了，對賴清德的好感直直落。

Q：您如何看待解放軍軍演和臺灣邦交國減少問題？對惠臺政策的效果有衝擊嗎？

A：軍事演練我還是比較有感的，你要收回臺灣就好好收，不要打到我家房子我家的人我就沒差。臺灣邦交減少這是正常的吧，中國那麼強大誰要為了你兩千三百萬人去犧牲十三億人？中國錢多國大，臺灣政府又沒能力。我認為軍演、收回臺灣要是影響我家的房子、財產、家人，惠臺政策再好，我也不好留在大陸！

TWY11 訪談實錄

Q：您第一次來大陸是什麼時候？在這之前您對大陸的認知是怎樣的？

A：我第一次來內地是在 2001 年，那時候我還在上幼稚園，對內地的印象來自於大人，知道這是一個跟以往我們去過的國家都不一樣的地方，可能很多我們生活中視為理所當然的存在，內地不一定有。

Q：後來您對大陸的認知和臺灣媒體的報導有不一樣的地方嗎？

A：我個人基本不看立場不中立的媒體報導，所以我看到的跟實際上的內地沒有很大的區別。

Q：您認為大陸青年和臺灣青年有什麼區別？在相處上有什麼不同？

A：區別應該不是地方的不同吧，是家庭所處的環境不同吧。我身邊不論是內地青年或臺灣青年，家庭環境差不多的，基本上對問題的思考跟看事情的全面性都差不多，對於未來的規劃也都大同小異，在相處上也沒有什麼不同。基本上，只要沒有人提出來，我根本都忘了對方是臺灣人或大陸人。我感覺沒有什麼差異。

Q：能不能描述一個令您難忘的和大陸青年相處的經歷？

A：我有一個北京的好朋友。我們之前一起合作一個項目，合作時間大約三個月。我們一直都沒有見過面，直到項目結束。我有一次去北京，提前一天跟她說。她推掉所有工作，安排好了所有行程，還幫我制定了行程表，發給我，讓我在她沒有時間陪我的時候照著玩。我在北京幾天，她就陪我幾天。所有食宿費用、交通費用全包，還給我買了一堆北京特產。

Q：您認為兩岸青年交流的現狀是什麼？如何改進？

A：社會中，所謂的金字塔頂端的人們，交流非常密切，不論生意還是婚姻，都緊緊捆綁在一起。社會的中層，在交流方面，就僅止於學校之間的交流，民間的旅遊。社會的底層，交流就僅僅在於媒體的報導。改進的話，我認為兩岸青年談戀愛，結婚最快。

Q：您認為臺灣高校的教育模式和大陸有什麼區別？您更喜歡哪種？

A：都沒有很喜歡。臺灣高校更傾向於誘發學生的學習欲望，但臺灣這部分還是沒有美國好，大陸高校基本上還是填鴨教育，我也有遇過誘發式的老師，但數量偏向少數。

Q：能說說您國中高中的歷史課本是怎麼介紹大陸的嗎？

A：客觀的角度來介紹。基本上都是民國前的事情，這方面兩岸的介紹都一樣。從民國到新中國時期，一筆帶過。

Q：您認為您小學到高中的老師對您的兩岸觀念有沒有影響？怎樣影響了您？

A：小的時候老師就說，對岸正在加速崛起，你們要好好學習，對岸的人會搶走你們的好工作、好學校；到長大後老師說，你們以後發展的機會都在內地。

Q：您更希望選擇臺灣的高校還是大陸的高校，還是歐美的高校，為什麼？

A：歐美高校。喜歡全方面的素質教育，更深度的挖掘自己的能力，儘量完善自己的思維，最大限度的打開視野。

Q：來大陸上學對您會不會有什麼困擾或者不適應的地方？希望獲得哪些幫助？

A：不會。我希望老師可以給我們更多跟老師交流的機會。

Q：您希望在大陸生活嗎？希望在大陸有怎樣的生活，想像一下？

A：我目前有一個貿易跟公關的項目，還滿成功的，所以很感謝大陸政府。

覺得在北京生活跟在臺北沒有很大的區別，如果不堵車的話，就更好了。

Q：您覺得您有沒有享受到惠臺政策的福利？有哪些？

A：公司申辦迅速，學校的話什麼都沒讓我感受到。

Q：您對惠臺政策有沒有負面的評價？

A：沒有，很支持惠臺政策。

Q：您認爲惠臺政策再補充什麼能更好滿足您的需求？

A：生活補貼，對於公司裡的臺灣員工可以有更多的補助。

Q：您認爲未來兩岸關係會有怎樣的發展？爲什麼？

A：良好的互動。因爲前面提到的，上層社會的菁英們，除了生意上的合作，還有通婚的現象，而一個社會都是上層社會決定走向的；中層的人民因爲來學習或工作，也加深了瞭解。

Q：兩岸關係的變化對您的發展有影響嗎？有怎樣的影響？您希望兩岸關係是怎樣的？

A：目前的影響在於獎學金。因爲關係惡劣，獎學金金額減少了。和平發展。

Q：您對臺灣人在大陸不能擔任公職有什麼看法？

A：沒想法。沒有不能擔任公職啊，之前的全國人大上，好多位臺灣籍的人擔任了全國人大代表。明文上不行，還是很多人這樣做，復旦大學的副校長就是臺灣籍的。

Q：能不能評價一下盧麗安和賴清德？

A：公眾印象清廉，實際上我不認識他們，不予置評。

Q：您如何看待臺灣邦交國減少和解放軍軍演問題？有沒有對惠臺政策效果造成衝擊？

A：不予置評。

Q：您認爲惠臺政策對促進兩岸青年交流有沒有什麼作用或缺陷？

A：肯定會吸引更多的臺灣青年來內地創業，但由於惠臺政策的規定，臺灣青年會更傾向找臺灣青年一起創業，這樣就減少兩岸青年交流的機會了。

TWY12 訪談實錄

Q：請問您是什麼時候來大陸的？原先對大陸的印象是什麼？

A：我是那種比較早就到大陸的人，我高中已經在大陸了。原先是比較討厭大陸，感覺對大陸有一種很強烈的排斥感。

Q：您之前在臺灣是通過什麼途徑瞭解大陸的？後來來大陸後有發生什麼變化嗎？

A：之前在臺灣都是聽親人說，後面印象比較深才開始討厭，之後到大陸認識很多很有趣的朋友，也跟這些朋友玩得很好，之後才發現那些討厭跟排斥的情緒只是先入為主而已，到大陸幾年感覺已經都變了，每個地方的人都有不同的性格跟種類，不應該帶著有色眼睛去看他們。

Q：您覺得大陸青年和臺灣青年有什麼區別？

A：區別在於認知。大陸青年的認知比較清楚，知道自己是什麼，知道要做什麼事，什麼事可以說什麼事不能說；臺灣青年的認知則是很蠢，他們有一種自己把自己蒙在鼓裡的感覺，他們認為自己的國家很強，瞧不起大陸的心態太過嚴重，我已經不止一次遇到這種臺灣青年了。

Q：您認為兩岸青年交流的現狀是什麼？

A：最好是通過面對面交流，交流雙方的優勢跟劣勢。

Q：如果您和一群大陸青年在一起，希望一起做些什麼呢？

A：不能我說什麼就做什麼，要根據對方的興趣愛好，不過如果可以的話，可能會說一些有關遊戲的話題。

Q：您認為小學到國中的老師對您的兩岸觀念有沒有影響？

A：有影響。因為大部分臺灣人都會給小輩說大陸這裡的壞話，我也不知道為什麼會有這種風氣，但是大部分都是這樣，這也是為什麼我一開始不喜歡大陸這裡。甚至我親戚家的小孩子過春節回來都會問我大陸這裡是不是很不好，這個在臺灣已經變成一種很壞的習慣。所以說別說是老師了，親戚跟老師都是一個因素。

Q：能不能談談臺灣的歷史課本是怎麼介紹大陸的呢？

A：大體上跟實史沒有很大區別，但是有一定修改，主觀性太強。

Q：您更願意選擇臺灣的高校、大陸的高校還是歐美的高校呢？

A：大陸高校。因為大陸這裡很有趣的人很多，而且論美食基本上沒有比得過大陸的，雖然在這裡有些地方比較麻煩，不過我已經習慣東方文化了。歐洲那

裡我的確想去法國看看，但是可能會旅遊過去；美國文化我一直不喜歡，所以是不會去的。至於臺灣高校，我已經很習慣大陸這裡的生活，我不喜歡我們臺灣人那種聽到大陸就黑的習慣，所以我會選擇大陸高校。

Q：剛剛說的比較麻煩或比較不方便的地方能具體說說嗎？

A：說了也沒什麼用，就是有時候上網要 VPN。

Q：您認爲兩岸高校教育模式有什麼區別？更側重什麼？

A：區別不算太大。大陸這裡側重課本，臺灣側重生活吧。

Q：您覺得目前在大陸生活相對於大陸青年有不方便或困擾的地方嗎？

A：沒有。如果有的話，可能就是臺灣的身分證在大陸一些地方沒辦法用。

Q：您對最近的「惠臺三十一條」等惠臺政策有瞭解嗎？

A：沒有，沒去瞭解這個。

Q：您認爲「惠臺三十一條」對您有沒有幫助或者產生影響？

A：應該是很好的幫助，在就業跟考試上。

Q：您覺得惠臺政策有沒有進一步改變您對大陸的印象？

A：我對大陸的印象已經很好了。

Q：那您對惠臺政策有沒有負面的評價？

A：嗯，也還好吧。因爲說實話，這種政策類的東西如果能根據個人的情況來評價而做出改變，那就不叫政策了。不過，這個我覺得還是比較好的，會改變剛到這裡的臺灣人的印象，因爲怎麼樣也算優待，肯定是一件好事。

Q：您認爲惠臺政策對促進兩岸青年交流有沒有幫助？體現在哪裡？

A：多少會有幫助，會讓臺灣青年對這裡的好感增加。

Q：您希望自己以後在大陸生活嗎？希望有一個怎麼樣的生活，想像一下？

A：以後我肯定會在大陸這裡定居，因爲認識的人都在這裡，而且也習慣這裡的節奏，習慣這裡的飲食跟風格，但是工作的話我還沒想過。

Q：您認爲臺灣就業情況怎麼樣？和大陸比有什麼優勢或劣勢嗎？

A：這個，我感覺會比大陸困難，臺灣地方太小，然後人口較多。

Q：您認爲以後兩岸關係會怎麼發展？爲什麼？

A：兩岸關係發展肯定會越來越好，已經越來越多國家拒絕跟臺灣簽約，現在基本上都是跟大陸簽約，臺灣想在國際上還有一席之位的話就要緊緊跟著大

陸。

Q：那您希望未來兩岸關係怎麼發展？為什麼？

A：如果能把臺灣的一些品牌引進大陸最好，一些食品的品牌，經濟的發展。

Q：您對臺灣人在大陸不能擔任公職有什麼看法？

A：很正常。如果處理一個事情有偏見的話那就要出問題了，這是很正常的規則。

Q：您對近階段解放軍軍演和臺灣邦交國減少有什麼看法？

A：這就是我剛剛說的，許多國家改跟中國簽約邦交，臺灣的實力已經變弱很多，中國的崛起已經成為必然的事實，沒有哪個國家會因為臺灣跟中國交惡。

Q：那是否會對惠臺政策的效果造成衝擊？

A：臺灣人眼裡大陸早就是威脅了，這就是為什麼臺灣人一直不喜歡大陸。一個政策能改變長達數十年的觀念？有效果肯定會有效果，但是效果沒這麼大。這個沒太多關係，這兩個性質不同，邦交國減少是必然，惠臺政策是更親近臺灣。

Q：您認為「一國兩制」更好？還是臺灣獨立更好？

A：兩個都不要。我個人而言，保持現狀最好。第一，就我個人而言，這樣福利多；第二，保持現狀剛好保持一個國際局勢的穩定，中國能接著發展，美國想說話也說不出來，臺灣海峽本來就是一個很重要的地方，如果這個平衡被打破，那國際局勢又要複雜了。

二、臺灣青年專題訪談彙編

以 48 名大學在讀和已就業的臺灣青年爲對象，根據其大陸經歷分爲 6 類（如下表所示），圍繞 4 個方面 13 個問題進行訪談。

大陸經歷	大學在讀	已就業
經常往返兩岸	A1	A2
來過一次或幾次	B1	B2
從來沒來過	C1	C2

（一）大陸生活和工作期待

Q01：你有到中國大陸發展的打算嗎？為什麼？

「有。現在中國大陸的經濟發展迅速，特別是幾個經濟特區發展更爲迅速，環境也相對以前好很多，所以有想過以後在這發展，甚至紮根在此。」（A1）

「有。從不少網路媒體和周圍朋友那裡聽說大陸已經不像以前那樣落後，很發達，有更多的工作機會；臺灣工作機會相對較少，近年來也沒有太多發展了。而且惠臺政策也很好，拿廈門的來說，各方面都很完善。」（A1）

「有。因爲家庭來這做生意發展。」（A1）

「有。中國大陸發展前景可觀，對於就業創業有非常大的機會與市場。」（A1）

「目前沒有。因爲對於那邊的環境還不太能適應。」（A1）

「有。因爲大陸相對於臺灣市場還是較有發展空間，而且對自己來說也是一種挑戰。」（A1）

「有啊。因爲我爸原本就是在大陸有事業的臺商，我現在學的專業或許對父親的公司能起到一定的幫助作用，希望能夠讓爸爸輕鬆很多。」（A1）

「有。但是不確定是否來大陸發展。考慮來大陸發展的主要原因是父母工作的原因，我們家是父母都在大陸工作，我在臺灣讀大學，所以每次見面都很不

方便。而且現在大陸發展的越來越好，待遇、生活水準、教育跟之前相比都有所提高，父母也覺得大陸發展的機會比較多，所以會考慮看看。」（A1）

「有。因為就心理學的未來發展來看，大陸正處於快速發展階段，臺灣的心理學成熟度已接近飽和，因此我可能會傾向於在大陸發展。」（A1）

「有。本身就是臺商，很喜歡大陸環境。」（A2）

「目前沒有。目前在臺灣有更適合的工作及生活。」（A2）

「當然是有的。目前全球的資金、人才很多都在中國聚集，在這樣龐大的市場中由於個人的專業是心理學，所以想必人多的地方，有關人文、生活品質、科技層面的種種概念、想法、發展絕對會與我學習的專業產生連結。」（B1）

「有。因為中國大陸有更大的市場和更多的機會，也可以挑戰自己。」（B1）

「我本身是有要到中國大陸發展的打算的，因為我去過上海旅遊，我覺得那邊的發展和就業、創業機會非常多，並不像我在臺灣聽說的那樣落後。尤其是移動支付功能是非常吸引我的，我本身不是很喜歡零錢，去過上海短短一周的時間就讓我感受到移動支付功能有多麼的方便和強大，直接解決了我銅板零錢很多很雜亂的問題，從而讓我感覺到大陸地區的發達程度，也算是增加了大陸地區對我的吸引力。」（B1）

「有。不得不承認這幾年大陸的經濟發展確實是在呈現不斷增長的趨勢，同時有很多機會還沒被發現，人口基數大構成了中國市場獨特的結構，儘管會面臨更多競爭，但同時也能更容易就業找到較適合自己的工作，在薪資和工作經驗方面也是。」（B1）

「有在考慮。因為目前臺灣的升遷機會越來越不好，國內的市場也沒有大陸那麼大，感覺兩岸的起薪雖然差不多，但是在大陸工作的話未來的發展機會更多一些。」（B1）

「我目前還是學生，但如果畢業後當然會希望可以留在內地，畢竟市場夠大，資源什麼的都比臺灣來的多很多。」（B1）

「沒有。單純不在考慮範圍內。」（B1）

「有。因為臺灣的就業市場較小，薪資幅度不大，很難養得起一個家。」（B1）

「有啊。市場廣大。」（B1）

「有。因爲大陸市場大發展機會可能更多，有比較大的舞臺可以展現自我。」（B1）

「有啊。我計畫於今年至中國就讀研究所，已錄取滙豐商學院之金融碩士，因北京大學爲世界知名學府，各項科研優勢及扎實的專業培訓令我十分嚮往，加上學校於國內外之金融業界頗有聲譽，相信經過滙豐研究所之淬鍊，能充分培養我的專業能力及增進未來就業之競爭力。」（B2）

「沒事去匪區幹嘛。」（C1）

「沒有。我習慣過自由的生活」（C1）

「沒有想過。只知道錢好賺。」（C1）

「沒有。想去世界 50 強上班。」（C1）

「我是有打算到中國大陸發展的。因爲我在上海上了高中現在又在這裡念大學，我覺得那邊的發展和就業、創業機會非常多，相對於臺灣更加有發展潛力，支付寶、微信、餓了嗎、美團、滴滴、淘寶等應用程序已經改變了很多日常生活方式，更加便利豐富，覺得值得在這裡發展。」（C1）

「有啊。我想去中國大陸看一下，隨便去發展，感覺那邊有很多的資源和機會。」（C1）

「沒有。但想去大陸看一看那邊是怎麼樣子的。」（C1）

「想啊。大陸現在的發展比臺灣好，我大學申請了北京工業大學。」（C1）

「有。因爲大陸的市場很大。」（C1）

「暫時沒有。先前到大陸去發展，感覺大陸很髒很落後，那邊的人素質沒有很好。」（C1）

「有考慮。因爲覺得那邊資源豐富，有很大的市場，同時和臺灣有些文化相似。」（C1）

「暫時並沒有打算。在發展的過程中還有太多隱藏風險沒辦法評估。」（C1）

「曾經有打算過。因爲本身所在的動畫工作領域中，此產業在臺灣並不發達，政府也不重視，而且市場較小，臺灣老闆常常不知工錢多少削價競爭，使得產業在臺灣越發貧瘠。在中國大陸有比較廣大的市場，也有比較多的工作機會，是吸引臺商過去投資的主因之一。就像以前有人說過，如果臺灣每個人給你 1 塊錢，你只能賺 23,000,000 元，而在中國則是 1,400,000,000 元，相差懸殊。」（C1）

「沒有。雖然知道中國大陸越來越進步，而且待遇也很好，不過距離太遠了，家人都在臺灣，如果前往大陸的話必須跟家人分開，所以暫時沒有這方面的考慮。」（C2）

「有過。但是並不是任何人想去發展就去的了，要考慮到自身的條件。」（C2）

「個人還是非常想去大陸發展的，當然是爲了更好的發展，跟更大的市場來奮鬥，尤其是現在好多公司在大陸都有分公司，且都會有外派員工，分公司也基本都是在北上廣深這樣的一線城市，更讓人想去見識下世面，見識更多的人和事物及發展前程。」（C2）

「目前沒有。看似很吸引人的條件，但是實際上的有些擔憂。」（C2）

Q02：如果您來中國大陸發展，您希望有什麼樣的生活？

「想在廈門發展吧，離臺灣也近，比起北上廣這種已經很發達的城市來說，更希望去二線城市中相對更有創造力和發展潛力的城市工作。工作領域，希望是工業領域吧。」（A1）

「希望在一線城市發展，例如北京，上海，廣州，深圳。希望從事與所學專業對口的新聞傳媒類工作。」（A1）

「個人追求平淡安穩的生活，目前沒有就業想法。」（A1）

「本身在北京讀書，能留北京還是最好的。本人也是讀醫藥方面，大陸醫患關係還是有很大進步，對於未來還是很期待的。」（A1）

「我會希望在一些先進的城市有一份高薪又穩定的工作，當然也是住在交通方便然後高品質的地方，例如深圳和上海之類的。」（A1）

「如果我來到大陸發展，我可能會希望生活在沿海城市，或者說經濟比較發達的地方，就類似臺北的那種城市。因為我不希望年輕人的生活步調太慢，希望生活過得緊湊一點，希望生活各個方面能夠更便捷。如果可以的話，就上海或者杭州這樣的城市，交通工具有捷運，公車比較方便，而且經濟相較之下也較爲發達，玩的地方也很多，城市較爲國際化，許多大型企業也會在這裡開設分公司。感覺大城市有比較大的發展晉升空間，生活水準會比內陸城市更發達。更希

望在南方生活，因爲北方太冷了受不了！」（A1）

「由於我現在是念心理學專業，所以我希望能在公司或企業的人力資源單位工作，或是到較知名的心理諮詢機構擔任諮詢師，也傾向於在廣東省發展。」（A1）

「北京那些大城市，行銷公司，因爲我本身是做行銷鑽研者類型的工作的。」（A1）

「如果可以想長住大陸。廈門的運動器材公司。」（A2）

「當初在杭州的阿里巴巴工作，覺得環境各方面都很好。如果重來一次，還是希望是杭州吧。我的工作性質是業務，都滿廣的。」（A2）

「如果是在中國發展，我會希望以我自己心理學的專業結合電腦資訊工程方面與 AI 有關的產業領域進行發展。至於在中國的哪個省份城市的企業有相關的機會能提供，可能還是得再繼續瞭解更多。生活的話，簡簡單單，有一套公寓，裝潢精簡，有一臺很好的電腦能娛樂娛樂，和一臺不會降低自己品味的車就好。」（B1）

「怎麼樣的生活嗎……我本身並沒有想過這方面的問題，畢竟在臺灣生活了那麼多年。雖然有去大陸發展的想法，但還是沒有具體的去思考過這個問題。如果說要我假設一下，我覺得畢竟我是學經濟相關專業的，而且我本身對電子產品類比較有興趣，如果有機會的話，我可能會想要參與有關移動支付的開發或改進之類的工作吧。就像我剛剛說的，我覺得如此便利的系統是非常吸引我的。但是像我這種只是去過一周的遊客，應該還是會擔心有關個人資訊安全類的事情吧。所以，能利用到我的所學知識對電子支付這一塊做出一份貢獻的話，我覺得是非常不錯的。」（B1）

「如果在中國的話，基本上還是以上海爲優先考量，畢竟中國的城鄉差距還是比較大的，在其他城市不知道有沒有辦法適應。上海儘管還是有不少差強人意的地方，但至少在交通、基礎建設、飲食方面還是比較全面的，也比較多元化。」（B1）

「希望在沿海的城市吧。我覺得南方的城市例如廣州、廈門之類會對我比較有吸引力，因爲離臺灣比較近，氣候或是生活習慣上應該會比較接近，而且物價房價沒有北京上海高。如果有機會去大陸發展的話，一開始會想去這些城市。」

（B1）

「我希望往大城市發展，像是北京、上海之類的大城市，最好是帥哥很多的地方，養眼，哈哈哈。」（B1）

「我本身是學市場行銷的，當然會從這方面去發展，至於環境可能還好，不會偏限特定地方，哪裡有好工作薪資也不錯就會到哪去。簡單來說，就是看工作性質，薪水接受程度作為第一考量。」（B1）

「在一個都市有一個不錯且穩定的生活。」（B1）

「我希望自己是在物流業發展，因為現在已是電商時代，物流的快慢直接影響一個電商公司的服務品質，從事這個行業可以更精進自己對物流的興趣。」（B1）

「上海發展，醫學衛生教育領域。」（B1）

「我錄取的研究所位於深圳，為中國對外交往的重要國際門戶，近年來發展十分迅速，且鄰近國際金融中心香港，造就了深圳文化的開放性、包容性及創新性。此外，位於深圳的滙豐商學院提供了三年全英文授課之金融碩士課程，不僅能培養我的專業能力，更能精進我的英語能力。」（B2）

「我希望能過著自由民主，每個民眾都能發表自己意見不會被『維尼的』生活，不像川震的災民一樣，死了也沒人知道。」（C1）

「賺點錢吧，能早點退休就好，不要太累的那種。」（C1）

「有錢的生活。」（C1）

「不管在哪裡發展，我應該會選擇自己擅長且感興趣的領域吧，並不一定偏限在大陸，哪裡適合發展往哪裡去。」（C1）

「通常會離鄉背井到國外發展，無非是想要到一個比現在身處的環境更加適合生存、更有產值的環境。所以，可能會偏向中國的一線城市去生活。交通、網路、吃住這些如果都能完善，那就是理想的工作環境。」（C1）

「我想在二三線城市發展，感覺一線城市處於飽和狀態了，二三線城市接受度高。」（C1）

「跟臺灣一樣的方便吧，希望政治那些東西不要影響就好了。」（C1）

「發展順利的吧，沒有去過大陸。」（C1）

「希望在一二線城市，建築室內設計。」（C1）

「不想去那邊，所以沒有思考，那邊的文化和環境，還有人不會那麼有好的對待。」（C1）

「想去昆山生活，希望可以走進管理層。」（C1）

「不會發生。」（C1）

「去了比死還慘吧，還想生活？想太多。」（C1）

「希望有小康的生活，什麼領域倒是無妨，只要是自己喜歡的事情，薪水夠就行。」（C1）

「我希望能夠在都市一點的地方生活，希望以北京為主，雖然競爭力很高，不過在高壓的環境下才能促使自己成長。」（C2）

「基本上是二線城市，少了空汙，交通也比較方便，重點是消費的水準比較低。」（C2）

「根據當今社會的需求，互聯網時代的進步，在互聯網這塊發展我還是滿看好的，畢竟當今生活離不開網路，網上購物及外送服務、訂票都可以通過網路完成。因此，如果有機會的話，希望自己可以在互聯網這一塊發展；如果地點可以選的話，也希望是能在北上廣深這樣的城市，畢竟是現在發展最快的一線城市，資源也相對的多一點。」（C2）

「當然是希望可以在一個良好的環境下發展，薪資高然後工作也很穩定。如果要發展的話，我想在上海、深圳，或是廈門發展。」（C2）

Q03：來中國大陸生活有什麼困擾或者不適應的地方嗎？比如說？

「除了背井離鄉以外，其實也沒什麼困擾吧，畢竟語言是通的。」（A1）

「證件等問題。比如說動車站並未全面實現臺胞證自助取票等，還有支付寶、餘額寶。」（A1）

「環境稍嫌髒亂，我曾經到過北京玩，連這種大城市都是這樣的。不敢說臺灣多乾淨，但至少在觀光地方是整潔的，也不會有那種老鼠亂竄的情況，有點傻眼。」（A1）

「最困擾的還是飲食吧，北京還是偏鹹，以及地域之間的口音，有時還是聽不太清楚。」（A1）

「如果不談及創業，我們臺灣人在中國內地找工作，甚至是找打工都有困難，有些企業不僅不招收臺灣人，而且對臺灣人的印象也沒有很好。」（A1）

「我覺得最大的差別還是文化上的差別吧，說話方式可能會比較不同，用詞、語氣有所差異，例如，這裡計程車叫的士、衛生紙叫紙巾等等。而且價值觀可能會不太一樣，我會擔心被排斥或者不被認同。生活習慣的不同也可能會讓我覺得困擾。但我覺得主要還是看個人啦，畢竟適應了一段時間應該就會習慣了。如果真的想要來，就會去學著適應。」（A1）

「會有些文化上的差異，跟醫療上的不方便，但是兩邊飲食跟語言沒太大的障礙。」（A1）

「基本上並沒有不適應或是感到困難的地方，除了在課業方面需要比大家更努力之外。但在表達能力或是與別人溝通能力方面，我自認為我能夠有更好的發揮。」（A1）

「人口眾多，素質部分仍需改進，人多要排隊不是插隊，你趕時間我也趕時間啊，以為是自己的地盤就可以插隊，太扯了。」（A2）

「禮貌方面、文明水準部分還需增進。」（A2）

「主要的困擾，我個人覺得是在語言文化中有點無法完全融入，以及對於幽默標準與層面的不同有點難，完全與內地同學在思考上不在同個頻道上，也有可能是地域的人文特性造成的。吃的食物，我覺得都還能接受。學習的部分，內地的同學成績還有學習能力，尤其是數理，絕對是勝過臺灣青年的，這一點數理領域的東西讓我個人會有點擔心。對了，廣州的地鐵和公車有點擠。」（B1）

「一、大部分人的公共意識及素質還有待提高，比方說看電影時不要講電話、地鐵先上後下、多用抱歉或謝謝等禮貌用語；二、大量外來人口的湧入在一定程度上造成混亂；三、食安問題，太多商家為了短期內牟取暴利而選擇向消費者隱瞞實情；四、我們的身分算是比較特殊的，我們都儘量避免探討政治問題，但還是遇到不少大陸人很喜歡引出這個話題。」（B1）

「醫療部分落後，價格高又讓人擔憂，尤其最近疫苗更是讓人害怕在大陸就醫。」（B1）

「我本身腸胃不佳，可能面對大陸較鹹的食物會適應不良，再加上大陸的口音也是我們需要適應的。」（B1）

「有，人文素養部分。」（B1）

「醫保政策不如臺灣的健保方便，有些時候臺胞證不適用。」（B1）

「衛生環境吧，下水道啊等等的，因為我很害怕害蟲甚至老鼠，所以這部分讓我很介意。雖然臺灣有些地方也有這些，但只要有就會嚴格修繕下水道，像我以前住臺灣鄉下，田附近，至少我還真沒看過老鼠亂竄的景象。」（B1）

「主要是飲食方面吧，之前有去過廈門和上海，覺得口味比較重鹹重油。然後是關於用語，和臺灣不太一樣，所以之前有和當地人溝通不良的情況，但去了幾天之後，大概就能猜到對方的意思了。」（B1）

「有，一開始會。畢竟人生地不熟，文化有差別，而且感覺大陸有些企業對臺灣人都有點排斥。」（B1）

「我覺得這些其實還好，簡體字或人與人的交流我還挺能適應的，可能就是物價方面吧。畢竟我只去過上海，我個人覺得那邊好吃的食物在物價方面特別的高。如果在那邊久居工作的話，物價方面可能會有點吃不消吧。」（B1）

「我覺得只要是到了一個新地方，不論是否是中國，都會有些不適應的地方，然而這些卻不會對我造成困擾。既然決定踏出自己的舒適圈，就要去適應當地的文化風俗。我曾在深圳短暫待過兩三天，一開始對於中國所有的食衣住行都能用手機解決而感到不適應，但上手後反而對其方便性印象深刻。」（B2）

「氣候和生活習慣。」（C1）

「沒什麼不適應的，大概就是會想臺灣的食物吧。」（C1）

「到一個新的國家，文化衝擊可能是無法避免的，雖然中國也是屬於華語國家，但是隔海多年，許多文化、用語、禮節可能都跟臺灣有所不同，所以這個應該是會不適應的地方。困擾的部分，與家人的距離遙遠，無法時常的與家人團聚，對於看重家庭價值的人來說，這算是決定性的因素之一。」（C1）

「看醫生吧。聽說都是黑醫生，很不好，亂給藥吃，重點是醫療費超級貴。所以，很多臺商生病了都堅持要回臺灣治療。」（C1）

「我覺得那邊的人會排斥臺灣人，況且臺灣人也不喜歡大陸人來臺灣。」（C1）

「還不清楚啊，因為還沒有去過。」（C1）

「不像臺灣健保那麼的方便吧。」（C1）

「不會，去大陸應該不會有什麼困擾到我的生活和發展。」（C1）

「勞健保，就是如果生病會很麻煩。」（C1）

「不會發生。」

「當人習慣了，聽不慣狗吠，我覺得我們動物愛還是做得不錯的。」（C1）

「剛開始交通會是比較大的問題，人文社會風俗等也有不同，需要適應。」（C1）

「家人與朋友都在臺灣，獨自一人離鄉打拼，內心上相對會比較辛苦，尤其人生地不熟，怕碰到意外時會不知所措。」（C2）

「來到中國生活和發展，主要的困擾就是居住問題以及環境差異，這兩點是最直接影響的，畢竟沒有家在那邊。而且，如果工作要在一線城市的話，房租又會是一個特別大的負擔。再來就是環境的差別，那邊跟人的溝通方式以及生活上的感覺，都應該跟臺灣會有挺大的差別的。」（C2）

「人生地不熟，家人都不在身邊，而且我覺得大陸的醫療方面讓人不是很放心，醫藥費還貴得要死。」（C2）

「兩岸關係使得彼此的觀念不是很好。」（C2）

Q04：您認為兩岸青年交流的現況是什麼？有具體促進兩岸青年交流的建議嗎？

「很多臺灣年輕人對大陸瞭解太少吧，可以多促進兩岸學生交換之類的。」（A1）

「目前就我關注到的而言，兩岸交流逐步加強，不管是文化還是實習交流都有全面的發展，當然還存在著少部分的大陸和臺灣青年人不願交流，也是因為沒有對彼此的一個認識與溝通。中國大陸的部分青年的認知就是臺灣政策方面混亂，而臺灣的部分青年是沒有對中國大陸的傳統文化與經濟發展有一個好的認識。無具體建議，就是多宣傳等等。」（A1）

「用語不同且較直接，易造成誤會。像當初跟內地行銷業務交流的時候，剛開始都會愣住，感受不是很好，不知道怎麼接話，也不知道他們說出來的，當下的情緒是好還是壞，因為在臺灣是有點不悅的表達方式，但在大陸好像習以為

常。希望說話能婉轉表達。」（A1）

「首先，新聞媒體之間的偏頗，對於雙方還是有些誤差；其次，民間交流要維持，要眼見爲憑，不能有先入爲主的觀念。」（A1）

「我覺得還是會有點互相排斥，就是生活習慣跟素質方面，而且感覺也沒什麼交流吧。大陸又封鎖了好多社交網站，都需要購買 VPN 才能夠翻牆。我希望可以多提倡兩岸交換學生，給予一定的優惠，最重要的是解鎖那些社交網站！」（A1）

「我認爲兩岸青年交流的現狀是處於初始階段，漸漸開放了兩岸大學生的交換學習，但是感覺沒有更進一步的交流。雖然雙方都很友好，但是感覺不太熟悉，還是有隔閡在。我覺得可以加大力度鼓勵兩岸學生交流交換，然後開放兩岸之間的文化展覽，合作製作項目，邀請海峽兩岸的青少年開展互訪活動。」（A1）

「主要以學校交流，官方舉辦交流活動爲主，像是座談會、尋根之旅、文化活動等等。希望多些不同類型的交流活動，也希望增加次數，讓兩岸更多青年能進行交流。」（A1）

「就兩岸大學生的青年交流來看，就我所知，我覺得交流是相當和諧的，撇開政治議題不談，其實大家都能做很合適的溝通，而且有困難也會互相幫助，彼此也都很好奇彼此家鄉的生活模式與習慣，這是促進兩岸文化交流的一個很重要的管道。目前我沒有想到太多具體可以促進兩岸交流的建議，但我認爲只要大家願意敞開心胸接納各地文化，大家也都是地球人，都應該和平共處。」（A1）

「兩岸應多互相交流，到對方地區學習，長期的團體活動，一起嘗試生活以及配合磨合。」（A2）

「可以舉辦研習會研討會，一起交流業務學術方面，不僅促進企業增長，也能學到兩方的知識。」（A2）

「目前兩岸青年，我覺得交流最多的可能就是在高校中了，其餘的可能是透過旅遊交流。舉一個例子，廣州華南師範大學心理專業有與臺灣政治大學的心理專業做學生交流的計畫，學生可以來政治大學上一學期的課程，至於學分怎麼算我不太清楚。不過，重點是交換過去的大陸學生對於臺灣的生活、以及人文素養都有了很深刻的體會，臺灣學生對於大陸學生的看法也產生了積極的改變。在這些交流沒有之前，很多學生始終對於對岸不夠瞭解而導致彼此的仇視

或鄙視，實際相處後才會發現不同，不論是積極或消極。學校的社團也有起到交流的作用。」（B1）

「我個人是沒有聽說兩岸學生有什麼特別的交流，唯一有接觸過的也只是大陸地區過來的交換生，所以我個人認爲可能交流方面有點少了吧，雙方都挺陌生的，並不是很瞭解彼此的生活環境。至於建議的話，可能就是需要雙方學生多去參與一些兩岸青年的活動吧。我是有聽說過這種活動，但我本身沒去過，可能需要雙方都積極一點吧。」（B1）

「個人認爲臺灣學生到大陸就學的人數大大多於大陸學生到臺灣就學的人數，前者多數是被動，後者多數是主動，同時這也就僅僅停留在上課和出遊的層面，並沒有『交流』。要促進兩岸學生的交流，首先是要篩選出合適的交流對象，其次是要匹配到背景、興趣、想法大致相同的人作爲基礎，最後是要有一個共同的主題，要滿足以上幾個條件才能有所謂的交流，否則到時候只是各說各話或是相互不認同。」（B1）

「我認爲現在兩岸的交流有點資訊不對稱，大多知道大陸都是從新聞或電視節目上，但實際去過和聽一些去大陸工作的朋友談起總覺得有落差。兩岸青年交流的平臺，我覺得目前太少了，知名度也不是很高。例如，我之前有參加臺聯舉辦的去河北冬令營活動，我是經朋友介紹才知道的，以前完全不知道有這種組織。」（B1）

「我感覺好像都沒什麼交流，而且有些會相互歧視。我覺得多交換學生，這樣才可以促進兩岸的交流。」（B1）

「讓更多的大學生可以得到交換的機會。」（B1）

「現在我們這代年輕人滿兩極化的，有些人完全沒辦法接受大陸人，甚至很排斥會嘲笑，模仿口音腔調等等不友善的舉動；但有些人是會主動融合。所以，我認爲可以從交換生部分加重兩岸青年的交流，或者趁寒暑假有多夏令營讓彼此融入對方生活，都是不錯的方式。」（B1）

「覺得還是會排斥吧，畢竟跟以前自己生活的人不同。覺得可以從兩岸的學校增加交流，讓彼此多加熟悉；舉辦分組活動，讓青年更靠近。」（B1）

「覺得可以多舉辦活動交流，彼此多瞭解文化上的差異。例如，兩岸籃球比賽，藉由運動來促進交流，也可以讓臺灣看見大陸是如何訓練球員的。」（B1）

「較少有交流，但大學校園漸有兩岸交流交換學生活動。建議可更加強娛樂與旅遊方面著手。」（B1）

「目前兩岸青年的交流，以我周圍的現況來講，絕大部分的人是不知道該與誰交流和該交流什麼，以至於雙方對彼此的情況都不瞭解。我覺得若各大專院校能有更多的學術上及生活上的交流，如開放更多交換學生的機會、兩岸學術論壇等，學生能有更多交流的機會及減少對彼此的誤解。」（B2）

「人都很友善，之前在營隊認識兩個人，他們很 Nice。」（C1）

「兩岸青年不需要交流，自由的體系和封閉的體系之間註定不會取得共識。」（C1）

「不清楚，沒有想法，不打仗就好了，我怕看到血。希望可以多做像WOOTALK 那樣匿名的 App。」（C1）

「我在大陸念書，普遍對臺灣有一種神秘感，這個『神秘感』的詞是轉述幾個跟我說過的人說的，其實普遍都是通過網路去瞭解彼此，而且通常都是一些烏龍的事情，所以容易互相產生奇怪的刻板印象，整體來看互相並不瞭解。當然這個更多是因為缺乏廣泛的接觸，就像南方人沒去過北方，北方人沒去過南方一樣的那種感覺。如果要改善的話就是多交流吧，這個可能就是臺灣人多往大陸走走了，畢竟相對於大陸人到臺灣，臺灣人到大陸簡單多了。」（C1）

「我覺得現在兩岸青年的交流狀態就是一個穩定的自然互動狀況，畢竟新一代的青年比較沒有那麼深的政治思想，反而比較注重自己在國際的競爭力。在臺灣常常會聽到你知道對岸他們同年級的學生如何如何、多厲害多厲害，我覺得這就是一種良性的競爭。我覺得可以多舉辦一些大學之間的互動工作營，像我曾經有去過泰國的朱拉隆功大學做為期 14 天的工作營，就可以與當地的大學生一起互動，一起討論製作 project，也就更為瞭解當地的環境以及想法。」（C1）

「青年之間應該還算和諧吧。要促進兩岸青年交流，就應該要有能夠讓他們交流的機會啊，多交換學生吧，然後可以給予交流的學生一定的優惠。」（C1）

「現狀就是有些大學交換生吧，不知道有什麼可以促進的。」（C1）

「可以組織一下運動活動，但不要逼臺灣叫『中華臺北』。」（C1）

「對中國文化的認同。」（C1）

「有臺灣小朋友去那邊唱歌什麼的，差不多這樣子的交流就好了。」（C1）

「應該就是維持現狀，如果政權沒有變的話。」（C1）

「沒有。人是吃不慣狗屎的。」（C1）

「兩岸青年交流的情況，我個人認為普遍是不錯的，當然也有少數極端的例子。暫無。」（C1）

「我個人認為現在兩岸青年交流不是特別好，內地對臺灣青年還是非常不喜歡，大陸人有滿明顯的排外心態。我認為臺灣的青少年應該多多去瞭解一下內地的情況以及時事新聞。根據個人瞭解內地的發展情況，實際上是已經超過臺灣的了。還是挺希望可以利用學校的資源來帶動一下學生對於兩岸的看法，並且交換一下意見。」（C2）

「兩岸的青年想法上可能會很不和，反正我覺得要多溝通才能讓大家熟悉彼此，多相處多交流。」（C2）

「我認為是越來越好的情況，有越來越多大陸的交換學生來臺，也有許多臺灣大學生願意去大陸進行交換。當臺灣與大陸的下一代開始互相交流時，相信對於未來兩岸關係的發展都會是好的。」（C2）

「交流是 OK 的。」（C2）

（二）惠臺政策認知及評價

Q05：您對最新的惠臺政策瞭解嗎？是否對您產生影響？是否滿足您的需求，在哪些方面？

「目前的瞭解只有在就學方面的政策，例如大陸的大學有開放額外的名額給臺生報名面試，或是藉由港澳臺聯招選錄臺生。」（A1）

「通過『京彩臺灣』的推送瞭解到惠臺政策。我就讀於財經院校，在就業資格證方面給我提供了便利，為未來從事金融行業能夠和本地生共同競爭。就目前來說，能夠滿足我就業上的要求，但期望在未來還有所完善，尤其針對臺生創業方面提供的優惠政策。」（A1）

「對於惠臺政策，我比較瞭解且有接觸的是臺商子女在中國大陸念書有優惠政策，在升學方面有一定的優惠升學條件，與中國大陸的學生相比之下難度

也較低，可以讓更多臺灣人過來這邊發展及就業。」（A1）

「瞭解廈門的惠臺政策，算是比較優待了，能滿足從短期工作到長期定居的需求了，從允許從政也能看得出挺包容開放的。」（A1）

「有少許的瞭解，但是只有廈門實施，所以對我沒有產生影響。如果這些政策能夠在我想發展的地方實施，會感到比較滿足。」（A1）

「無深入瞭解。否。否。」（A1）

「到對岸交換的分數較低，對我較為優勢，我當初就是這樣進入大學的，所以，對我有著最直接的影響跟感觸。」（A1）

「大致瞭解。關於醫藥創業、創業診所能有更多的選擇，不一定要去他人診所上班。」（A1）

「呃，不太瞭解。會不會對我產生影響：沒有，因為我並沒有感到什麼。有沒有滿足我的需求：沒有，因為我沒有感受到什麼。不過，那條給予臺灣學生實習見習的補貼感覺好像還不錯，希望金額可以再更高一點，哈哈哈。」（A1）

「有一定的瞭解。如果說滿分十分的話，大概瞭解四五分吧。至於對我的影響，可以說很小吧，因為我覺得雖然政策可能有助於促進臺灣民眾想來大陸發展，但是主要還是看自己的意願；如果自己的意願不強的話，政策也無法吸引。惠臺政策的確有幾個條件還滿吸引我的，因為我現在是學生，所以會特別注意教育這方面的問題。大陸的競爭力本來就滿大的，相較之下沒有一份好的學歷，很難找到一份好的工作，未來更難有好的發展。生活方面的政策也很重要。這些政策給予我們一定的優勢與便捷，讓我比較滿意。」（A1）

「有稍微瞭解。創業部分很吸引我，補助部分也是非常好的。」（A2）

「只看了自己需要的部分，不是全部都看完，創業部分有讓我停下多看兩眼。」（A2）

「從大陸與臺灣毒品控制的比對就可以看出兩個地區對於法治的嚴謹程度的不同，在大陸好像是跟毒品扯上關係的就是死刑 or 無期，在臺灣嫌犯卻沒有這種法律來震懾他們。」（B1）

「還好，因為很多並不適用，對於政策的限制太多，包括年齡。」（B1）

「僅瞭解了部分，沒有十分關心。對我產生的影響最多的應該是就業的方面，因為我們沒有身分，因此往往在辦理相關手續、報名各項活動時會出現困

難。這次的惠臺政策中，最有效的應該是『港澳臺人員在內地就業許可』這一條了吧，雖然目前還不知道具體實施的情況如何，但至少先在政策上給與了保障。」（B1）

「略有瞭解，也產生了一定的吸引力。覺得要擴大適用的地區，不只是在廈門會更好，另外希望在醫療方面能夠有像臺灣健保類似的模式。」（B1）

「一點點瞭解。對我沒有影響，因為這個政策畢竟只有在廈門才有，假如我去廈門發展，這多多少少都有幫助，例如買房子享受廈門居民同等待遇，這項還滿不錯的。」（B1）

「肯定有直接影響，像是獎學金部分就很豐厚，直接單獨開一個只有臺灣學生可以拿的獎學金，還滿吸引我的。」（B1）

「對我來說最多影響的莫過於獎學金吧，畢竟我還是學生，獎學金的多寡直接影響到大陸高校對我的吸引力，而且學費也是臺灣的一半。」（B1）

「瞭解一點。多少會影響我未來進軍大陸做投資，這條政策可以讓我從中得到補助，進而吸引我前往大陸發展的意願。」（B1）

「沒有全面瞭解。尚未滿足。」（B1）

「因近期赴陸的計畫，對最新的惠臺政策有稍作瞭解。而我原先於統一證券工作，公司也因惠臺政策而有了事業版圖上的新布局，積極推進與廈門金圓證券集團之合資案便可體現惠臺政策對臺灣企業之具體影響。」（B2）

「自由人不會因為有人餵飼料就失去自己的意見，淪落為被統治的畜生，畜生不用餵飼料也不會有意見。」（C1）

「有點複雜，對我沒有什麼影響，我又不住中國。」（C1）

「沒什麼改變。當時我精力都放在 UBS 面試上，沒什麼印象。」（C1）

「我本來在接觸這個訪談前是完全不知道有這些東西的，再看了一些政策後我覺得看起來非常的不錯，滿有吸引力的，不管是補助金方面還是住房方面看起來都很好啊，確實讓我有更想去大陸發展的想法。但是，我聽說每個地方的政策不一樣，是吧？我覺得我還是需要把每個地方的政策都比對一下，才能明確我的目標。需求的話我覺得生活不要太緊張就還好吧，住房能解決，薪水能滿足，物價應該是比較沒有問題的。」（C1）

「有些許瞭解。我覺得這個惠臺政策可能滿足了那些原本就打算往中國大

陸發展的人的需求，就吸引力而言，確實是有吸引力。」（C1）

「我不太懂這個政策。如果有機會去廈門發展的話，也許會有些不錯的地方，醫療政策如果真的實施了，應該是符合很多人的需求了。」（C1）

「有。對我沒有影響，我會在臺灣生活和發展，不會想過去那邊。」（C1）

「看了一下。沒有吧，我在北京，會有嗎？」（C1）

「不太瞭解。有一些可以幫助到我。」（C1）

「有看過，不會對我有影響。住房的補貼其實還不錯啦，但不知道房子好不好而已。」（C1）

「有。但不知道其他的地方有沒有啊。」（C1）

「狗食再貴，也不會被當做人食。」（C1）

「並不是非常瞭解，畢竟暫無打算過去。」（C1）

「對於最新的惠臺政策，說實話，我不是特別瞭解。但是，看完政策後真的感覺到這些政策對於去大陸發展有很大的幫助，尤其是住房以及補助金對於在大陸沒有房子的我來說真的是非常大的幫助，大大的減少了在生活上的負擔，光這點就已經非常足夠吸引我去大陸發展看看。」（C2）

「我稍微有瞭解，聽別人介紹的。會讓我想去大陸走看看，但不知道這個惠臺政策是否能夠真的實行，能夠持續多久。」（C2）

「約略瞭解。對我本身產生的影響並不大，但很明顯的對臺灣與大陸之間有很多的幫助。影視方面，相信對一般家庭有很大的滿足，臺灣越來越能接觸到大陸的影視與電視圈，對大陸更加的瞭解，也更能明白到自己的不足加以改善。」（C2）

「些許的瞭解。但是有些地方還是有考量。」（C2）

Q06：惠臺政策有沒有改變您對中國大陸的印象和認知？改變了哪些？為什麼？

「對我認識大陸這個地方來說，並沒有太大的影響。有時候政策是一回事，各地的民俗風情與文化的接納又是另一回事。可能就算沒有惠臺政策，陸生也一樣會很希望與我們有交流的機會，我們也同樣希望在陸生的身上去學習我們

所缺乏的東西。」（A1）

「我從小在大陸求學，一直以來受到許多大陸的升學優惠政策，大陸對臺胞保持著友好的態度，所以惠臺政策的出現在一定程度上促進臺灣人到大陸發展的空間，另一方面也是推進大陸本土的產業優化與技術創新，抱持著共同進步的理念。」（A1）

「因為來中國大陸也是第十個年頭了，也見證了經濟飛速的發展，從當初有些落後到現在成為全球數一數二的大國。但是，對於很多臺灣青年來說，由於對中國大陸的不瞭解，他們始終認為這邊還是跟以前一樣落後。但由於親身經歷，所以我對現今的中國大陸有了更多的認知。」（A1）

「從待遇看得出國家的經濟情況是挺好的，也挺開放的，沒有很落後，不像傳統的想法——覺得大陸很窮。」（A1）

「有的，對中國大陸的印象跟認知都會變好，會沒有那麼的排斥。」（A1）

「沒有，因為自小在中國大陸長大。」（A1）

「確實有，畢竟教育方式不同，課綱差異有些大，銜接的程度也頗大差距，因為此政策，對我較有利。」（A1）

「我個人也沒改變認知，因為眼見為實。惠臺政策對我而言，對之後的就業有另一選擇。」（A1）

「嗯，認知有沒有什麼影響？我覺得嗎，還是跟以前一樣吧，因為印象中就是那樣。但是，對臺灣人來說，這個政策還是多少會讓我們有改觀。」（A1）

「其實還好，因為我本身對大陸的印象沒有很差，也來過大陸滿多地方旅遊，所以惠臺政策對我來說可以作為參考，但沒有改變我對大陸印象的認知。」（A1）

「提供一個就業就學的部分，不會局限在臺灣而已，顛覆以往對大陸只是土地大而已的想法。」（A2）

「沒有改變多少，政策是政策，但文明方面我比較介意，就跟惠臺沒多大關聯吧。」（A2）

「算是有吧，原本臺灣人跟大陸人也還是有區隔的，就像很多社會機能的辦理很複雜，可是現在的政策起碼應該是算讓臺灣人更貼近本地人的生活。」（B1）

「還好，普通，因為大部分都沒解決到我的問題。」（B1）

「認知其實在我來大陸旅遊時就已經改變了，讓我知道大陸是個發展特別迅速並且十分便利的地方，我覺得這些方面還是很吸引人的。」（B1）

「沒有。對於我們這些在大陸學習和生活的人來說，我們對大陸的印象和認知早就通過幾年下來的觀察形成，儘管我們的觀察可能與媒體報導或是其他人的想法不同，但可以肯定的是，這就是我們真實的想法，這也不會因為幾條惠臺政策就簡單改變，儘管紙上寫出了幾句話，但能不能實現又是另外一回事了。」（B1）

「覺得對臺灣人給了滿多優惠的，但倒是沒有改變太多的印象。我覺得只單看政策很難有什麼大的改變，還是去實地走走會比較有正確的認識。」（B1）

「還好，因為畢竟還沒有親身體驗到，但是對大陸的印象稍微有比較好一點，為什麼呢？因為給了臺灣人優惠。」（B1）

「如果我沒有到內地讀書，我看到惠臺政策，只覺得就是要統一的手段之一而已，但因為我有需要，所以也換了想法，覺得很友善，也是很直接了當的政策。」（B1）

「以前覺得就是想統一才對臺灣做這些友善的作為，可是到那邊交換過後才發現還好有這些政策保障臺灣學生，不然其實競爭力跟內地學生相比明顯落後很多也很吃力，所以有改變我對大陸的先前印象。」（B1）

「以前我對大陸的觀念很差，例如講話沒水準、衛生觀念差，但現在大陸的知識已經超越臺灣了。再加上有了惠臺政策，我想臺灣學子更願意前往大陸發展以求更好的發展空間。」（B1）

「多少有。醫學領域漸有起色和發展。」（B1）

「原先對中國的印象停留在較為封閉、對臺灣人較不友善的認知，但瞭解惠臺政策後，發現中國其實是十分歡迎臺灣人過去，不論是就學或是工作，而我錄取研究所後，學校的學長、學姊們更是熱情的為我們提供學業及生活上的指引，加深了我對中國的瞭解，也改變了我對中國的固有印象。」（B2）

「沒有。」（C1）

「在大陸待了幾年，尤其是上海屬於一個經濟重鎮，非常發達，電子支付、物流服務、餐飲外賣服務，可能不只比臺灣厲害，全世界可能都沒這麼方便且便

宜的服務。」（C1）

「些許的改變了一些中國對臺灣的印象，感覺常在吵架的國家不會有這樣的優惠，但是反倒是因為臺灣和中國這樣特殊的關係，使得中國使用這種略微懷柔的方式收服臺灣。但我覺得真的想去中國發展的人就是會去，不會去的可能還是不會去。」（C1）

「認知，我覺得還是跟以前一樣吧，因為印象中就是那樣，不會那麼快就有什麼改觀。」（C1）

「沒有，感覺不會有什麼改變吧。」（C1）

「是對臺灣人好點了。」（C1）

「其實還好哎，我覺得中國就是這樣子，沒有什麼改變的。」（C1）

「沒有改變吧，可能對一些臺灣的商人好一點了。」（C1）

「對大陸的感覺沒有像之前一樣，關係慢慢變好了。」（C1）

「多少有吧。不予置評。」（C1）

「對於中國大陸的印象一直都還不錯，尤其是上海，個人感覺真的是非常方便的，並且中國的發展也非常的進步，在上海的生活也不會太感覺太貧富的差距，有錢人有有錢人的生活，平民有平民的生活。」（C2）

「有改變，雖然改變不大，但是印象有變好，就會覺得大陸也沒有想像中那麼的討厭。」（C2）

「有，我認為大陸不再是以強迫強壓的方式對待臺灣，開始願意透過一些優惠以及比較和緩的方式與臺灣進行溝通。」（C2）

「並沒有，因為在臺灣才知道中國大陸一直在國際打壓。」（C2）

Q07：您對惠臺政策有沒有負面的評價或疑慮？或者認為不好的地方？

「我認為沒有特別不好的地方，可能有許多細節我不是很瞭解，但在表面的效應來講，這樣子的政策是好的。」（A1）

「從兩個思考角度出發，惠臺政策一方面提供在陸臺生以及就業人員的工作機會，加大了本地工作者的競爭，另一方面惠臺政策會造成臺灣的部分人才流失，不利於臺灣本土的發展。還有，惠臺政策針對臺資企業出臺各種優惠，一

定程度上是吸引臺資注入，學習並創新新興產業，對臺資企業的發展是好，但某種程度上是一種侷限。總之，我相信惠臺政策將是利大於弊。」（A1）

「允許從政不怕某党安排間諜過去嗎？」（A1）

「眞的會實行嗎？會擔心只是說說而已，不然就是實施到一半就消失了。」（A1）

「沒有。」（A1）

「沒有。其實都還好。」（A1）

「目前來說沒任何評價，因爲政策還是先要實施，然後修改修正。」（A1）

「我覺得沒有！因爲，說實在我沒有感受到，這就是個很嚴重的問題，我相信有很多人一定也沒有感受到。」（A1）

「如果惠臺政策出臺的話，當然會對落實的程度存在疑惑的心理，畢竟出臺的政策要眞的落實是比較困難的。我認爲在醫療方面不夠全面，因爲臺灣的健保體制算是很不錯的，如果來大陸讀書或者就業會擔心醫療保險跟不上，這樣如果生病還要回臺灣。」（A1）

「宣傳不夠，不是很多青年知道。」（A2）

「會擔心會不會政策說有補助，但後來辦理相關手續很繁雜，而且要是某部分條件一個不符合就完全不適用。」（A2）

「疑慮就是我之前說的吧，每個地方的政策好像不一樣，這樣可能大家都會去政策更加優惠點的地方？但其實我也沒有什麼深入的瞭解，所以暫時覺得還不錯吧。」（B1）

「疑慮的話，應該就是這些政策的有效性了吧。每個政策下一定會有小漏洞，而且這些漏洞往往在意外發生的情況下才會跟著出現，也不排除有人故意利用這些漏洞的可能性。比方說，第五條是臺資企業可公平參與政府採購，那假如說臺資企業由於規模或資金的問題難以與國企、外企競爭而導致長時間採購不到原材料，這個情況又該如何解決？」（B1）

「有疑慮的部分是不知道如果實地用到這些政策的時候，不知道會不會有其他限制條件，或者辦理手續麻煩等等。」（B1）

「這個政策什麼時候實施？實施了嗎？這個問題大家應該都很想知道，然後我希望其他地方也能夠逐漸實施類似的政策。」（B1）

「會覺得政策這樣寫的很好，會不會有條件限制沒寫完整在本子裡，等到有需要的人去查才發現自己並不符合，因爲大陸很常不管三七二十一先吸引你過來，後來卻讓人發現現實不是那樣。」（B1）

「還好，目前也想不出甚麼不足。」（B1）

「政策中說分數相對內地學生較低，但會覺得會不會因爲這樣，進去學校後程度方面學習很吃力，甚至是跟不上，導致最後沒辦法順利畢業，或者辦理相關獎學金的時候手續繁雜，又沒有一個完整的程序。」（B1）

「這方面不太清楚。疑慮的話，就是擔憂臺灣地區或許不承認某些政策和證照的認證吧。」（B1）

「惠臺政策雖包含對臺灣同胞食衣住行的各項優惠政策，但目前還沒實際體會到政策推動後的實際效果，也許在未來我於深圳生活時較能體會到惠臺政策之幫助。」（B2）

「中共政權已經是用來侮辱人格的字了，很難再讓我印象更差。喊著自家人口號，動刀動槍的土匪，難道不會讓人從心底感到噁心嗎？華人本爲一家人，家人不是這樣相處的。如果中國真的把臺灣當成自家人的話，首先就得尊重臺灣人自主的意識，不要有事沒事就用軍事武力恐嚇臺灣。華人本一家，我們要團結自強，不應該這樣自己人鬥自己人，只有畜生才會自己咬自己。要幫臺灣不需要惠臺，給錢是對乞丐的方式。我們有手有腳，錢能自己賺。（C1）

「沒有深入理解，但應該重點都在就業上，可與外商公司合作不多。」（C1）

「這個暫時沒有，畢竟沒有受惠於自身，無法準確評價。」（C1）

「雖然在惠臺政策上面的條例看，好像中國非常積極的去推動獎助等，但是可能現在我看不到實例，所以會有所疑慮，想說是真的有這麼好，還是到時候政府會有一些鑽文字漏洞的事情發生，畢竟在中國是政府說的算。」（C1）

「我覺得裡面的政策都還不錯，就是補貼金額其實也不怎麼高，大陸物價也很高啊，所以我覺得補貼的誘惑力不大。」（C1）

「覺得錢可以給的再多一些吧。」（C1）

「參加這個惠臺要不要拋棄臺灣身分？」（C1）

「這個政策是不錯的啦，沒有看到不好的。」（C1）

「這個惠臺政策是這樣一直有的嗎？還是我們過去就一次的補貼而已。

（C1）

「會不會之後說有這個幫助後，要變成大陸人。」（C1）

「這種事情就像雙刃劍，對臺灣來說。」（C1）

「目前沒有什麼太多的評價或是疑慮。首先就算沒有惠臺政策，我也挺想去中國大陸發展看看的。」（C2）

「會不會因為這個政策，就要拋棄臺灣人的身分？或者在我接受政策後，會不會要我多支付什麼？這是我比較想要知道的。」（C2）

「我目前還沒有認為有不好的地方，只是需要花更大的心思讓更多臺灣人民知道惠臺政策的細節。」（C2）

「部分城市規定可能會影響實施的部分。」（C2）

Q08：您認為惠臺政策有哪些方面再補充什麼會更滿足您的需求？

「我覺得兩岸可能在未來社會的工作要求或條件方面需要做適度的統一。例如，你在大陸大學念書，未來找工作的時候基本上都會考取相關的證照，這是一個對於你在這個專業上的肯定，但有時候會出現臺灣不承認大陸的證照或是大陸不承認臺灣的證照的現象，當然並不是說一定要完全接受。但我認為可以開設另外的、較符合當地民情的課程，讓外來的社會人士可以快速融入新的工作環境中，而不是為了要在對岸工作，又要重新考取新證照，這對人才資源方面來說，可能會造成一定程度的浪費。」（A1）

「在針對臺生創業方面提供臺灣人在大陸設立公司法人上的資格以及同等政策，但對目前惠臺政策還是持樂觀態度。」（A1）

「關於醫院就醫方面吧，因為在臺灣都有健保卡這種東西，可以讓醫藥費減免，可是在中國大陸就醫有很多不方便，可能去一次醫院就要花掉很多錢，個人希望在這方面可以得到關注。」（A1）

「補助再給我多一點啊，我又不嫌錢多。」（A1）

「大型的企業可以對臺灣人有機票上的補助，有適當的探親假。」（A1）

「還是關於證件的問題。」（A1）

「學歷，因為目前大陸學歷不被臺灣認同，而且當初進大學並不會誠實說

學歷問題，反正招你就好，等畢業回臺灣找工作時才知道學歷只有在臺灣讀的高中而已，真的很無言，就等於在大陸讀書就要一直留在大陸或者到其他國家。但是，其實大陸想招的人也要很厲害，但就像我前面說的，內地學生跟臺灣學生程度真的有落差。所以，我覺得這真的很需要補充。」（A1）

「能開診所的地點吧。畢竟只有廈門還是稍顯少了，我在北京，還是希望留北京。」（A1）

「呃，我覺得呢就是學費跟獎學金上面可以加強一點，因為其實這對很多大學生來講會有很大的誘惑，而且這樣也可以讓父母的壓力比較不會那麼大。」（A1）

「我認為在醫療方面的補充會更滿足我的需求。」（A1）

「覺得目前都挺好，沒什麼其他需要補充的。」（A2）

「補助方面可以再開放多點條件，或者符合條件不要每個都符合，否則剛給的希望就瞬間崩塌了。」（A2）

「老實說，並不是紙上加注的條款越多越好，與其想著補充各種各樣的規定，不如每隔一段時間固定頒布幾條政策並想辦法在最短時間內落實，即便只有少數幾條政策也沒有關係，我們在意的是這些政策到底有沒有效。」（B1）

「在醫療保健方面吧。因為在臺灣看醫生有健保，比較便宜，其他地區國家據我所知都是費用比較高的。」（B1）

「放寬輔助的年齡限制和創業年限，以及產業的限制。」（B1）

「醫療方面再多做一些吧。我朋友之前說在大陸看牙齒要 600 人民幣，臺灣就只需要 100 臺幣而已，換算還不到 30 人民幣，相差超級大。」（B1）

「醫療方面吧。希望可以有保障，不要已經生病了還得擔心去大陸的醫院會越來越嚴重，比如毒疫苗事件。」（B1）

「應該要承認學歷，不要讓臺灣過去內地的學生到大陸學習了四年結果回來臺灣完全沒承認學歷，感覺自己浪費了四年還不能回到家鄉打拼。」（B1）

「保障工作相關福利、健康保險。」（B1）

「額，我現在看起來挺完善的，暫時沒有覺得什麼要補充的。」（B1）

「醫療吧，我滿在意的。還有日常生活用品可以少一點假貨，多一點保障。」（B1）

「在中國生活離不開手機號及銀行卡，但有些要以臺胞證去申辦卻不是那麼容易，特別是像學費繳納或是一些網上認證的費用支付都須以銀聯卡支付，而我卻因未持有銀聯卡而無法進行費用的繳納，希望能開放較多的支付方式或降低銀聯卡的申辦門檻。」（B2）

「合作企業名。」（C1）

「可以直接發錢嗎？」（C1）

「暫時沒有覺得什麼要補充的。」（C1）

「我覺得已經足夠。」（C1）

「補貼的金額可以提高，有些政策可以再完善一點。」（C1）

「臺灣人看醫生方面，聽那邊朋友說大陸看醫生很坑人很貴都亂收錢。」（C1）

「可以資助那些運動生想來大陸的。」（C1）

「醫療上吧。大陸看病很貴的，看牙齒跟搶錢一樣。」（C1）

「醫療方面的那些。臺灣的醫保真的很好，也聽說大陸看醫生沒有很好啦。」（C1）

「勞健保我覺得很重要，人都會生病。」（C1）

「作為手足之邦，更會讓人體現惠臺的感覺。」（C1）

「補充民主自由的生活方式和普世的人權價值。」（C1）

「暫時沒有想法，認為目前的步調剛好，過於極力推廣可能反而導致反效果。」（C2）

「醫療。臺灣健保的申請退費流程。」（C2）

「我原本就挺想在大陸發展，有惠臺政策已經是很大的幫助了，沒有什麼需要在補充的了。」（C2）

「我覺得看醫生這個方面吧。臺灣看醫生很方便，線上就可以掛號，還不貴，希望惠臺政策也可以實施。」（C2）

（三）兩岸政黨及政治制度

Q09：您對中國共產黨及中國政治制度的認知是什麼？您如何看待兩岸的政治制度？

「中國秉持著社會主義是中國的核心思想，但其實兩岸的現況都一樣，並沒有辦法完全實行一個主義。就像臺灣是奉行資本主義，一切都與經濟有關，有明確的地位觀念，但也同樣有越來越多的共用設施供人民使用，這在某種程度上也符合社會主義的價值觀。中國方面，由於世界之間的聯繫越來越密集，身為世界大國的中國，也不得不與各個國家進行交流與競爭，因此也越來越重視經濟利益。我認為各有好壞，但最重要的是要讓自己土地上的人民過得幸福。」（A1）

「中國政治體系即一黨獨大，由中國共產黨領導國家政治、經濟及軍事方針，相較臺灣的民主制，能夠減少人口基數大帶來的地域差別文化不同而造成的思想不統一，目前看來中國的一黨獨大利大於弊；而臺灣的民主制實行的過於『極端』，導致政體動盪嚴重，政治不穩定，不利於其他方面的發展。」（A1）

「最廣為人知的就是社會主義制度了，還有人民代表大會制度、民族區域自治制度等，更為詳細的我就不瞭解了。」（A1）

「一黨執政雖然穩定，但是如果共產黨完了，那整個國家也就亂了吧？」（A1）

「其實我覺得中國大陸的政治制度效率比較高，因為是一黨獨政，但是臺灣相對的效率會較低，因為很多政黨都會有意見。」（A1）

「社會主義核心價值觀。」（A1）

「保持現狀，一國兩制。政治方面不是很想多說，因為做決定的也不是人民，都是當官的操控。」（A1）

「我對他們的認知就是覺得是……其實沒有，並沒有不好，說實在的……因為一個政黨就是在掌權，那其餘的都沒有話說，那事實上執政的效率就會非常的好。」（A1）

「中國共產黨是帶領中國的政黨，至於中國政治制度沒有什麼過多的瞭解。我認為兩岸的制度各有各的優缺點，不能說哪邊更好或者更不好。」（A1）

「非常好，一國領導者說甚麼就是什麼，不會像臺灣一樣意識形態，一點威嚴都沒有，太差勁了。」（A2）

「還是希望互相有各自的空間，還是希望中國大陸可以不要封鎖消息，可以開放一些……不然，常常什麼都不能用……」（A2）

「法治。」（B1）

「其實我沒有什麼瞭解，這種新聞感覺不是特別感興趣，基本上臺灣的新聞臺比較少看到有關這方面的新聞。我只覺得現在政黨輪替，關係比較緊張吧。我也希望兩個地區能夠早點推出雙方都願意接受的政策，不要有武力衝突，但感覺短時間雙方不會有什麼讓步吧。」（B1）

「個人感覺中國的話大概就是表面上是民主實際上是專制的概念吧，很多時候在大陸生活的人的真實想法並沒有真正被聽到，有些人則是不敢表達，很多時候人也是被迫作出選擇而不是出於主觀意願；兩岸的政治一直是處於一個尷尬的局面吧，有人希望統一，有人希望獨立，但這也是一個不可避免的局面，也是我認為目前為止最好的一種解決方案。假如統一了，希望獨立的人則會心有不滿；假如獨立了，希望統一的人也會不滿意，那不如就一直維持現狀，儘量維持到這個平衡被打破的那一天。」（B1）

「我覺得政治上大陸比較集權，政府的政策人民比較不會有反對的聲音；臺灣雖然比較民主，但是有時候反而不好推動一項新政策，各有利弊吧。」（B1）

「大陸這邊就是一黨掌權啊，臺灣就超多政黨，多到我都……各有各的好處吧。」（B1）

「就是很獨裁，政府說什麼就是什麼，人民沒有插嘴的餘地，是我對大陸政治制度的第一個印象，還是希望一國兩制，但承認臺灣是中國的。」（B1）

「通訊並不是絕對的自由，兩岸差在真正自由上，很多 app 都要重新下載，很麻煩，用習慣了還要重新適應，百度很多假資料，一點都不好用，也不國際化。」（B1）

「中國實施計劃經濟，大鍋飯概念，不管怎麼努力，大家仍是吃一樣的飯，會有人因而偷懶。臺灣相對民主，很多事情可以靠人民選擇，如總統、議員等。」（B1）

「兩個國家，同個祖先。兩岸不同的制度各有優缺點，並無誰強誰弱的分

別。」（B1）

「我對中國共產黨政治制度並無深入瞭解，也許在未來於深圳生活後會加深對其制度的認識。」（B2）

「應該要讓兩方人都能表達意見，共產黨是跟國民黨一樣土匪的組織，沒什麼好談的。」（C1）

「沒有。」（C1）

「集權。」（C1）

「大致瞭解運作模式，對於兩岸只希望臺灣好就好。」（C1）

「政府所說的就是一切，如果有二話就是抓出來兩巴掌，但是中國的制度其實也是很講理的，雖然官威很厲害，但是只要不要隨便亂動，我覺得在共產黨的制度下也是可以過活的，相對民主的社會，共產黨可以比較有決斷力的去執行一些對國家好的政策，也不會像臺灣現在有很多亂來的同運或是什麼團體在要求改法，但是就是少了民主的參政權，有利有弊吧。」（C1）

「我的認知是中國一黨獨大，人民的想法當官的不知道，那老百姓怎麼更好的生活，要多吸取老百姓們的建議。」（C1）

「就是一黨獨大，不民主。」（C1）

「軍閥也可以被稱作政府。」（C1）

「認知哦，感覺大陸想統一。現在不是一國兩制。」（C1）

「感覺中國一黨專制，缺乏溝通。」（C1）

「紅色主義，共產國家。但哪裡會有這樣子，理想國度罷了，貧富差距還是很大。」（C1）

「就共產主義吧，沒有什麼去瞭解。」（C1）

「軍閥的延伸。」（C1）

「中國政治體是非常具有執行力的政黨治國體現，但仍有不足之處。後者的問題多說無益，畢竟不是我們這種市井小民可以左右的。」（C1）

「對於這種較為政治方面的問題，我不是非常關注，但是因為現在藍綠黨一直在互換，臺灣跟中國大陸的關係也一直處在一個很尷尬的階段，認真說我希望能早點統一。」（C2）

「我對中國的政府保持一般的心態，而且我也不是很瞭解大陸這邊的政治

制度，也沒有什麼好跟不好的想法。」（C2）

Q10：惠臺政策有沒有改善您對中國共產黨及其制度的感覺？

「在政治這方面，我從來不會有特別的好或壞的感覺，我是屬於比較重於結果的人。如果共產主義下實行的政策效果是好的，那有什麼不好的呢？『改善』這兩個字本身就帶有由貶轉好的意思。我並不認為中國本來有多麼不好，每個國家都有優點及缺點，所以我認為至少在惠臺政策上面，算是做的還可以的。」（A1）

「惠臺政策多少有加分。」（A1）

「政府挺有錢的嘛，出各種政策想拉攏我們這邊的人，慢慢同化臺灣年輕一代，方便有一天完成統一，也不難理解。」（A1）

「有，就是會覺得中國的制度也沒有很差，想法印象有變好。」（A1）

「沒有。」（A1）

「有，感覺釋出善意。但最開始的感受是就是為了最後的統一罷了，直到我自己需要有這個條款的內容優勢申請大陸大學，才改善這個想法。」（A1）

「有。先前認為觀感還是以維持現狀為主，現在惠臺政策對於雙方的認知交流慢慢提升到文化融合。」（A1）

「呃，我是覺得應該有啦，當然有……可是說實在，我沒有感受到，可能只是當下沒有感受到吧，我說的是『可能』。」（A1）

「還好欸，沒有太大的感覺。」（A1）

「不能說改善，大陸制度本來就很好。」（A2）

「多少有啊。但還是會懷疑是不是為了統一的手段，還是真的對臺灣友善。」（A2）

「還好。目前無太大的感受。」（B1）

「有的。之前我感覺中國好像並沒有什麼想要歡迎臺灣人的意思，但看了這次的惠臺政策，確實讓我感覺中國對於臺灣學生有想要幫助的看法。」（B1）

「沒有。要憑藉幾條政策的頒布就改變個人想法基本上是不可能的，再來就是不能被表面局限，而是要深入每條政策來理解政策被發布的真正目的。個

人感覺這個惠臺政策就是中國的人才引進戰略的一部分，表面上看是給臺灣來大陸的人的一種便利，考慮到最終所有有價值的產出都是在中國內，所以受惠的應該還是中國。」（B1）

「有，覺得沒有以前聽起來那麼強硬。」（B1）

「沒有。因為我連中國政府制度是什麼都不太瞭解，所以沒什麼感覺。」（B1）

「老實說就是為了統一而做的友善表現，最終目的還是各取所需，所以我認為跟我對共產黨制度的感覺沒甚麼太大的關係，沒有因為惠臺政策的出現就直接改變對共產黨的想法。」（B1）

「多少有吧。畢竟中國大陸都釋出善意了，沒理由覺得不好啊。」（B1）

「一點點吧，但感覺還是為了要讓臺灣變成中國的而釋出的友善而已。不過，我覺得如果要有這些條款，應該要詳細一點，不要寫的很籠統，補充的完整一點會更好。」（B1）

「過去對共產黨的觀感是較為高壓的政策，而實際與中國當地的朋友交流後，覺得雖然政策的大方向與臺灣不盡相同，但在一般的日常生活卻與我們無甚差異。」（B2）

「有的。很多臺灣人認為大陸不好共產黨不好，其實根本不知道自己在反對什麼，也根本沒去瞭解，被媒體和政府官員牽著鼻子走，缺乏判斷力。好不好應該靠自己去瞭解才判斷，我也不敢說共產黨特別好，不過就改革效率來看，確實快很多。」（C1）

「有些許的改善。」（C1）

「感覺對臺灣人是好的，可是很多在臺灣的人都不知道，感覺還是有一點改善。」（C1）

「沒有，不會有什麼改變。」（C1）

「沒有。政策很好啦。」（C1）

「沒有，大陸的共產黨不是一直這樣子嗎。」（C1）

「沒有改變，本來就不喜歡中國大陸。」（C1）

「沒有，因為大陸一直就是這樣子的。」（C1）

「沒有。」（C1）

「有。但是，就像我前面說到的，無論去投資，還是去就學，都有太多的隱藏風險，沒有把握我想我不會貿然前去。」（C1）

「有的。原本就挺喜歡中國大陸的，知道有惠臺政策後更喜歡了，哈哈哈……」（C2）

「我是覺得有啦，可是也不可能因為一個制度就完全改變原本的看法，但是有逐漸變好。」（C2）

「有。認為不再那麼的強勢強壓，對雙方都是很好的進步。」（C2）

「並沒有。」（C2）

Q11：您如何看待太陽花運動及其中的學生？

「說實話，不會去參加這種活動。我也沒有什麼特別的想法，或許是針對草率通過服貿協議的這個舉動。一個政府在制定政策或是通過協議的時候，本來就不能隨隨便便的，更何況這個協議又是兩岸間比較敏感的議題。所以，我認為問題可能不在於協議本身，而是政府的所作所為實在是令人感到不解。」（A1）

「太陽花運動的發生，我認為是由於民主體制下容易爆發的問題以及對獨立與否的立場，這方面牽扯到抗日前後臺灣所屬的政治立場。……兩岸經濟合作就目前臺灣狀況來說是必要的，與其爭論是否臺灣手握統治正當性，不如考慮如何解決臺灣經濟目前的頹勢。」（A1）

「我認為這算是很多國家都會有的問題，學生對於政府出臺的政策不滿進而採取示威遊行等集會運動，但是沒有人民就沒有政府，還是要多多傾聽人民的心聲。」（A1）

「就是阻礙貿易發展嘛，就算從想要獨立的思想去看，這樣落後下去遲早也要被統一，把政治意圖代入經貿發展是錯誤的。政治是政治，經貿發展無論如何沒有甘於落後於人的理由。」（A1）

「我對他們不予置評，反正不是很支持他們這樣，亂七八糟的。」（A1）

「嗯，我覺得太陽花運動喔……就是只是想要自己拱的東西，最後搞出一個什麼『時代力量』。說實在的，我只覺得他們在搞事而已。」（A1）

「太陽花學運很多參與者都是盲目跟從，也不知道其真實意義，這也透露

臺灣在民主的方面過頭了，民眾是一股無法控制的力量。」（B1）

「覺得浪費時間，管好自己就好。」（B1）

「我覺得雖然他們嘴巴上說著想要改革，但是其實他們只是打著改革的名號去增加自己的知名度而已。他們就算是希望臺灣好，但在我看來他們的行爲只是在丟臺灣人的臉。」（B1）

「有想法是好的，但他們將想法轉化爲實際的過程是極其失敗的，每個人都有權利發表自己內心的想法，但不應該因爲這樣就影響到其他參與其中或是不願參與的人。在那次運動後，學生、警員雙方都有受傷的人，同時還有那些暫時放棄工作投身到這個運動中的參與者，個人認爲這些都是不可取的，也可以說是有點過頭了。也許當時過快的決策是簽署協議人員的一個失誤，但也不應該是用這種耗費大量人力、物力的方式來解決。」（B1）

「雖然是民主的表現，但是覺得學生太過激進，不夠冷靜沉著的解決問題。」（B1）

「說實在的，我不是很能理解他們的做法，感覺沒什麼用。」（B1）

「政治操控吧。民進黨常常爲了掩蓋自己的錯事就找其他問題來攻擊國民黨，臺灣政治的惡性循環手段。那些學生有些還跑去大陸發展，根本白癡啊，沒那個本事忍耐一輩子不去大陸，就不要收了好處被操控。」（B1）

「有想法有勇氣敢實踐，但方法太過偏激。最讓人不知道該說甚麼的是，那些人最後都去大陸發展了，那太陽花運動是在領導個屁啊？所以，是政治操控，還是眞的自己的想法，很需要重新審視。」（B1）

「爭取自身權益的行爲。」（B1）

「學生固然能有自己的主張，但整個運動到最後成爲政治人物操弄的民粹，煽動學生進行過多的不理性行爲，企圖將其合理化。」（B2）

「英雄，幫臺灣人看清世界的人，對抗腐敗的組織。國民黨這種傷害自己人的垃圾早就該被打死了，沒有政權有權利傷害自己的國民。有腦的人都知道，太陽花是華人站起來抵制集權的第一步。人生而自由，沒有人有自願爲奴的權利。」（C1）

「都不是好人，都做一些奇怪的事。」（C1）

「小丑。」（C1）

「呵呵，紅了幾個人，但學生自古以來就是這樣好利用的群體，說不定他們之後能改革臺灣吧，雖然我覺得就是荒唐的鬧了一場。」（C1）

「我覺得是太陽花暈倒，這種反服貿的運動，我其實比較沒有太多的認識，但是本能的覺得這些學生是有一些過於激動而行動。」（C1）

「哎，好想罵他們，他們這種行為真的很白癡，一個詞——無腦。」（C1）

「他們做的不錯啦，只是不需要去那麼大遊行就可以了。」（C1）

「正常人。」（C1）

「是我也想參加啦。」（C1）

「行使自由人的權力。」（C1）

「我覺得他們的行為是不對的，但他們的想法是對的，我支持他們的想法。」（C1）

「我支持他們的這個太陽花運動。」（C1）

「那些學生占領立法院是不好的，臺灣是民主的。」（C1）

「這種活動在我看來都只是嘴上說說，蹭熱度想要紅的一群人，沒有什麼實際作為，很看不好這樣的一群人。」（C2）

「太陽花的學生只是沒有大腦而已，他們的想法是對的，只是行為錯誤了。」（C2）

（四）臺灣青年與兩岸關係

Q12：您認為以後兩岸關係會有怎樣的發展，為什麼？您希望兩岸關係以後是怎樣的？

「以後會慢慢更加認同彼此，也能更接納彼此。我也希望以後大家可以撇開自己的地域身分，用開放的心胸去接受不同的文化。」（A1）

「當然兩岸和平發展是我所期待的，『獨立』二字不必放上檯面，重要的是彼此有共同努力團結的心即可。」（A1）

「我希望兩岸關係發展上能夠越來越好，真正做到『兩岸一家親』，也希望兩岸之間能夠有越來越多的經濟往來和互動。」（A1）

「民進黨執政期間不會有任何進步了，以後會不會有進步要看年輕一代會

不會改觀了，兩岸關係改善任重道遠，何況臺獨一上臺就會把辛苦經營的關係毀掉大半，要求和平發展只能細水長流。」（A1）

「希望維持現狀，雙方不觸碰政治方面的問題，以經濟交流等等方面進行交流，兩岸互助發展，希望臺灣人民在中國大陸因為身分限制的問題會減少。」（A1）

「和平共處，互相發展。」（A1）

「和平共存，維持現狀，一國兩制。」（A1）

「雙方認識不再僅限媒體，而是實地實事的認識，會更體會跟瞭解對方。政治我不知道會變得怎樣，但民間交流一定會更熱絡的。我覺得不要影響到我以後工作就可以了。」（A1）

「我覺得兩岸呢……，最後會有兩個分支，不是說破裂跟妥協，而是維持現狀跟妥協。我希望兩岸是和平的，但不是維持現狀，現在的兩岸……雖然早已肅清舞臺上鬥爭的思想，但是以臺灣人的眼來看，被政治上的打壓是少不了的。」（A1）

「我認為兩岸之後可能會有更多經濟文化上的交流，我希望兩岸能夠維護和平關係，保持交流。」（A1）

「希望可以統一，臺灣理應整治，不該放任亂來。」（A2）

「要有各自的空間，一國兩制還是可以的，當然希望快點和平啊，不要常常成為對立面。」（A2）

「根據現在的國際局勢，中美貿易大戰，希望夾在中間的臺灣能安全，也希望不要迎來世界大戰亞洲戰場。如果要統一，沒有意見，只是希望還是保留臺灣自治，限制旅遊人數，彼此尊重彼此的文化。」（B1）

「我覺得暫時不會發生什麼改變，畢竟兩岸都不想讓步嘛。我當然希望兩岸能有更多的交流，更多的合作，這樣在臺灣的學生會有更多的就業市場和機會啊，兩岸的學生也能得到充分的交流。這對於兩岸青年的發展，我覺得是非常有幫助的。」（B1）

「希望可以回到國民黨執政時期的關係。」（B1）

「個人認為短期內兩岸關係還是會維持現狀，長期的話就不太好說了。考慮到現在兩邊的領導人的主張不同，這樣的關係可能會僵持一段時間，除非在

這段期間發生了較大的變化或意外。就目前來看，臺灣的經濟已經進入了瓶頸期，而中國大量的人口正好能夠彌補臺灣經濟上的不足，不管是從旅遊還是企業合作方面的角度來看。而中國這邊理論上大多數人也是傾向於到臺灣來的，但是有各種原因的限制，如政策上的或是戶籍的問題等。所以，個人認為短期內會維持現狀。如果說到個人希望的話，我認為當下這個尷尬的處境對於雙方來說已經是一個最好的答案。如果從臺灣的角度出發，就像上面說的，中國能給市場飽和了的臺灣一個繼續上升的空間，雖然這不是惟一的選項，但卻是效率最高的一個。每個人心中固有自己的想法，但可以肯定的是，沒有哪個結果能同時滿足所有人，一旦滿足了一方人，另一方人必定會採取必要的行動。所以，我覺得這種模稜兩可的情況就是最好的了。」（B1）

「希望互相合作互助，而不是像現在這樣互相格格不入，我覺得對人民而言安定的生活才是最重要的。」（B1）

「未來的事情我也不好說，可是我希望可以和平共處，維持現狀。」（B1）

「應該還是維持一國兩制吧，希望和平一點，友好一點。如果執政黨沒換人，臺灣就會慢慢自己走向物價上漲、民不聊生的窘況，但好像都是臺灣自己的問題。」（B1）

「一樣持續著現狀，各自認為臺灣是自己的，希望到時候可以尊重彼此。」（B1）

「現在是電子商務的時代，再加上交通便利，我想互動會變的更頻繁，希望彼此之間摩擦不要這麼多。」（B1）

「順其自然，應該會是互相成長跟學習的關係吧，只要撤除那些政治的無腦現象就好。當然希望可以一同成長，走向國際。」（B1）

「隨著兩岸的交流逐漸增加，我身邊無論是到中國出差還是求職的朋友越來越多，兩岸民間的連結日漸加深已成未來的趨勢。」（B2）

「我從不認為統一不統一是重點，重點是人生而自由，沒有人有當奴隸的權利。」（C1）

「和平為主，別打仗就好。」（C1）

「以和平為主軸，建立互惠關係。」（C1）

「我覺得兩岸可能會照現在這樣穩定下去，然後就到最後的……最後有可

能會臺獨。這個臺獨不是民進黨他們那種激進的宣示的那種，而是因為時間的流逝，兩邊差異已經成為定局，並且有著國際情勢，所以中國無奈只好放棄，因為要維持住自己優良大哥的形象，但還是以一個大哥的形象對著臺灣。我覺得兩岸的關係只要穩定就好，也不用去說誰是誰的，因為其實這一代的年輕人思想已經跟上一代的長輩不同，以穩定去發展民生，去發展其他的產業，我覺得是一個上策。」（C1）

「我覺得暫時不會發生什麼改變，目前來說還是維持現狀比較好，看看未來有沒有可能有所改變。我希望臺灣好一切都好。」（C1）

「我希望未來兩岸的關係可以變好，不要爭不要吵，能夠和平相處。」（C1）

「希望現狀的發展就好了，不用太多的交流，臺灣就是臺灣，大陸就是大陸。」（C1）

「這樣的發展就可以了，以後保持吧。」（C1）

「維持著經濟上的交流就好了，不希望大陸的想法太多到臺灣來，現在這樣就 ok 了。」（C1）

「保持著這樣子就可以了，因為以現在的發展對兩岸關係都不錯，以後也是一樣。」（C1）

「我覺得有交流就好了，不希望過多的政策交換，維持吧。」（C1）

「維持獨立的事實。」（C1）

「臺灣統治 ROC，有機會再教導什麼是人吧。」（C1）

「當然是希望兩岸可以良性發展，無論商業或是政治。至於兩岸的關係，無論將來回歸與否，都希望能保有雙方獨特的文化風俗人情吧。」（C1）

「我覺得能和平共處就已經很好了！但是，我還是希望兩岸能有更多的交流，更多的合作，畢竟現在太多的臺灣人都想去大陸發展，人才流失太誇張了。」（C2）

「我希望現在兩岸維持這樣的狀況就好了，可以讓臺灣人多到大陸發展，刺激臺灣的經濟。」（C2）

「我希望雙方能夠更加尊重彼此，希望中國大陸不要欺壓臺灣或看不起臺灣，臺灣雖小但人才眾多，尊重彼此才能夠達到雙方和平的結果。不要再執著於『一個中國』了，就算臺灣為臺灣，中國為中國，雙方還是能夠透過互相合作與

交流達到互惠的效果。」（C2）

「我覺得可以像一個同盟那樣，互惠互助。」（C2）

Q13：您如何看待解放軍軍演和臺灣邦交國減少問題？是否對惠臺政策效果造成了衝擊，怎麼說？

「不是很瞭解。」（A1）

「中國對臺軍事施壓是會造成民眾的不滿，也限制了臺灣與邦交國關係進一步的發展，我認為這在一定程度上壓縮了臺企到大陸投資的可能，因為面臨的市場機會在縮小。」（A1）

「可能這跟『一中原則』多多少少有關係吧。本來就是哪邊的實力強哪邊來說話，但始終只有一個中國；邦交國減少也說明了臺灣政府在外交上有許多問題存在，才導致此情況的發生。」（A1）

「我覺得不會吧。大陸只是施加壓力，不可能放棄和平統一的，我認為臺獨勢力就是知道這一點才顯得有恃無恐。所以，為求和平統一，惠臺政策只會越來越好，不會因為政治原因受到衝擊。」（A1）

「臺灣邦交國減少後對臺灣很不利，可能很多臺灣人會陸續往大陸發展，對惠臺政策我覺得不會有衝擊。」（A1）

「不太清楚。」（A1）

「若臺灣政府繼續一黨獨大，與對岸關係越來越緊張，最無辜的還是人民，老百姓。真的操控者都是政治人物，但承擔他們決策的後果都是百姓，因為邦交國的減少讓臺灣經濟多少受影響。而解放軍軍演讓臺灣人更加覺得『是在威脅我們嗎』的感受明顯增加，所以就會讓原本就不是很多人知道的惠臺政策更少人去知道其存在。除非是有需要的人才會自己上網找，其實宣傳真的不夠。」（A1）

「不會。政治歸政治，民間交流歸民間，歷史上國家興衰都是得民心者盛。」（A1）

「我覺得多少會有一點影響吧，但是說實在，這兩個的關係也沒有太大……好啦，其實是有……就好像一個小孩吵著要出去，那原本給他規定了他不遵守，

那可能他就會被禁足；現在就又多了一項規定——你就會少了一項優惠，就差不多是這種感覺啦。」（A1）

「我認為這是對臺灣的一種宣告，表示大陸武力的強大以及臺灣是屬於中國的意思。」（A1）

「臺灣亂七八糟胡搞一通，邦交國減少是因為沒有國家敢得罪中國大陸，強國理應受到尊重，解放軍演練才叫軍隊，為國爭光。」（A2）

「覺得軍演只是武力恫嚇，對其他地方不友善的行為，感覺就是對其他地方的恐嚇。邦交國減少沒什麼好說的，就是臺灣自找的，沒能力裝著自己很厲害，太囂張。」（A2）

「解放軍軍演，這件事我沒有太多瞭解。臺灣邦交國減少是一個滿困擾的問題，這造成臺灣將會孤立無援。」（B1）

「我個人是不太在意這些，但可能有些有心人士就會把軍演妖魔化吧，說什麼這是中國想攻打我們的證明之類的，但其實我覺得這種言論實在是很無知，或者說他們只是想找個『點』去辱罵中國吧，這實在是一種很丟人的行為，肯定多少會對惠臺有一些影響吧，畢竟臺灣有很多對於政治不瞭解的人，可能就會聽到他們這些說法，從而覺得中國對我們是有敵意之類的。」（B1）

「不在乎。」（B1）

「邦交國減少的問題，個人認為完全是臺灣這邊自己的問題，在新的領導人的任職期間發布了一系列新的政策，其中有大部分都是對臺灣原有的環境產生了很大的影響，從而引起了極大的變化，相信那些邦交國也是由於對這個背景下的臺灣的未來發展的不看好而選擇解除關係，其中有的是與臺灣建交幾十年的國家，真的是非常可惜。至於解放軍軍演，個人並沒有深入瞭解，感覺上軍演過程的路線應該也是早就安排好了的，應該是不會對惠臺政策產生影響的。現在臺灣整體的經濟並不景氣，假如說那些惠臺政策真的有效，那麼邦交國的減少更應該促進臺商前往大陸的期望，而不是產生衝擊。」（B1）

「對這兩件事我沒有太注意，但覺得這兩件事沒有很大的相關性，因為邦交國減少對我的生活來說沒有實質上造成影響，惠臺政策反而比較相關些。」（B1）

「我覺得不會。世界上國家現在都已經和平，每個國家的發展是靠人民的

打拼，不是像以前一樣依靠國家。」（B1）

「軍演感覺像在向臺灣示威武力多厲害，邦交國減少就是民進黨自找的，以為自己可以跟大陸比拼，多少有影響吧。不過臺灣這樣搞，會讓臺灣的民眾對臺灣失望，進而發現惠臺政策，就可以讓大陸的友善發展到最大化。」（B1）

「臺灣態度要是還這麼強硬，最後不管是什麼優勢都會被中國大陸一一放棄，最後可能連惠臺政策都沒有了，得不償失。」（B1）

「我覺得多少會有影響。如果中國利用軍事來壯大自己的威力，可能會影響想前往大陸投資的臺商。如果臺商不前往投資，那惠臺政策就沒什麼效果了。」（B1）

「藉由強制政策與權威來威逼臺灣邦交國是不義之舉，並非因為如此而能使臺灣人更向心於中國。」（B1）

「對於解放軍軍演和臺灣邦交國減少問題，我並無深入研究，故無法推論是否會對惠臺政策效果造成衝擊。」（B2）

「人不會因為飼料和鞭子就變成畜生。」（C1）

「沒差吧。臺灣本來就沒啥邦交國，都貼錢給人家。」（C1）

「無。和中國政策方針轉變較為相關。」（C1）

「我覺得邦交國減少很正常，誰都不想跟大陸作對。但是我們的護照卻比大陸的好用很多，其實在國際上臺灣人的身分還是挺好的。至於軍演，我覺得沒什麼，武力統一根本不值得，對兩岸都不值，所以這方面不需要過度擔心，我個人認為。」（C1）

「臺灣邦交國減少的原因，我覺得跟中國完全脫不了關係，印象中中國好像曾經有說，如果有人跟中華民國建交，我就跟他斷交，漢賊勢不兩立的感覺，而現今的國際情勢，確實中國大大的勝過了臺灣，而對於其他國家的立場，除了像美國那種比較特殊的世界老大外，多多少少都會去選擇跟中國友好，畢竟人家國力強市場大，是一個很好的貿易對象。我覺得對惠臺政策造成的衝擊是間接的，因為每斷一次邦交就會重複讓人想到中國對臺灣的施壓，導致其他國家選擇與臺灣斷交而選擇與中國建交，所以對中國不好的印象就會增加。」（C1）

「我覺得應該不會造成什麼嚴重的衝擊吧。」（C1）

「臺灣邦交國減少是因為大陸想統一啦，不然幹嘛一直打壓我們，應該會

打擊吧。」（C1）

「就是統一的機會啦，我不希望這樣，但我個人沒有辦法。」（C1）

「心理的衝擊比實際的衝擊大，多多少少會。」（C1）

「這是另外一種對臺灣的統一吧，當然會有衝擊，這樣子臺灣當然會不爽了。」（C1）

「應該是大陸對那些邦交國施壓，然後減少臺灣的邦交國，會讓我覺得大陸很故意。」（C1）

「不會。反正臺灣本來就沒有邦交國，減少邦交國是不存在的 ROC。」（C1）

「臺灣不是國家何來邦交國之稱，問卷負責人不懂『九二共識』？準備勞改上山下鄉去當當狗吧。」（C1）

「我個人認為，邦交國減少的問題是目前比較嚴重的，當然會對惠臺政策造成衝擊，畢竟一個不值得信賴的政府，無論把優惠政策等等說的多麼天花亂墜，民眾也不會對其有信心。」（C1）

「現在臺灣人民對兩岸關係及政治開始有了更多想法，中國想靠一邊打壓一邊拉攏的方式來統一臺灣，久了只會造成臺灣人民更為反抗。所以，我認為還是要靠尊重來讓雙方更好，不應該透過任何會傷害到對方的手段來達到目的。」（C2）

「我個人不太在乎這些問題，所以我也不是太懂。」（C2）

「一定會有一點衝擊，可是這種事情也不是我們說的算。」（C2）

三、習近平《告臺灣同胞書》40 周年紀念講話訪談簡錄

　　圍繞 2019 年 1 月 2 日習近平在《告臺灣同胞書》發表 40 周年紀念會上的講話——《爲實現民族偉大復興　推進祖國和平統一而共同奮鬥》，以臺灣交通大學學生幹部（A-1）、臺北大學學生幹部（A-2）、輔仁大學學生幹部（A-3）三名臺青爲對象進行 5 個問題的訪談。

　　Q1：習近平於 2019 年 1 月 2 日在紀念《告臺灣同胞書》發表 40 周年上講話中提到「臺灣問題因民族弱亂而產生，必將隨著民族復興而終結！」，您如何看？

　　A-1：不太同意。兩岸問題肇因於當年的大時代背景，國共兩黨因意識形態不同而各自占據一方，可視爲中國內部的內戰，並非因民族弱亂而遭遇外侮的分裂，而民族復興與兩岸問題也無時間上的先後問題，都是需要花時間來努力解決的，哪個先達到，哪個優先。

　　A-2：確實臺灣因特殊殖民歷史而有諸多衝突，但在許多歷史都是未明眞相時，容易成爲有心人操弄的手段。我相信，以中華民族子孫爲信念才是最合理的一種共識。

　　A-3：這句話確實說得有道理。臺灣的民族很多，所以也很容易有衝突，如果沒有處理好眞的就完蛋了，畢竟光是藍綠黨不合就夠混亂了，假如有心人趁機搗亂那一定很麻煩。

　　Q2：「我們鄭重倡議，在堅持『九二共識』、反對『臺獨』的共同政治基礎上，兩岸各政黨、各界別推舉代表性人士，就兩岸關係和民族未來開展廣泛深入的民主協商，就推動兩岸關係和平發展達成制度性安排。」您如何看待這句話？您認爲應該如何推動兩岸協商？

　　A-1：是的，應該擱置爭議，與各個方面的人進行協商，討論兩岸之間的問

題,並以先經濟民生後政治的方向作爲討論的主軸,找出最適合臺灣、整個中華民族的最優方案。

A-2:確實不存在臺獨,但也不能像香港一樣,中華民國可以不大聲嚷嚷,但我們始終是主權獨立的中華民國,在拋開任何政治的前提下進行兩岸協商達成兩岸默契,我想是最適當的。

A-3:臺灣不會臺獨,但也不會像香港和澳門一樣,畢竟臺灣主權獨立已經很久了,人民也已經習慣了這樣的方式,如果要變得跟他們一樣,臺灣人民一定會有很大的爭論及動盪。我覺得可以適當地達成一些共識,這樣會比較容易被人民接受。

Q3:「我們不承諾放棄使用武力,保留採取一切必要措施的選項,針對的是外部勢力干涉和極少數『臺獨』分裂分子及其分裂活動,絕非針對臺灣同胞。兩岸同胞要共謀和平、共護和平、共用和平。」您如何看待這句話?

A-1:是的,自古以來亂者必斬,以當政者而言,對於叛亂保有武力解決方案是可理解的,但對於願意談的人,武力絕對不能作爲選項。

A-2:非常支持,大部分的臺灣人只想有安逸的好生活,而檯面上教唆臺獨者,哪一個不是自己有好生活,才出來吠呢?亦或是如王丹、曹長青等躲在美國庇護下放屁的垃圾也是爲人不齒,這些人爲了自己的舞臺而傷害平民的生活,我認爲十分該死,一定要揪出來處決。

A-3:我很贊同這句話,誰不想要擁有安逸的生活?有些臺獨者都是仗著有美國罩著天不怕地不怕,只顧爲了自己的利益,而放棄大我完成小我,完全不顧人民的生活,簡直亂七八糟!眞的要好好的教訓一下他們。

Q4:「兩岸要應通盡通,提升經貿合作暢通、基礎設施聯通、能源資源互通、行業標準共通,可以率先實現金門、馬祖同福建沿海地區通水、通電、通氣、通橋。要推動兩岸文化教育、醫療衛生合作,社會保障和公共資源分享,支持兩岸鄰近或條件相當地區基本公共服務均等化、普惠化、便捷化。」您如何看待「四通三化」?是否能爲臺灣帶來福祉?存在哪些障礙?

A-1:福祉是一定的,四通能帶來貨盡其流、地盡其利,加速金馬地區的發展,改善當地民眾的生活,而三化也能解決金馬地區醫療、社會福利短缺的問

題。但，障礙可能是民進黨或臺獨組織會極力反對，而且也必須克服工程技術上的難題。

A-2：絕對能帶來好處，但障礙在一旦臺灣過度依賴中國，內政可能會遭受干擾，因此雙方的交流應該點到為止，畢竟我們都不主張臺獨，相信中國也能大器的給予我們一定的自主能力吧！

A-3：一定有好處啊，至於存在的障礙，我覺得兩岸互相的交流也還是要有個底線的，不然政治可能會遭受到一定的干擾，我們也不說臺灣獨立，但我們也需要一定的自主空間。

Q5：習近平講話是否讓您對中共對臺政策有新的認識？是否提高了您對「一國兩制」的可接受度？為什麼？

A-1：對臺政策是與時俱進的，從這次習大的講話能知道在此時此刻及將來數年內陸方的對臺工作方針，而「一國兩制」，可能對多數臺灣人而言，會有所芥蒂。若能把中華人民共和國的框架提升到中華民族的框架，我相信會有更多人接受兩岸同處於此框架之下。

A-2：其實我想當雙方有一定的默契時，就是我不講臺獨，你也尊重我中華民國自主，「一國兩制」是不需要的。相信習近平這次的演說，是說給臺獨分子聽。在兩岸穩定發展下，不碰政治也就不會有什麼「一國兩制」、「一邊一國」這種無謂的爭執。

A-3：是有讓我覺得中共並沒有那麼壞，但「一國兩制」還不在我們能接受的範圍內。我們不臺獨，但我們需要自主。習近平這次的演說，主要是說給臺獨分子們聽的。只要兩岸能夠和平相處，我覺得就是最好的了，不需要為了「一國兩制」而有爭執。

文件選錄

關於促進兩岸經濟文化交流合作的若干措施

（2018 年 2 月 28 日）

　　爲深入貫徹黨的十九大精神和習近平總書記關於深化兩岸經濟文化交流合作的重要思想，率先同臺灣同胞分享大陸發展的機遇，逐步爲臺灣同胞在大陸學習、創業、就業、生活提供與大陸同胞同等的待遇，國務院臺辦、國家發展改革委經商中央組織部、中央宣傳部、中央網信辦、教育部、科技部、工業和資訊化部、民政部、財政部、人力資源社會保障部、國土資源部、住房城鄉建設部、交通運輸部、水利部、農業部、商務部、文化部、衛生計生委、人民銀行、稅務總局、質檢總局、新聞出版廣電總局、林業局、旅遊局、銀監會、證監會、保監會、文物局、全國總工會、全國婦聯，出臺若干措施如下：

（一）積極促進在投資和經濟合作領域加快給予臺資企業與大陸企業同等待遇

　　1.臺灣同胞在大陸投資的企業（以下簡稱臺資企業）參與「中國製造 2025」行動計畫適用與大陸企業同等政策。支援臺商來大陸投資設立高端製造、智慧製造、綠色製造等企業並設立區域總部和研發設計中心，相應享受稅收、投資等相關支持政策。

　　2.幫助和支持符合條件的臺資企業依法享受高新技術企業減按 15%稅率徵收企業所得稅，研發費用加計扣除，設在大陸的研發中心採購大陸設備全額退還增值稅等稅收優惠政策。

　　3.臺灣科研機構、高等學校、企業在大陸註冊的獨立法人，可牽頭或參與國家重點研發計畫項目申報，享受與大陸科研機構、高等學校、企業同等政策。受聘於在大陸註冊的獨立法人的臺灣地區科研人員，可作爲國家重點研發計畫項目（課題）負責人申報，享受與大陸科研人員同等政策。對臺灣地區智慧財產權在大陸轉化的，可參照執行大陸智慧財產權激勵政策。

　　4.臺資企業可以特許經營方式參與能源、交通、水利、環保、市政公用工程等基礎設施建設。

5.臺資企業可公平參與政府採購。

6.臺資企業可通過合資合作、並購重組等方式參與國有企業混合所有制改革。

7.臺資企業與大陸企業同等適用相關用地政策。對集約用地的鼓勵類臺商投資工業項目優先供應土地，在確定土地出讓底價時，可按不低於所在地土地等別相對應大陸工業用地出讓最低價標準的70%執行。

8.繼續在中西部、東北地區設立海峽兩岸產業合作區，鼓勵臺資企業向中西部、東北地區轉移並參與「一帶一路」建設，拓展內需市場和國際市場。大力推進臺商投資區和兩岸環保產業合作示範基地建設。

9.臺資農業企業可與大陸農業企業同等享受農機購置補貼、產業化重點龍頭企業等農業支援政策和優惠措施。

10.臺灣金融機構、商家可與中國銀聯及大陸非銀行支付機構依法合規開展合作，為臺灣同胞提供便捷的小額支付服務。

11.臺灣征信機構可與大陸征信機構開展合作，為兩岸同胞和企業提供征信服務。

12.臺資銀行可與大陸同業協作，通過銀團貸款等方式為實體經濟提供金融服務。

（二）逐步為臺灣同胞在大陸學習、創業、就業、生活提供與大陸同胞同等的待遇

13.臺灣同胞可報名參加53項專業技術人員職業資格考試和81項技能人員職業資格考試（《向臺灣居民開放的國家職業資格考試目錄》附後，具體執業辦法由有關部門另行制定）。

14.臺灣專業人才可申請參與國家「千人計畫」。在大陸工作的臺灣專業人才，可申請參與國家「萬人計畫」。

15.臺灣同胞可申報國家自然科學基金、國家社會科學基金、國家傑出青年科學基金、國家藝術基金等各類基金項目。具體辦法由相關主管部門制定。

16.鼓勵臺灣同胞參與中華經典誦讀工程、文化遺產保護工程、非物質文化遺產傳承發展工程等中華優秀傳統文化傳承發展工程。支持臺灣文化藝術界團

體和人士參與大陸在海外舉辦的感知中國、中國文化年（節）、歡樂春節等品牌活動，參加「中華文化走出去」計畫。符合條件的兩岸文化項目可納入海外中國文化中心項目資源庫。

17.支持中華慈善獎、梅花獎、金鷹獎等經濟科技文化社會領域各類評獎項目提名涵蓋臺灣地區。在大陸工作的臺灣同胞可參加當地勞動模範、「五一」勞動獎章、技術能手、「三八」紅旗手等榮譽稱號評選。

18.臺灣人士參與大陸廣播電視節目和電影、電視劇製作可不受數量限制。

19.大陸電影發行機構、廣播電視臺、視聽網站和有線電視網引進臺灣生產的電影、電視劇不做數量限制。

20.放寬兩岸合拍電影、電視劇在主創人員比例、大陸元素、投資比例等方面的限制；取消收取兩岸電影合拍立項申報費用；縮短兩岸電視劇合拍立項階段故事梗概的審批時限。

21.對臺灣圖書進口業務建立綠色通道，簡化進口審批流程。同時段進口的臺灣圖書可優先辦理相關手續。

22.鼓勵臺灣同胞加入大陸經濟、科技、文化、藝術類專業性社團組織、行業協會，參加相關活動。

23.支持鼓勵兩岸教育文化科研機構開展中國文化、歷史、民族等領域研究和成果應用。

24.臺灣地區從事兩岸民間交流的機構可申請兩岸交流基金項目。

25.鼓勵臺灣同胞和相關社團參與大陸扶貧、支教、公益、社區建設等基層工作。

26.在大陸高校就讀臨床醫學專業碩士學位的臺灣學生，在參加研究生學習一年後，可按照大陸醫師資格考試報名的相關規定申請參加考試。

27.取得大陸醫師資格證書的臺灣同胞，可按照相關規定在大陸申請執業註冊。

28.符合條件的臺灣醫師，可通過認定方式獲得大陸醫師資格。符合條件的臺灣醫師，可按照相關規定在大陸申請註冊短期行醫，期滿後可重新辦理註冊手續。

29.在臺灣已獲取相應資格的臺灣同胞在大陸申請證券、期貨、基金從業資

格時，只需通過大陸法律法規考試，無需參加專業知識考試。

30.鼓勵臺灣教師來大陸高校任教，其在臺灣取得的學術成果可納入工作評價體系。

31.為方便臺灣同胞在大陸應聘工作，推動各類人事人才網站和企業線上招聘做好系統升級，支援使用臺胞證註冊登錄。

關於進一步促進兩岸經濟文化交流合作的若干措施

（2019 年 11 月 4 日）

　　為深入貫徹落實習近平總書記在《告臺灣同胞書》發表 40 周年紀念會上的重要講話精神，繼續率先同臺灣同胞分享大陸發展機遇，為臺灣同胞臺灣企業提供同等待遇，在《關於促進兩岸經濟文化交流合作的若干措施》基礎上，國務院臺辦、國家發展改革委商中央組織部、外交部、教育部、科技部、工業和資訊化部、財政部、人力資源社會保障部、生態環境部、住房城鄉建設部、交通運輸部、農業農村部、商務部、文化和旅遊部、衛生健康委、人民銀行、海關總署、市場監管總局、體育總局、銀保監會、民航局，出臺進一步促進兩岸經濟文化交流合作的措施如下。

（一）為臺灣企業提供同等待遇

　　1.臺資企業可同等參與重大技術裝備研發創新、檢測評定、示範應用體系建設，可同等參與產業創新中心、工程研究中心、企業技術中心和工業設計中心建設。

　　2.臺資企業可按市場化原則參與大陸第五代移動通信（5G）技術研發、標準制定、產品測試和網路建設。

　　3.臺資企業可同等參與大陸城市建築垃圾資源化利用、園林廢棄物資源化利用、城鎮污泥無害化處置與資源化利用、再生資源和大宗工業固廢綜合利用等迴圈經濟項目。

　　4.符合條件的臺資企業可與大陸企業同等投資航空客貨運輸、通用航空服務，參與符合相關規劃的民航運輸機場和通用機場建設，開展諮詢、設計、運營維護等業務。

　　5.臺資企業可投資主題公園，可以特許經營方式參與旅遊基礎設施和配套服務建設。

　　6.支援符合條件的臺灣金融機構和企業在臺資企業集中地區發起或參與設立小額貸款公司、融資租賃公司和融資擔保公司等新型金融組織。

7.鼓勵各地根據地方實際，爲臺資企業增加投資提供政策支援。

8.符合條件的臺資企業可向地方各級政府性融資擔保基金申請擔保融資等服務，可通過股權託管交易機構進行融資。允許臺資企業在銀行間債券市場發行債務融資工具。

9.臺資企業可與大陸企業同等依法享受貿易救濟和貿易保障措施。

10.符合條件的臺資企業可與大陸企業同等依法利用出口信用保險等工具，保障出口收匯和降低對外投資風險。

11.對從臺灣輸入大陸的商品採取快速驗放模式，建立有利於規範和發展協力廠商檢驗鑒定機構的管理制度，在風險分析的基礎上，科學、穩妥、有序推進臺灣輸入大陸商品協力廠商檢測結果採信。對來自臺灣的符合要求的產品實施風險評估、預檢考察、企業註冊等管理，推動兩岸食品、農產品、消費品安全監管合作。

12.臺資企業可與大陸企業同等參與行業標準的制訂和修訂，共同促進兩岸標準互聯互通。

13.符合條件的海峽兩岸青年就業創業基地和示範點可以申報國家級科技企業孵化器、大學科技園和國家備案眾創空間。

（二）爲臺灣同胞提供同等待遇

14.臺灣同胞可在中華人民共和國駐外使領館尋求領事保護與協助，申請旅行證件。

15.臺灣同胞可申請成爲農民專業合作社成員，可申請符合條件的農業基本建設項目和財政項目。

16.臺灣同胞可同等使用交通運輸新業態企業提供的交通出行等產品。

17.試點在福建對持臺灣居民居住證的臺胞使用大陸行動電話業務給予資費優惠。

18.持臺灣居民居住證的臺灣同胞在購房資格方面與大陸居民享受同等待遇。

19.臺灣文創機構、單位或個人可參與大陸文創園區建設營運、參加大陸各類文創賽事、文藝展演展示活動。臺灣文藝工作者可進入大陸文藝院團、研究機

構工作或研學。

20.在大陸工作的臺灣同胞可申報中國文化藝術政府獎動漫獎。

21.在大陸高校、科研機構、公立醫院、高科技企業從事專業技術工作的臺灣同胞，符合條件的可同等參加相應系列、級別職稱評審，其在臺灣地區參與的項目、取得的成果等同等視爲專業工作業績，在臺灣地區從事技術工作的年限同等視爲專業技術工作年限。

22.臺商子女高中畢業後，在大陸獲得高中、中等職業學校畢業證書可以在大陸參加相關高職院校分類招考。

23.進一步擴大招收臺灣學生的院校範圍，提高中西部院校和非部屬院校比例。

24.臺灣學生可持臺灣居民居住證按照有關規定向所在大陸高校同等申請享受各類資助政策。在大陸高校任教、就讀的臺灣教師和學生可持臺灣居民居住證同等申請公派留學資格。

25.歡迎臺灣運動員來大陸參加全國性體育比賽和職業聯賽，積極爲臺灣運動員、教練員、專業人員來大陸考察、訓練、參賽、工作、交流等提供便利條件，爲臺灣運動員備戰 2022 年北京冬奧會和杭州亞運會提供協助。

26.臺灣運動員可以內援身分參加大陸足球、籃球、乒乓球、圍棋等職業聯賽，符合條件的臺灣體育團隊、俱樂部亦可參與大陸相關職業聯賽。大陸單項體育運動協會可向臺灣同胞授予運動技術等級證書。歡迎臺灣運動員報考大陸體育院校。

關於支援臺灣同胞臺資企業在大陸農業林業領域發展的若干措施

（2021 年 3 月 17 日）

為全面貫徹黨的十九屆五中全會和習近平總書記在《告臺灣同胞書》發表40 周年紀念會上的重要講話精神，深入落實《關於促進兩岸經濟文化交流合作的若干措施》和《關於進一步促進兩岸經濟文化交流合作的若干措施》，率先同臺灣同胞分享大陸農業林業領域發展機遇，支持臺灣同胞臺資企業參與鄉村振興戰略和農業林業高品質發展，國務院臺辦、農業農村部、國家林草局、國家發展改革委、財政部、自然資源部、水利部、商務部、人民銀行、市場監管總局、供銷總社制定支援臺灣同胞臺資企業在大陸農業林業領域發展的措施如下。

1.臺灣同胞和臺資企業通過流轉取得的農村土地經營權受國家法律保護，在土地經營權流轉合同到期後同等條件下可優先繼續租賃。

2.臺灣同胞和臺資企業通過流轉取得的林地經營權受法律保護，可依法進行登記、辦理權屬證書和流轉，並按照國家和地方政策進行經營管理。

3.臺灣同胞和臺資企業從事農業種植養殖配建的與生產農產品直接關聯的烘乾晾曬、分揀包裝、保鮮存儲、糞汙處置、檢驗檢疫，以及為生產服務的看護房、農資農機具存放場所等設施用地納入設施農業用地管理，可依法依規使用一般耕地。

4.臺灣同胞和臺資企業從事農業生產經營可申請農業保險保費補貼，同等享受農業信貸擔保和創業擔保貸款貼息支持。鼓勵有條件的地區提供貸款貼息補助，重點支援農業生產基地建設、農產品加工設施、農業投入品採購及農產品收購等生產經營貸款。

5.臺資農業企業可發行公司信用類債券，進行直接融資。鼓勵商業銀行創新信用評價模式，提高臺灣同胞和臺資農業企業信用貸款比重，根據臺灣同胞和臺資農業企業融資需求特點設計個性化融資產品。

6.在福建從事農業生產經營的臺灣同胞和臺資企業可納入「臺商臺胞金融信

用證書」和臺企臺胞征信查詢應用範圍，鼓勵金融機構為其提高審貸、擔保與再擔保效率。

7.符合條件的臺灣同胞和臺資企業可依法依規申請相關涉農補助資金支持。

8.臺灣同胞和臺資企業在實施農機深松整地和免（少）耕播種的項目地區開展作業，可按規定同等申請作業補助；依照有關規定報廢危及人身財產安全的農業機械，可同等申請補貼。

9.臺灣同胞和臺資企業可參與城鄉冷鏈物流基礎設施建設和批發市場等項目建設運營，參與產地分揀包裝、冷藏保鮮、倉儲運輸、初加工等設施建設，對其在農村建設的保鮮倉儲設施用電實行農業生產用電價格。

10.鼓勵臺灣同胞和臺資企業發展鄉村特色農業、現代農產品加工業、鄉村休閒旅遊等鄉村產業，參與農村一二三產業融合發展。

11.支援臺灣同胞和臺資企業參與重型農機、漁業裝備、智慧農業、綠色投入品等領域的研發創新、成果轉化與技術服務。

12.鼓勵臺灣同胞和臺資企業依託貧困地區生態資源稟賦優勢，參與生態保護修復和生態旅遊、木本油料等特色經濟林、特色種養業等林草生態產業。

13.鼓勵臺資企業申請植物新品種權。臺灣同胞和臺資企業依法投資畜牧水產養殖業、苗種場等，同等享受農業支持政策和優惠措施；在自由貿易試驗區範圍內可投資水產品捕撈行業。

14.臺灣同胞和臺資企業可依法同等從事林草重點生態工程建設、林木良種培育、造林種草、防沙治沙、經濟林生產經營、林草種苗生產經營，可同等參與林草業重點龍頭企業推薦、國家林業產業示範園區申報。

15.臺資企業可按規定與農墾企業開展合作，促進資源資產整合、產業優化升級。

16.支援有條件的地區設立海峽兩岸鄉村振興合作基地，深化兩岸農業融合發展，促進鄉村產業振興、人才振興、文化振興、生態振興、組織振興。

17.支持符合條件的臺灣農民創業園按規定申報創建國家現代農業產業園、國家農村產業融合發展示範園。鼓勵有條件的地區申報新設臺灣農民創業園、加大對園區基礎設施和農林業設施投入。

18.鼓勵臺灣鄉村建設規劃設計師到大陸從事規劃設計工作。

19.臺灣同胞在大陸從事農漁業生產，可申請接受創業培訓，紮根鄉村、服務農業、帶動農民的納入農村創新創業帶頭人培育行動範圍。

20.從事水利領域設備生產的臺資企業可將符合條件的產品和技術申報納入水利先進實用技術重點推廣指導目錄。

21.臺灣同胞和臺資企業可同等參與茶葉、水果、花卉等農林產品的國家標準起草工作，共同促進兩岸標準互聯互通。

22.支援臺灣同胞、臺資企業與供銷合作社系統農產品經營企業、協會合作，推介、銷售優質農產品。支援臺灣同胞和臺資企業參與各類線上線下農產品訂貨會、對接會，拓展大陸內銷市場。

關於進一步深化廈臺經濟社會文化交流合作的若干措施

（2018 年 4 月 10）

為進一步貫徹落實黨的十九大精神和習近平總書記對臺工作重要思想，按照國臺辦、國家發改委《關於促進兩岸經濟文化交流合作的若干措施》檔精神，結合我市實際，現就進一步深化廈臺經濟社會文化交流合作，逐步為臺灣同胞在廈門學習、創業、就業、生活提供與廈門居民同等待遇，促進臺資企業在廈門更好更快發展，提出以下貫徹落實措施。

（一）關於經濟交流合作方面

1.在廈門的臺資企業參與「中國製造 2025」行動計畫適用與大陸企業同等政策。鼓勵臺資企業和臺灣同胞參與廈門兩岸新興產業和現代服務業合作示範區、兩岸貿易中心、兩岸區域性金融服務中心以及廈門國際航運中心的開發、建設。鼓勵臺資企業在廈門設立總部、研發中心、運營中心、採購中心和物流中心等。

市、區人民政府設立的各類扶持資金和出臺的各項優惠政策，臺資企業和臺灣同胞享有同等待遇。

2.幫助和支持符合條件的臺資企業依法享受高新技術企業減按 15%稅率徵收企業所得稅，研發費用加計扣除，在廈門的臺資科研機構、研發中心採購大陸設備全額退還增值稅等稅收優惠政策。

3.支援臺資企業在廈門以特許經營方式參與能源、交通、水利、環保、市政公用工程等基礎設施建設。

4.支援臺資企業公平參與廈門市、區政府採購。

5.支持臺資企業通過合資合作、並購重組等方式參與廈門市國有企業混合所有制改革。

6.臺資企業與廈門企業同等適用相關用地政策。對集約用地的鼓勵類臺商投

資工業項目優先供應土地，在確定土地出讓底價時，可按不低於所在地土地等別相對應廈門工業用地出讓最低價標準的 70%執行。

7.臺資企業和臺灣同胞在廈門設立企業時可以選擇使用美元或人民幣作為註冊資本金，在廈門經營活動中可以享有內資企業待遇。

臺灣同胞來廈門創業，以其擁有的專利、專有技術等科技成果作價出資入股的，科技成果作價金額占註冊資本的比例不受限制。

8.支援臺資企業和臺灣同胞在中國（福建）自由貿易試驗區廈門片區內設立獨資國際船舶運輸、國際船舶管理、國際海運貨物裝卸、國際海運集裝箱站和堆場企業，支持以合資、合作形式從事國際船舶代理業務，臺資持股比例放寬至51%。

9.支持註冊在中國（福建）自由貿易試驗區廈門片區內的臺資銀行營業性機構經營人民幣業務。

10.臺資企業和臺灣同胞可以在中國（福建）自由貿易試驗區廈門片區內以獨資形式從事娛樂場所經營，可以設立獨資演出經紀機構。

11.取得臺灣地區資質（資格）證書的臺灣建築業企業經批准可以在廈門從事相關建築活動。

12.大力推進海滄、杏林、集美臺商投資區建設，鼓勵在廈門的臺資企業拓展內需市場和國際市場、共同參與「一帶一路」建設，同等享受廈門在開拓市場、境外投資等方面出臺的相關扶持政策。

鼓勵對臺海運快件業務發展，推動建設連接臺灣與中亞、歐洲區域轉運中心和陸海樞紐城市，融入「一帶一路」建設。

13.積極說明臺灣地區貨物通過廈門港過境經中歐班列運輸出口，按照過境貨物監管模式操作，加快通關速度。

14.在廈門開通兩岸征信查詢業務，推動兩岸征信資訊互聯互通。成立中國（福建）自由貿易試驗區廈門片區兩岸信用服務中心，服務臺資企業征信需求，為臺商通過信用報告融資貸款提供便利，對區內臺資企業信用融資貸款的利息或擔保費用提供適當補貼。

15.鼓勵廈門臺資銀行與廈門同業協作，通過銀團貸款等方式為廈門實體經濟提供金融服務。

16.臺資企業和臺灣同胞來廈門辦展辦會，同等享受廈門相關支持政策。

17.臺灣地區科研機構、高等學校、企業在廈門註冊的獨立法人，可牽頭或參與國家重點研發計畫項目申報，享受與廈門科研機構、高等學校、企業同等政策。受聘於在廈門註冊的獨立法人的臺灣地區科研人員，可作爲國家重點研發計畫項目（課題）負責人申報，享受與廈門科研人員同等政策。對臺灣地區智慧財產權在廈門轉化的，可享有廈門智慧財產權激勵政策。

支持臺灣民間資本和機構參與「一帶一路」智慧財產權運營投資基金、兩岸智慧財產權銀行、智慧財產權運營服務平臺、智慧財產權經濟協作區和智慧財產權新型智庫等重大項目建設。鼓勵臺灣同胞參加大陸專利代理人資格考試，支持臺灣同胞在廈門註冊執業智慧財產權服務機構。

18.推動實施「一市兩標」，逐步實現大陸標準與臺灣地區標準在廈門包容共存，在制定廈門地方標準時吸收採用臺灣地區標準內容，特別是臺灣地區標準高於大陸標準的可以直接採用。鼓勵臺灣地區標準更多地參與廈門產業、行業發展。

19.臺資企業和臺灣同胞在廈門從事農業生產活動，同等適用廈門惠農政策。在廈門的臺資企業農業項目直接用於或服務於農業生產的生產設施、附屬設施用地，可以按設施農用地有關規定管理。

20.鼓勵、支援臺資企業轉型升級，提供幫扶資金和政策支持，推動臺資企業「退城進園」。

21.加快海峽旅遊服務中心、廈門新機場、五通對金客運碼頭三期等建設，完善軟硬體設施配套，建立更加便捷的廈臺海、空直航運輸體系，爲兩岸同胞往來提供安全便捷的通關環境。

22.推動廈門和臺灣地區兩地海關、檢驗檢疫、食品安全、品質標準認證的合作，逐步實現監管互認、執法互助、資訊互換以及檢測結果的比對。

實施「源頭管理、口岸驗放」的兩岸商品快速驗放模式，建立有利於協力廠商檢驗鑑定機構發展和規範的管理制度，擴大臺灣地區進口商品協力廠商檢測結果採信範圍，推動兩岸食品、農產品、消費品安全監管資訊互換、結果互認。

簡化臺灣地區特殊物品入境審批手續，來自臺灣地區的入境特殊物品實施境外風險評估，符合衛生安全要求的，實現即報即批。

23.持續推進廈金兩地深入合作，支持兩地在相互轉診、應急事件處置、公共防疫、養老醫療、醫學教育與培訓等方面開展合作。

建設廈金檢驗檢疫特殊監管區，對金門實施更加便利的檢驗檢疫措施。

（二）關於社會文化交流合作方面

24.鼓勵臺灣青少年來廈門開展研學旅行，參加各類夏令營及青少年交流活動，對主辦單位按以獎代補形式予以資助。積極協助臺灣地區從事兩岸民間交流的機構申請兩岸交流基金項目。

25.鼓勵兩岸科研機構、高等學校、企業共同在廈門設立兩岸合作研發機構，聯合建設重點實驗室，開展基礎研究、前沿技術和共性關鍵技術研究，聯手培養研發團隊和技術人才。

26.鼓勵在廈門的臺灣同胞參與中華經典誦讀工程、文化遺產保護工程、非物質文化遺產傳承發展工程等中華優秀傳統文化傳承發展工程。支持在廈門的臺灣文化藝術界團體和人士參與大陸在海外舉辦的感知中國、中國文化年（節）、歡樂春節等品牌活動，參加「中華文化走出去」計畫。符合條件的廈臺文化項目可納入海外中國文化中心項目資源庫。

臺灣文藝工作者可以進入廈門的文藝院團、研究機構任職或研學，可以加入廈門的各類文藝社團。

鼓勵臺灣同胞參與閩南文化生態保護試驗區建設，參與廈門的閩南文化遺產保護傳承工作，申報市、區兩級閩臺非物質文化遺產項目代表性傳承人，共同傳承閩南文化及中華優秀傳統文化。

27.積極協助在廈門的臺灣同胞申報國家自然科學基金、國家社會科學基金、國家傑出青年科學基金、國家藝術基金等各類基金項目。

28.鼓勵廈臺教育文化科研機構開展中國文化、歷史、民族等領域研究和成果應用。創新廈臺合作辦學模式，拓展廈臺各級各類學校對口交流和校際協作。建立廈臺人才培訓合作機制，鼓勵臺灣優質職業院校與廈門職業院校、職業教育機構合作開展職業技能培訓，合作培訓專業人才。

29.積極協助臺灣同胞參與廈門廣播電視節目和在廈門的電影、電視劇製作和相關手續辦理。鼓勵廈門廣播電視臺、視聽網站和有線電視網引進更多臺灣

地區生產的電影、電視劇,並積極協助向上級部門申報審批。

30.臺資企業和臺灣同胞在廈門可以獨資民辦非企業單位形式舉辦高端養老機構。

符合條件的臺灣同胞在廈門可以獨資形式申辦個體診所和醫學檢驗實驗室。

31.鼓勵臺灣地區律師事務所在廈門設立代表機構。鼓勵廈臺合作建立法律查明機制,為相關商事活動提供境外法律的查明服務。

鼓勵臺灣地區的仲裁機構在廈門設立聯絡點。

鼓勵廈臺民間調解組織合作,為在廈門的企業和個人提供調解服務。

32.鼓勵臺灣同胞加入廈門經濟、科技、文化、藝術類專業性社團組織、行業協會,參加相關活動。支援臺灣地區商協會、社團、行業協會等來廈門設立辦事機構。

33.鼓勵臺灣地區圖書從廈門口岸進口並建立綠色通道,簡化進口審批流程,優先辦理相關手續。

(三) 關於臺灣同胞在廈學習實習方面

34.臺灣學生在市、區教育部門的指導下統籌安排就學。

幼稚園、小學由居住地所屬區教育局就近統籌安排就學。

在部分市屬一級達標學校國中部每年預留一定名額用於招收臺灣學生。

臺灣學生在廈門市參加中考,成績達到當年普通高中最低錄取控制線,依據個人意願可以選報廈門市省一級達標高中,錄取時依據平行志願投檔錄取。

35.設立臺灣學生獎學金、助學金。

在廈門中小學設立臺灣學生獎學金。

在廈門各高校設立臺灣學生助學金專門帳戶,接受社會捐贈,幫助家庭條件困難的在校臺灣學生完成學業。

36.鼓勵企業提供更多崗位吸引臺灣學生實習見習,並參照廈門生源畢業生職業見習補貼標準,給予臺灣學生實習見習補貼和每月 500 元的租房補貼(限1 年)。從境外首次到廈門參加實習見習(1 個月以上)的臺灣學生,給予一次性交通費補貼 2000 元。

（四）關於臺灣同胞在廈就業創業方面

37.鼓勵臺灣青年來廈門就業創業，市、區人民政府出臺的各類創業項目扶持、融資支持、科技創新、市場開拓、生產經營場所和住房租金補貼等各項優惠政策，臺灣青年同等享有。

臺灣同胞可以在廈門設立個體工商戶從事經營活動。

38.廈門市每年為臺灣同胞提供不少於 5000 個就業和實習崗位。臺灣同胞享有市、區人民政府提供的就業補貼。新引進的具有全日制碩士研究生以上學歷的臺灣同胞，在廈門工作滿一年後，按碩士（不超過 35 歲）每人 3 萬元、博士（不超過 40 歲）每人 5 萬元發放一次性生活補貼。

臺灣同胞可以根據個人需要選擇辦理就業證。

39.積極協助臺灣專業人才申請參與國家「千人計畫」。鼓勵在廈門工作的臺灣專業人才申請參與國家「萬人計畫」。鼓勵臺灣同胞參評廈門市的特聘專家或特聘專業人才。對臺灣特聘專家聘期 3～5 年內按每年 20 萬元、總計最高 100 萬元給予補助，特別優秀的可以提高到每年 30 萬元、總計最高 150 萬元。鼓勵廈門市重點產業、重點項目、重點學科聘用急需緊缺的臺灣專業人才，年薪達到廈門市上一年度城鎮單位在崗職工平均工資 4 倍以上的，按用人單位所支付年薪的 25%、最高 12 萬元標準給予補助，同一人才補助累計不超過 5 年。

簡化職稱評審手續，臺灣同胞沒有個人履歷檔案的，可以使用臺胞證或其他證明檔代替。

40.鼓勵臺灣同胞在廈門報名參加專業技術人員職業資格考試和技能人員職業資格考試。推動開展兩岸從業人員執業資格互認。臺灣同胞在臺灣地區已經取得專業服務領域執業資格的，持臺灣地區相關機構頒發的證書，經批准可以在廈門開展執業服務。

支持臺灣導遊領隊在廈門換證執業。

積極協助在臺灣地區已獲得相應資格的臺灣同胞在廈門申請大陸證券、期貨、基金從業資格。

41.協助符合條件的臺灣學生參加大陸醫師資格考試。協助取得大陸醫師資格證書的臺灣同胞，按照相關規定在廈門申請執業註冊。支援符合條件的臺灣

醫師，通過認定方式獲得大陸醫師資格。支持符合條件的臺灣醫師，按照相關規定在廈門申請註冊短期行醫，期滿後重新辦理註冊手續。

42.擴大臺灣同胞報考廈門市事業單位編內工作人員範圍。臺灣同胞具備下列學歷（位），並符合招聘崗位資格條件、招聘簡章規定的，可以參加市、區所屬事業單位補充編內工作人員招聘考試：

（1）在大陸取得國家承認的學歷（位）；

（2）取得臺灣地區碩士及以上學位並經國家教育部學歷學位認證；

（3）取得國外及港澳地區學士及以上學位並經國家教育部學歷學位認證。

43.在臺灣地區獲得教師資格證的臺灣教師可以通過特聘、購買服務、短期雙向交流等方式，在廈門的幼稚園和普通高中從事音樂、體育、美術學科教學工作。

大力吸引臺灣專家、學者、教師來廈門的高校、職業院校從事專業學科教學工作，在臺灣地區取得的學術成果可以納入工作評價體系。

（五）關於臺灣同胞在廈居住生活方面

44.來廈門就業創業的臺灣青年可以根據《臺灣青年申請廈門市市級公共租賃住房管理實施細則》，申請承租公共租賃住房。

45.對無法識別、讀取臺胞證資訊的系統設備限期進行完善升級，實現電子臺胞證在廈門與大陸居民身分證同等使用。

46.推動臺資金融機構、商家與廈門銀聯加強合作，推動中國銀聯在廈門設立兩岸業務合作專營機構。推動廈門非銀行支付機構拓展互聯網業務品種，加強與臺資金融機構、商家業務合作。鼓勵在廈門的金融機構優化臺灣同胞金融服務，為臺灣同胞辦卡開戶提供便利，方便臺灣同胞在大陸使用電子支付服務。

47.在廈門長期居住的臺灣同胞可以依照規定程序擔任市、區政協委員並參加會議，可以依照規定程序列席、旁聽市、區人大、政協會議。

48.積極協助在廈門的臺灣同胞參評中華慈善獎、梅花獎、金鷹獎等國家經濟科技文化社會領域各類評獎項目。臺灣同胞和臺資企業可以獲得廈門授予的各項榮譽稱號。

49.鼓勵臺灣同胞在廈門擔任調解員、仲裁員、陪審員、緩刑考察員、執行

監督員、檢察聯絡員、法律顧問等。

50.在廈門居住的臺灣同胞，納入社區工作站公共服務代理代辦項目服務對象。在臺灣同胞人數較多的社區設立臺灣同胞服務視窗，提供基本公共服務及惠臺政策諮詢。在臺灣同胞聚集地區設立便利臺灣同胞辦理金融業務的綠色視窗。

51.積極協助臺灣同胞和相關社團在廈門參與扶貧、支教、公益、社區建設等基層工作。支持在廈門長期居住的臺灣同胞參與廈門的社區建設和社區服務，受聘擔任社區及相關社會組織負責人。鼓勵臺灣同胞參與組建社區志願服務隊，並擔任負責人。有條件的社區可以建立以臺灣同胞個人命名的社區服務工作室，納入政府購買社區服務項目名錄。

52.在廈門居住滿一年的臺灣同胞在廈門購買商品房，在購房資格、按揭貸款、住房公積金使用等方面享受廈門居民同等待遇。

53.臺灣同胞在廈門居住期間參照廈門居民標準，可以個人身分參加職工基本養老保險或城鄉居民養老保險。

在廈門的臺灣同胞可以按照規定參加失業保險和工傷保險的，享受與廈門居民同等的保險待遇。

在廈門工作並繳交相應年份的社保後，因取得臺灣地區戶籍而放棄大陸戶籍的大陸配偶，回廈門再就業時，可以將不同時段在廈門繳交的社保轉移合併。

臺灣同胞繳交的住房公積金、社保個人帳戶儲存額，在其離開大陸時經個人申請可以一次性支取。

54.在廈門的臺灣同胞及其家屬享有與廈門居民同等的醫療衛生服務待遇。

醫療機構在按照規定書寫和保存醫療文書的同時，還應為就診的臺灣同胞提供符合臺灣地區健保機構核退費用要求的醫療文書。

55.長期在廈門生活的特困臺灣同胞入住養老機構的，參照廈門特困老人給予特定服務對象補貼；在廈門亡故，按殯葬惠民政策減免五項基本喪葬服務費用，留有孤兒的，可以由市社會福利中心予以收養。給予突遭變故致生活困難的臺灣同胞臨時救助。

56.在廈門長期居住的臺灣同胞前往鼓浪嶼，可以走廈門市民通道，直接從輪渡碼頭搭乘渡輪；年滿65周歲的臺灣同胞，參照廈門居民標準，可以享受乘

坐市內公共交通設施相關優惠。

57.臺灣同胞可以在廈門所有合法經營的賓館、酒店、家庭旅館、房車等登記住宿。

58.在廈門長期居住的臺灣同胞可以辦理廈門旅遊年卡，享受前往指定景點一整年不限次數的入園遊覽服務。

59.各級公共文化場館免費向臺灣同胞開放，在廈門的臺灣同胞在各類公共文化服務場館可以享受和廈門居民同等的公共文化服務待遇。

60.設立臺灣同胞服務中心，辦公地點設於市臺辦，作為向臺灣同胞提供服務的統一對外視窗，並開設熱線電話（968820）和微信公眾號（廈門臺辦）向臺灣同胞發布政策資訊和提供諮詢，同時通過臺胞驛站和其他區級服務視窗為臺灣同胞提供各類幫助。

關於鼓勵和支持臺灣青年來廈創業就業實施意見

（2015 年 8 月 4 日）

一、總體要求

全面貫徹落實《福建省人民政府關於鼓勵和支持臺灣青年來閩創業就業的意見》（閩政〔2015〕28 號）和我市關於兩岸青年創業創新創客基地建設以及扶持新形勢下就業創業工作的有關文件精神，高度重視臺灣青年在兩岸交流交往中的生力軍作用，建設一批臺灣青年創業基地、創客空間、就業平臺，並從中選擇效益規模和綜合條件較好的創業就業基地予以重點指導、多級扶持，將其打造成在兩岸具有重要影響的臺灣青年創業示範基地；出臺有關臺灣青年創業就業的扶持措施，在臺灣青年創業場所、資金、住房和證照辦理、社會保障等方面予以有力支持；營造臺胞在廈創業、就業、生活的溫馨氛圍，吸引更多臺灣青年來廈發展。

二、工作目標

高起點建設臺灣青年創業基地、創客空間、就業平臺，全方位優化臺灣青年在廈創業就業綜合環境，率先建成在兩岸具有重要影響的臺灣青年創業示範基地，建立健全推進臺灣青年在廈創業就業的長效機制，開創「由小到大」扶持臺灣企業在廈發展壯大、「由青年而大眾」促進兩岸同胞融合發展的新模式。

三、主要措施

（一）積極吸引臺灣青年來廈創業

1.支持多種形式創業。鼓勵和支持臺灣青年（原則上為 18～40 周歲）以獨資、合資或合夥等形式創辦企業，在我市文化創意、電子商務、高新技術、都市農業、物聯網等行業領域創業。（責任單位：各區人民政府，自貿委、火炬管委會、市臺辦、市發改委、市經信局、市科技局、市人社局、市農業局、市商務局、市市場監督管理局、團市委）

2.加大創業宣傳力度。充分利用兩岸各類新聞媒體和各種推介管道,對我市兩岸青年創業和營商環境進行廣泛宣傳。(責任單位:市臺辦)

(二)建設有影響力的臺灣青年創業基地

3.推進創業基地建設。支持在廈設立各具特色的臺灣青年創業基地或創客空間(以下簡稱「基地」),鼓勵在現有基礎條件較好的創新、創意、創業園區以及產業孵化中心建設創業基地。支援臺商、社會資本參與基地建設。對累計引進15家以上(含)臺灣青年創業企業、吸引40名以上臺灣青年、且持續經營滿一年以上的基地,市財政給予最高300萬元獎勵;對累計引進50家以上(含)臺灣青年創業企業、吸引100名以上臺灣青年、且持續經營滿一年以上的基地,市財政給予最高500萬元獎勵;對累計引進100家以上(含)臺灣青年創業企業、吸引200名以上臺灣青年、且持續經營滿一年以上的基地,市財政給予最高1000萬元獎勵。具體辦法由市臺辦會同市財政局牽頭研究制定。(責任單位:各區人民政府,市臺辦、自貿委、火炬管委會、市財政局)

4.創立創業基地品牌。選擇綜合條件較好的基地,作為我市重點基地,集中力量進行扶持。爭取國臺辦、團中央、省政府等授牌和支持,落實財政有關補助,推動建成在兩岸具有重要影響的臺灣青年創業示範基地。(責任單位:各區人民政府,自貿委、火炬管委會、市臺辦、團市委、市財政局)

(三)拓寬創業項目來源

5.放開多種准入途徑。參加兩岸青年(高校)創意創新創業大賽獲獎的項目,可以直接落戶基地,優先給予優惠政策。廈門市臺商協會等大陸臺商協會,臺灣青年創業協會總會、青年商會總會、生產力中心、育成中心以及兩岸高校、科研機構推薦的臺灣青年創業項目經認定後優先進入基地發展;臺灣青年自攜創業項目來廈的,經認定後可進入基地發展。由團市委等牽頭舉辦兩岸青年創業項目成果展示交易(洽談)會,爭取更多項目成果落戶廈門。(責任單位:各區人民政府,自貿委、火炬管委會、市臺辦、市人社局、市科技局、市市場監督管理局、團市委)

6.優先支持優質項目。對入駐基地符合廈門市科技計畫項目立項條件的高新技術項目,或擁有核心技術、市場前景的優質項目優先給予支援。(責任單位:

各區人民政府，自貿委、火炬管委會、市臺辦、市人社局、市科技局、市市場監督管理局）

（四）給予創業啓動資金扶持

7.給予創業啓動資金扶持。對臺灣青年創業項目的科技含量、規模、經濟社會效益、市場前景等進行評審，視情給予5～15萬元的創業啓動資金扶持。（責任單位：各區人民政府，自貿委、火炬管委會、團市委、市人社局）

（五）拓寬創業投融資管道

8.提供創業貸款擔保。創業項目可根據不同條件申請50萬元以內的小額擔保貸款和最高200萬元的科技貸款貼息項目支持。支援各類擔保機構爲在創業基地內創業的臺灣青年提供融資擔保。對爲臺灣青年創辦生產性企業提供擔保的擔保機構可按年度擔保額16‰給予風險補償；對爲臺灣青年創辦服務類企業提供融資擔保的擔保機構可按年度擔保額10‰給予風險補償。（責任單位：各區人民政府，自貿委、火炬管委會、市人社局、市財政局、市臺辦）

9.鼓勵金融實體提供融資支援。鼓勵和支援銀行爲創業基地臺灣青年創辦企業提供信貸服務。鼓勵社會資金成立創業投資基金，爲臺灣青年創辦企業提供投融資服務。（責任單位：各區人民政府，市金融辦、市財政局）

（六）提供必要創業場所

10.給予租金補貼。各基地根據自身條件爲臺灣青年創業提供場地、廠房、門面等必要場所支援，在前三年給予租金補貼。原則上第一年給予全額租金補貼，第二、三年分別給予適當補貼。（責任單位：各區人民政府，自貿委、火炬管委會、市財政局）

11.給予參賽項目更多支援。參加兩岸青年（高校）創意創新創業大賽獲獎的項目可申請爲期3年的100～300平方米的免租金創業場所支持或最高5000元/月的租金補貼（不可兼得）。（責任單位：各區人民政府，自貿委、火炬管委會、市財政局、團市委）

（七）提供創業輔導

12.成立創業輔導機構。依託團市委成立臺灣青年創業輔導服務中心，並在各基地平臺成立服務站，為臺灣青年提供項目對接、辦公場所、資金扶持、稅收減免、貸款融資及工商、稅務註冊登記等項目落地各種輔導服務，並說明協調解決子女就學、住房補貼、社保醫療等問題。鼓勵創業基地為臺灣創業青年提供路演、對接融資、管理諮詢、市場拓展、創客團隊匹配等服務。（責任單位：各區人民政府，團市委、自貿委，火炬管委會）

13.拓寬創業輔導途徑。允許臺灣創業青年聘任一名創業導師，創業導師享有臺灣創業青年除創業資金支持以外的各項待遇。推動組建由兩岸青年社團、高校、企業家等共同組成的臺灣青年創業輔導服務團隊，為臺灣青年來廈創業提供政策解讀、創業項目推薦、就業資訊諮詢、培訓教育等服務。（責任單位：各區人民政府，團市委、自貿委、市人社局）

（八）幫助臺灣創業青年更好成長和發展

14.資助培訓經費。支持臺灣創業青年參與廈門市創業創新領軍人才或創業創新團隊核心人才評定，獲評的臺灣青年 3 年內參加境內外學習培訓的，給予培訓費補貼（總額最高不超 5 萬元）。（責任單位：各區人民政府，市人社局、市財政局）

15.搭建更多成長平臺。支持臺灣創業青年參與評選廈門市青年「雙百計畫」、臺灣特聘專家等各類高層次人才。支持臺灣創業青年參與在廈舉辦的經貿領域論壇、活動；支持臺灣創業青年參加兩岸創業青年的交流合作活動。支持臺灣青年科技人員參與兩岸共同關注的重大科學問題和關鍵技術問題合作研究，通過「促進海峽兩岸科技合作聯合基金」，並經專家評審予以立項資助。鼓勵符合條件的在廈臺灣青年創業團隊或創立的企業參加中國創業大賽（福建賽區）暨福建創新創業大賽，按大賽相關扶持政策予以支持。支持成立臺胞驛站、設立微信公眾號，便利臺灣青年與在廈臺胞等進行交流。（責任單位：各區人民政府，自貿委、火炬管委會、團市委、市人社局、市科技局、市教育局、市臺辦、市國資委）

16.開展實地指導。邀請兩岸知名專家和業界知名人士到基地提供指導服務。

鼓勵在廈高校、科研機構和企業設立的工程研究中心等單位組織人員到基地實地考察、對接，爲創業企業提供技術開發支撐或聯合進行技術開發，市科技計畫優先給予立項並給予經費支援。（責任單位：團市委、市人社局、市科技局）

（九）提供住房保障

17.提供居住用房或給予租房補貼。支援有條件的基地設立人才公寓，提供給臺灣創業青年居住。對入駐創業基地自行租房的臺灣創業青年，可享受期限最長不超過 3 年的租房補貼，補貼標準不超過 2000 元/月。（責任單位：各區人民政府，自貿委、火炬管委會、市人社局）

18.鼓勵和支持在廈購房。支持在廈創業臺灣青年在我市繳存住房公積金以及申請公積金貸款。被評定爲廈門市創業創新領軍人才或創業創新團隊核心人才的臺灣創業青年，在廈購置自用住房的，給予購房補貼；被認定爲廈門市創業創新優秀團隊的，可給予團隊成員每人每年 4 萬元生活補貼（每個團隊不超過 5 人，累計年限不超過 3 年）。符合其他高層次人才政策規定情形的就高享有補貼、補助。本人或配偶已在廈獲得人才公寓的臺灣青年不再享受廈門市貨幣化補貼的相關政策。（責任單位：各區人民政府，自貿委、火炬管委會、市國土房產局、市財政局、市人社局）

（十）便利子女就學

19.支持選擇優質教育資源。臺灣創業青年子女就讀小學由市、區教育行政部門按照就近入學原則負責辦理入、轉學手續；就讀初、高中可報考我市初、高中臺生班，不收取國家規定以外費用。（責任單位：各區人民政府，市教育局、市臺辦）

20.提升辦學水準。引進和支持國際知名辦學機構在廈辦學，提升我市辦學水準，爲在廈臺灣青年子女就學提供更多選擇。（責任單位：市教育局）

（十一）完善社保等必要保障

21.解決社保需求。臺灣青年在廈創業，本人及所聘用的臺灣青年簽訂勞動合同並繳納社會保險費的，可同等享受用人單位招收應屆高校畢業生社會保險補貼政策。爲入駐基地臺灣青年提供基本養老、基本醫療、失業和工傷等保險服

務，爲無參保的臺灣創業青年在廈就醫後回臺報銷醫療費用提供便利。（責任單位：市人社局，市衛計委）

22.給予更多必要保障。對臺灣創業青年從境外運抵廈門的必要生產設備和生活必需品予以通關便利等支持。（責任單位：市口岸辦）

（十二）支持臺灣青年在廈就業、實習

23.支持臺灣青年在廈就業。推動在臺灣創業青年中定向招錄企事業單位員工和管理層人員、教職人員或在相關招錄工作中予以政策傾斜。邀請臺灣創業青年參加在廈舉辦的兩岸各類人才對接活動。推動允許在臺灣取得或者在大陸通過考試取得護士、建築師、醫師執業資格的臺灣專業人士在創業基地內註冊執業。推動允許臺灣地區其他醫療專業技術人員比照港澳相關醫療專業人員在大陸執業管理政策在基地內從事相關醫療活動。簡化臺灣專業從業人員在廈門申請從業人員資格和取得執業資格的相關程序。鼓勵在廈大中專院校招收臺灣學生，市里按每個臺灣學生每年 1000 元的標準補助給所在院校；由市里設立獎學助學基金給予臺灣學生一定額度的免息貸款支持。（責任單位：市人社局、市教育局、市財政局、市衛計委、市建設局）

24.支持臺灣青年來廈實習。依託臺灣青創總會等青年團體收集回饋臺灣青年來廈實習的需求，建立企業用人和臺灣大學生實習需求的常態化對接機制，接收臺灣大學生實習實訓的用人單位和來廈實習的臺灣青年，享受人才工作經費的相關補助。（責任單位：團市委、市人社局、市教育局、市臺辦）

四、組織保障

（一）強化組織領導。成立廈門市臺灣青年創業就業領導小組，統籌推進臺灣青年創業就業有關工作。整合我市專家和高層次人才資源，開展臺灣青年創業項目評定和指導工作。各區人民政府、自貿委、火炬管委會是本轄區基地的建設和管理主體，負責本轄區臺灣青年創業就業工作的組織實施。

（二）強化工作落實。各有關單位要進一步細化工作措施，制定具體實施辦法，確保政策落實到位。將鼓勵和支援臺灣青年創業就業工作納入市府辦工作督查事項，原則上每半年進行一次督促檢查。

　　（三）強化分類指導。有關單位要加強對創業基地的分類指導，引導創業項目按照匹配程度進入基地發展，培育基地特色。各基地按期對創業項目進行考評，按項目發展情況給予獎勵和扶持。實施意見印發之日起，臺灣青年在基地外已設立的創業項目經認定後可進入基地，並適用有關創業扶持措施。

廈門兩岸青年創業創新創客基地扶持辦法實施細則

（2016 年 1 月 7 日）

第一條　根據《廈門兩岸青年創業創新創客基地扶持辦法》（以下簡稱爲《扶持辦法》）規定，制定本實施細則。

第二條　本實施細則由廈門兩岸青年創業創新創客基地扶持辦法評審工作小組（以下簡稱「評審工作小組」）組織實施。

評審工作小組由中國（福建）自由貿易試驗區廈門片區管理委員會（以下簡稱「市自貿委」）財政金融局、市自貿委海滄辦、海滄區財政局、廈門海投供應鏈有限公司有關人員組成。

第三條　扶持對象須具備以下條件：

（一）在三創基地註冊並經營（含遷入）的企業，原則上企業創辦人（法定代表人）爲年齡不超過 45 周歲的兩岸青年。三創基地的具體範圍由市自貿委與海滄區共同確定。

（二）企業從事的行業須符合《扶持辦法》規定的相關行業。

第四條　《扶持辦法》中的「臺灣注資的企業」是指臺灣籍股東持股達到 25%及以上的合資公司。

第五條　申請廠房改造補助的企業，須將廠房改造項目報市自貿委海滄辦，提請市自貿委與海滄區政府聯席會研究同意，由區財政統一撥付。

第六條　申請廠房改造補助的企業，須向市自貿委海滄辦提交以下材料：

（一）申請表（附件 1）；

（二）工程預算；

（三）結算表；

（四）廠房交接手續相關材料；

（五）營業執照影本。

第七條　申請開辦補助的企業，應在企業有效運營滿一年後申請（運營時間從企業與基地簽訂租賃協定且實際到資的時點算起），須向基地運營公司提交以下初審材料：

（一）申請表（附件 2）；

（二）營業執照（影本）；

（三）法人代表身分證或護照、臺胞證（影本）；

（四）辦公場所租賃合同（影本）；

（五）實際到資證明須滿足以下條件之一：

1.由銀行蓋章證明的企業對公資本帳戶進賬記錄；

2.由法定的驗資機構出具的驗資證明；

（六）企業開業以來的運行情況報告，以及職工繳交社保、納稅情況等相關證明材料（若有則提供，若沒有則應提供其他有效運行的證據）。

第八條　基地運行公司應在每個月 5 日前統計上個月的企業運行情況，填寫《企業運行情況統計表》，送市自貿委海滄辦備案。《企業運行情況統計表》將作為企業有效運營的重要依據。

第九條　申請住房補貼的企業，須向基地運營公司提交如下初審材料：

（一）申請表（附件 2）；

（二）營業執照（影本）；

（三）法人代表身分證或護照、臺胞證（影本）；

（四）辦公場所租賃合同（影本）；

（五）社保證明或個稅繳交證明、補助人員明細表等相關證明材料；

（六）員工房屋租賃合同（影本）。

第十條　申請租金補貼的企業，須向基地運營公司提交如下初審材料：

（一）申請表（附件 2）；

（二）營業執照（影本）；

（三）法人代表身分證或護照、臺胞證（影本）；

（四）辦公場所租賃合同（影本）。

第十一條　申請貸款擔保補貼的企業，須向基地運營公司提交如下初審材料：

（一）申請表（附件 2）；

（二）營業執照（影本）；

（三）法人代表身分證或護照、臺胞證（影本）；

（四）辦公場所租賃合同（影本）；

（五）與銀行（金融機構）簽訂的借款合同（影本）；

（六）借款銀行（金融機構）開具的授信協議（影本）；

（七）擔保公司開具的擔保證明原件；

（八）擔保公司開具的擔保費發票（影本）。

第十二條　開辦補助、住房補貼、租金補貼、貸款擔保補貼根據《扶持辦法》的相關規定執行，由入駐企業於每年 4 月、7 月、10 月、次年 1 月前向基地運營公司提交當年第一、二、三、四季度需扶持項目材料，基地運營公司收到材料後於當月 15 日前出具證明意見並匯總，報市自貿委海滄辦受理，經評審工作小組評定，確定補貼對象名單及補貼金額並公示。

第十三條　相關補貼資金，由海滄區財政局根據公示結果，先行統一撥付補助資金，再按照收益原則由相關財政進行分擔。

第十四條　享受補貼的對象在申請過程中若存在提交材料不實、偽造證據等欺詐行為的，一經查實，將追繳其扶持補貼資金，並依法追究相關人員責任。享受補貼的人員在扶持期內有違法違紀行為，或撤離基地的，將取消其補助資格並追繳已領取的相關補貼。

第十五條　扶持對象設立一年內沒有產生稅收的，可享受本實施細則相關補貼政策；設立滿一年後仍沒有產生稅收的，不再繼續享受本實施細則相關補貼政策。

第十六條　本實施細則由市自貿委海滄辦、海滄區財政局負責解釋。

第十七條　本實施細則自發布之日起實施，有效期至 2017 年 12 月 31 日。

湖裡區關於鼓勵和支持臺灣青年創業實施辦法

（2016 年 1 月 27 日）

第一章　總則

第一條　爲了貫徹落實《廈門市人民政府辦公廳關於印發鼓勵和支持臺灣青年來廈創業就業實施意見和通知》（廈府辦〔2015〕147 號文），並根據《廈門市人民政府辦公廳轉發市臺辦關於臺灣青年來廈創業就業優惠政策申報的通知》（廈府辦〔2015〕194 號文）要求，現就我區負責落實的相關鼓勵和支持政策，制定具體實施辦法。

第二條　臺灣青年是指以獨資、合資或合夥等形式，在我區創業的，年齡在 18～40 周歲的臺籍人員。創業領域應符合我區「6+3」產業導向，並重點鼓勵在高新技術、互聯網+、軟體資訊、IC 設計、文化創意等新興產業領域創業。

第三條　成立湖裡區臺灣青年創業工作領導小組，研究制定、統籌協調、指導服務臺灣青年到我區創業的相關事宜，領導小組下設辦公室，掛靠區臺辦。

第二章　申報條件

第四條　臺灣青年申報創業優惠政策應同時具備下列條件：

（一）臺灣青年所創辦企業必須註冊在湖裡區，依法經營並在湖裡區繳納稅收。

（二）企業法定代表人必須爲臺灣青年。

第三章　支援內容與標準

第五條　給予創業啓動資金扶持。對臺灣青年創業項目投資運營滿 1 年的，實際出資 10～20 萬元（含 20 萬元），給予 5 萬元創業啓動資金扶持；實際出資 20～50 萬元（含 50 萬元），給予 10 萬元的創業啓動資金扶持；實際出資 50 萬元以上，給予 15 萬元的創業啓動資金扶持。（責任部門：區臺辦）

第六條　提供創業貸款擔保。創業項目可根據不同條件申請 50 萬元以內的小額擔保貸款和最高 200 萬元的科技貸款貼息項目支持。支援湖裡區各類擔保

機構爲在我區創業的臺灣青年提供融資擔保。對爲臺灣青年創辦生產性企業提供擔保的擔保機構可按年度擔保額 16‰給予風險補償；對爲臺灣青年創辦服務類企業提供融資擔保的擔保機構可按年度擔保額 10‰給予風險補償。（責任部門：區經信局，區文體局，區商務局）

第七條　給予辦公場所租金補貼。對臺灣青年租用場地、廠房、門面等創業，運營滿 1 年以上的給予爲期 3 年的租金補貼，第一年按租金全額補貼，第二年按租金的 70%補貼，第三年按租金的 50%補貼，最高至 200 平方米，最高至 1 萬元/月。（責任部門：區經信局，區文體局，區商務局）

第八條　給予參賽項目支援。參加兩岸青年（高校）創意創新創業大賽獲獎的項目落戶我區，項目主創人員中至少有一半臺灣籍青年，且運營滿 1 年以上，可申請爲期 3 年的 100～300 平方米的免租金創業場所支持，最高至 2 萬元/月的租金補貼，每個項目僅限申請一次。（責任部門：團區委）

第九條　給予培訓經費資助。支持臺灣創業青年參與廈門市創業創新領軍人才或創業創新團隊核心人才評定，獲評的臺灣青年 3 年內參加境內外學習培訓的，給予培訓費補貼，總額最高至 5 萬元。（責任部門：區委人才辦，團區委）

第十條　給予居住用房租金補貼。與自行租房的臺灣創業青年，可享受最長 3 年的租金補貼，補貼標準按實際租金給予補貼，最高至 2000 元/月。（責任部門：區臺辦）

第十一條　被認定爲廈門市創業創新優秀團隊的，給予團隊中的臺灣青年成員每人每年 4 萬元生活補貼，每個團隊最多 5 人，累計 3 年，獲評後按年度進行受理。（責任部門：團區委）

第十二條　支持選擇優質教育資源。臺灣創業青年子女就讀區屬小學由區教育行政部門按照就近入學原則負責辦理人、轉學手續；就讀初、高中可報考我市初、高中臺生班，不收取國家規定以外費用。（責任部門：區教育局）

第四章　申報與認定

第十三條　申報與認定程序：

（一）符合條件的企業向納稅所屬街道提出申請。

（二）街道爲受理單位，對申請材料進行初始，確保材料的完整性和眞實

性，出具初審意見，並轉區責任部門複審。

（三）區責任部門聯合街道對材料和現場進行覆核，對不符合條件的，應書面答覆並說明理由；符合條件的轉由各街道辦理資金撥付等手續。

第十四條　受理時間：

原則上每半年受理一次，各街道以每年的 6 月、12 月接受臺灣青年創業優惠政策的申報，每年的 7 月底和隔年的 1 月底兌現支持政策。

子女就學的申報與認定以區教育局為受理單位，小學每年 8 月上旬辦理，國中、高中按照招生工作時間辦理。

第十五條　申報材料：

（一）湖裡區臺灣青年創業認定申報表（詳見附表 1 至附表 8）

（二）臺胞證影本

（三）分項提供以下資料：

1.申請創業啟動資金的需提供：項目說明書和註冊資金證明；創業企業法人證書和營業執照副本（影本，並加蓋公章）。

2.申請辦公場所和居住用房租金補貼的需提供：相應場地和住房租賃合同、租金票據影本。

3.申請參賽獲獎項目支援的需提供：創意創新創業大賽的獲獎證明；創業場所租賃合同和租金票據影本。

4.申請培訓經費的需提供：創業青年獲評市創業創新領軍人才或創業創新團隊可信人才的證明文件和培訓證明材料（影本，並加蓋公章）。

5.申報優秀團隊成員生活補貼的需提供：創業創新優秀團隊的獲獎證明（影本）和優秀創業團隊人員名單（包括姓名、性別、證明類型及號碼等資訊）。

6.申請子女就學的需提供：申請小學就讀的，需提供適齡兒童與監護人的身分證或臺灣居民《來往大陸通行證》的原件及影本；填寫臺灣學生借讀申請表（詳見附表 9，一式四份）。

第五章　附則

第十六條　各街道要制定年度資金計畫，確保優惠政策及時兌現，所需資金按區街財政體制承擔，通過體制結算。

第十七條　扶持對象按照「就高從優不重複」原則，享受我區相關政策。

第十八條　本辦法由湖裡區人民政府臺灣事務辦公室負責解釋，自發布之日起施行。

湖裡區鼓勵和支持臺灣青年創業就業實施辦法

（2020 年 5 月 12 日）

第一章　總則

第一條　爲了貫徹落實市委關於進一步深化廈臺經濟社會文化交流合作的精神，根據《廈門市人民政府辦公廳關於印發鼓勵和支持臺灣青年來廈創業就業實施意見的通知》（廈府辦〔2015〕147 號），《廈門市人民政府辦公廳轉發市臺辦關於臺灣青年來廈創業就業優惠政策申報辦法的通知》（廈府辦〔2015〕194 號）檔的要求，結合本區實際情況，制定本實施辦法。

第二條　本實施辦法所指的臺灣青年，是指在我區創業或就業，年齡在 18～45 周歲的臺灣同胞。臺灣青年創業企業（以下簡稱青創企業）是指以臺灣青年獨資、合資或合夥等形式註冊在（或遷入）本區並依法持續有效運營、創業領域符合我區「2+4+N」產業導向政策的各類企業（重點鼓勵在高新技術、互聯網+、軟體資訊、IC 設計、文化創意等新興產業領域創業）。

第三條　成立湖裡區臺灣青年創業就業工作領導小組，研究制定、統籌協調、指導服務臺灣青年到我區創業就業的相關事宜。領導小組下設辦公室，掛靠區臺港澳辦，負責處理轄區內臺灣青年創業就業的日常事務，協調組織有關部門對優惠政策項目進行評審，爲臺灣青年提供相關法規諮詢、優惠政策兌現和創業就業輔導等系列服務。

第二章　扶持內容、標準

第四條　創建臺灣青年創業就業示範基地（以下簡稱青創基地）。青創基地是指本區內面向臺灣青年創業就業設立並形成一定聚集規模的園區、樓宇或商圈。支持和鼓勵轄區內基礎條件較好的創新、創意、創業園區以及孵化中心創建市級（含）以上青創示範基地。青創基地運營主體必須在本區註冊並納稅的企業、社團等單位。各單位應根據省、市對青創基地的有關規定提出基地申報材料向區臺港澳辦報備。

第五條　給予創業啓動資金扶持。註冊（或跨區遷入並未享受過其他區同

等政策的）並實際運營滿 6 個月（含）以上的青創企業，組織評審小組對臺灣青年創業項目的科技含量、規模、經濟社會效益、市場前景等進行評審，結合到資情況給予最高不超過人民幣 15 萬元的創業啓動資金扶持，且每個項目只能申請參加一次評審，評審辦法由區臺港澳辦另行制定。（責任部門：區臺港澳辦）

第六條　給予經營場所租金補貼。申請經營場所租金補貼的青創企業，需符合下列條件，並結合日常走訪與實地核查情況酌情給予補貼：

對註冊（或跨區遷入並未享受過其他區同等政策的）或稅務關係落戶在湖裡區且爲首次申領該項補貼的青創企業，租用必要的寫字樓、廠房、門面等經營場所，且實際運營滿 6 個月（含）以上的青創企業，自條件滿足之日起，可給予爲期三年的租金補貼，第一年以其實付租金爲標準租金按全額計算補貼；第二年以其實付租金爲標準租金，按 70%計算補貼；第三年以其實付租金爲標準租金，按 50%計算補貼。（標準租金指的是每家青創企業的每月實際租金，但最高不超過人民幣 1 萬元/月。）（責任部門：區工信局、區文旅局、區商務局）

第七條　給予居住用房租金補貼。符合申報條件要求，並自行在湖裡區租房的臺灣青創企業法定代表人，可申請期限最長不超過三年的租房補貼。實際入住滿 6 個月（含）以上，按實際支付的租房租金給予補貼，最高不超過人民幣 2000 元/月。申請租金補貼的，將所承租的房屋在申報年度內進行轉租或者提前解約的，責任部門有權拒絕發放或者以合理方式追回租金補貼。（責任部門：區臺港澳辦）

第八條　給予臺灣青年正規就業工資性補貼。自本辦法實施之日起到湖裡區用人單位正規就業（與用人單位簽訂勞動合同、在廈門市就業管理系統就業登記且繳交社會保險）滿 6 個月以上的臺灣青年（申報時用人單位若爲企業的，該企業的稅收應歸屬爲湖裡區），給予就業工資性補貼，補貼期限最長不超過 12 個月，補貼標準爲人民幣 300 元/月。（責任單位：區人社局）

第九條　對符合湖裡區產業人才公寓申請條件的臺灣青年，可申請入住區人才公寓，享受爲期兩年的租金優惠，每人每月可減免人民幣 1000 元/月。（責任單位：區發改局）

第十條　提供創業貸款擔保。創業項目可根據不同條件申請人民幣 50 萬元以內的小額擔保貸款和最高人民幣 200 萬元的科技貸款貼息項目支持。支援湖

裡區各類擔保機構為在湖裡區創業的臺灣青年提供融資擔保。對為臺灣青年創辦生產性企業提供擔保的擔保機構可按年度擔保額 16‰給予風險補償；對為臺灣青年創辦服務類企業提供融資擔保的擔保機構可按年度擔保額 10‰給予風險補償。（責任部門：區工信局、區文旅局、區商務局）

第十一條　給予參賽項目支援。參加兩岸青年（高校）創意創新創業大賽獲獎的項目落戶湖裡區，項目主創人員中至少有半數以上臺灣青年，且項目實施滿 1 年（含）以上，可申請為期 3 年的 100～300 平方米的免租金創業場所支持或最高不超過人民幣 2 萬元/月的辦公場所租金補貼。（責任部門：團區委）

第十二條　給予培訓經費資助。支持臺灣青年參與市級（含）以上行業主管部門舉辦的創業創新領軍人才或創業創新團隊核心人才評定，在上述評定活動中成功獲評的臺灣青年自獲評之日起 3 年內參加境內外學習培訓的，按其已實際支出的培訓費用，給予相應的培訓費補貼，總額最高不超過人民幣 5 萬元。上述培訓費補貼按年度提出申請，其已實際支出的培訓費在人民幣 5 萬元以下的按實際培訓費計算補貼金額。（責任部門：區委人才辦、團區委）

第十三條　給予創業創新優秀團隊資助。對於湖裡區內的創業團隊，如被市級（含）以上行業主管部門認定為創業創新優秀團隊的，可給予團隊中臺灣青年成員每人每年人民幣 4 萬元生活補貼，每個團隊獲補貼人數不超過 5 人、累計發放年限不超過 3 年。上述創業創新優秀團隊資助，獲評後按年度提出申請。（責任部門：團區委）

第十四條　本辦法未列入或未明確的其他扶持內容、標準，按照省、市相關檔規定執行。

第三章　申報與認定程序

第十五條　申報流程

1.符合條件的申報對象，向納稅所屬街道或區臺港澳辦等相關牽頭單位諮詢，向納稅所屬街道提交申請材料。

2.屬湖裡區級財政補貼的項目須由納稅企業所在街道出具初審意見。

3.責任部門複審、報評審小組會審。

4.區臺灣青年創業就業工作領導小組審定。

第十六條　申報、受理主體。

1.申報主體（青創企業、臺灣青年及臺灣青年創業團隊）申請相關政策，由企業法定代表人本人、臺灣青年本人或臺灣青年創業團隊負責人本人持有效的身分證件及相關材料向納稅所屬街道提出申請，不得委託他人或機構、組織代爲申請。

2.納稅青創企業所屬街道爲湖裡區財政補貼的項目的受理單位，街道對是否符合申報條件進行初審，符合條件的進行收件；不符合條件的當場說明原因，對材料是否齊全履行一次性告知義務。

收件後在 10 個工作日內對企業的眞實性和材料的完整性進行核實，對情況不屬實的書面回饋申報企業；對情況屬實的簽署意見並提出扶持金額建議，蓋章確認後，根據所申報的項目報送區相關責任部門。

第十七條　申報條件。臺灣青年申報創業就業優惠政策時應滿足下列條件要求：

1.就申報優惠政策期間，需在廈門市累計居住滿 3 個月或 90 天以上；

2.青創企業的註冊地及辦公地（同屬納稅所屬街道）且必須在湖裡區，依法持續經營並合法繳納稅收；

3.青創企業的法定代表人必須爲臺灣青年，且臺灣青年的貨幣出資占比須在 51%以上；

4.青創企業經營、申報的創業領域需滿足我區相關產業政策要求；

5.必須滿足申報優惠政策項目及程序等其他具體要求。

第十八條　審核程序。部門複審後，報評審小組會審，會審通過後提交區臺灣青年創業就業工作領導小組審定。責任部門負責項目扶持金額的核定。責任部門自收到街道報送的材料後 10 個工作日內進行複審，對有疑議的，與街道溝通並徵詢申報企業；不符合條件的，書面說明並轉由街道送達企業；對沒有疑議的，就扶持金額出具核定意見後報區臺灣青年創業就業工作領導小組會議研究確定。

對部門難以裁定的事項，提交區臺灣青年創業就業工作領導小組辦公室研究後上報區臺灣青年創業就業工作領導小組會議研究確定。申報對象不完全符合上述條件的，但個人專業能力、業績特別突出或者創業項目屬於我區重點發

展領域緊缺項目，可實行「一事一議、一人一策」，經各街道初審並由職能部門等提出申請，由領導小組認定後，可享受本辦法的優惠政策。本辦法其他未盡事宜，由區臺灣青年創業就業工作領導小組另行研究決定。

第十九條　資金撥付。街道根據區臺灣青年創業就業工作領導小組會議紀要確定的扶持金額，在收到責任部門轉達核定檔並收到企業收款收據後 10 個工作日內辦理資金撥付。所需資金按區街財政體制承擔，通過體制結算。

第二十條　受理時間。青創企業、臺灣青年及臺灣青年創業團隊申報扶持、補助和獎勵，原則上每半年受理一次，各街道以每年的 6 月、12 月接受申報。

第二十一條　申報材料。申報各項扶持、補助和獎勵，按照相關要求提供材料。

第四章　監督管理

第二十二條　區臺港澳辦及職能部門依職負責監督檢查扶持獎勵資金發放使用情況。對於申報對象有弄虛作假騙取優惠政策的，職能部門負責採取通報批評、停止撥款、追回已發放的扶持資金等措施予以追究，並取消今後享受所有優惠政策的資格；同時依照法律和有關規定追究有關企業和個人責任。

第二十三條　臺灣青年（青創企業）存在嚴重失信、違規行為被相關部門列入違規失信聯合懲戒黑名單的，不得享受本意見所列各項資金獎勵和補助措施，已享受獎勵或補助的，政府有權追回已發放的扶持資金。

第五章　附　則

第二十四條　申報對象申請我區同類型的項目補助，按照「就高從優不重複」原則，享受相關優惠政策。

第二十五條　本辦法由湖裡區人民政府臺港澳事務辦公室負責解釋。

第二十六條　本辦法自發布之日起施行，有效期三年。對已申報兌現的項目且仍符合政策申報條件的企業和個人按本辦法持續執行。

思明區落實臺灣青年實習就業創業優惠政策辦法

（2018 年 9 月 26 日）

第一章 總則

第一條 爲貫徹落實《中共廈門市委辦公廳 廈門市人民政府辦公廳關於進一步深化廈臺經濟社會文化交流合作的若干措施的通知》（廈委辦發〔2018〕18 號）（以下簡稱「惠臺 60 條」）、《廈門市人民政府辦公廳關於印發鼓勵和支持臺灣青年來廈創業就業實施意見的通知》（廈府辦〔2015〕147 號）檔精神，鼓勵和支持臺灣青年來本區實習、就業和創業，根據《廈門市人民政府辦公廳轉發市臺辦關於臺灣青年來廈創業就業優惠政策申報辦法的通知》（廈府辦〔2015〕194 號）等要求，結合本區實際情況，制定本辦法。

第二條 本辦法所指的臺灣青年，是指在本區實習、就業或創業，年齡在 18 周歲～45 周歲的臺灣同胞。臺灣青年創業企業（以下簡稱青創企業）是指以臺灣青年獨資、合資或合夥等形式註冊在（或遷入）本區並持續有效運營、符合本區產業發展政策的各類企業。

第三條 成立思明區臺灣青年實習就業創業工作領導小組（以下簡稱領導小組），研究、統籌、協調、指導臺灣青年在本區實習就業創業的重大事項。領導小組下設辦公室，掛靠區臺辦，負責處理轄區內臺灣青年實習就業創業的日常事務，協調組織有關部門對優惠政策項目進行評審，爲臺灣青年提供相關法規諮詢、優惠政策兌現和實習就業創業輔導等系列服務。

第二章 扶持內容及標準

第四條 創建臺灣青年就業創業示範基地（以下簡稱青創基地）。青創基地是指轄區內面向臺灣青年創業就業設立並形成一定聚集規模的園區、樓宇或商圈。支持和鼓勵轄內基礎條件較好的創新、創意、創業園區以及產業孵化中心創建市級以上青創示範基地。青創基地運營主體必須是在本區註冊並納稅的企業、社團等單位。各單位應根據省、市對青創基地的有關規定提出基地申報材料向區臺辦報備。

第五條　給予創業啓動資金扶持。對臺灣青年創業項目的科技含量、規模、經濟社會效益、市場前景等進行評審，對符合下列情形之一的，視情況給予相應的創業啓動資金扶持：

1.註冊在（或遷入）青創基地內並在青創基地實際運營滿 3 個月的青創企業，根據項目評審得分情況結合以下標準給予創業啓動資金扶持：

（1）實際到資或增資（指臺灣青年出資，下同）人民幣 10 萬元（含 10 萬元）的，按上述到資（或增資）金額的 50%計算創業啓動資金扶持；

（2）實際到資或增資在人民幣 10～20 萬元（含 20 萬元）的，前 10 萬元到資（或增資）金額按 5 萬元計算，對超出 10 萬元部分的到資（或增資）金額按 40%計算創業啓動資金扶持；

（3）實際到資或增資在人民幣 20 萬元以上的，前 20 萬元到資（或增資）金額按 9 萬元計算，對超出 20 萬元部分的到資（或增資）金額按 30%計算創業啓動資金扶持，但總扶持金額不超過人民幣 15 萬元。

2.對 2018 年 8 月 4 日起，新註冊（遷入）或稅務關係新落戶在思明區的青創企業，符合實際投資規模達人民幣 50 萬元以上，經營場所承租面積達 100 平方米以上，註冊在（或遷入）思明區實際運營滿 6 個月且在上述運營期間的營業額累計達人民幣 20 萬元以上的青創企業；根據項目評審得分情況，視情況給予人民幣 10～15 萬元創業啓動資金扶持。

第六條　給予經營場所租金補貼。申請經營場所租金補貼的青創企業，需符合下列條件之一：

1.對租用青創基地內場地、店面等辦公場所的青創企業，且在青創基地已實際運營滿 6 個月的。

2.對 2018 年 8 月 4 日起，新註冊（遷入）或稅務關係新落戶在思明區的青創企業，租用辦公、經營場所的，符合實際投資規模達人民幣 50 萬元以上，經營場所承租面積達 100 平方米以上，註冊在（或遷入）思明區實際運營滿 6 個月且在上述運營期間的營業額累計達人民幣 20 萬元以上的青創企業。

對於符合上述條件之一的青創企業，按以下標準給予經營場所租金補貼：自青創企業滿足前述第（1）或第（2）項條件之日起，第一年按其已實際支付的經營場所租金的 100%計算租金補貼，第二年按其已實際支付的經營場所租金的

70%計算租金補貼，第三年按其已實際支付的經營場所租金的 50%計算租金補貼。但每家青創企業的租金補貼金額最高不超過人民幣 5000 元/月，其已實際支付的經營場所租金低於 5000 元/月的，按實際租金金額給予計算租金補貼。上述經營場所租金補貼按年度提出申請。

第七條　給予參賽項目更多支援。參加市級（含）以上行業主管部門舉辦的各類創意創新創業大賽獲獎的項目新落戶思明區，項目主創人員中至少有半數以上為臺灣青年，視情況可給予為期 3 年的 100～300 平方米的免租金創業場所支持或最高不超過人民幣 5000 元/月的辦公場所租金補貼。

第八條　資助培訓經費。支持臺灣青年參與市級（含）以上行業主管部門舉辦的創業創新領軍人才或創業創新團隊核心人才評定，在上述評定活動中成功獲評的臺灣青年自獲評之日起 3 年內參加境內外學習培訓的，按其已實際支出的培訓費用，給予相應的培訓費補貼（總額最高不超過人民幣 5 萬元）。上述培訓費補貼按年度提出申請，其已實際支出的培訓費在 5 萬元以下的按實際培訓費計算補貼金額。

第九條　給予租房補貼。申請租房補貼需符合下列條件之一：

1.入駐青創基地並自行租房的創業就業臺灣青年。

2.屬於 2018 年 8 月 4 日後來廈新入職於思明區納稅企業，並自行租房的臺灣青年。

符合上述條件之一的，可申請期限最長不超過 3 年的租房補貼。實際入住滿 3 個月的臺灣青年，按以下標準申請租房補貼：第一年按實際已支付租房租金的 100%計算租房補貼，第二年按實際已支付租房租金的 70%計算租房補貼，第三年按實際已支付租房租金的 50%計算租房補貼。每人最高補貼金額不超過人民幣 2000 元/月，實際租金低於人民幣 2000 元/月的，按實際租金計算租房補貼。

第十條　創業創新優秀團隊補貼。對於思明區內的創業團隊，如被市級（含）以上行業主管部門認定為創業創新優秀團隊的，可給予團隊中臺灣青年成員每人每年人民幣 4 萬元生活補貼（每個團隊不超過 5 人、累計發放年限不超過 3 年）。

第十一條　積極協助符合條件的對象對接落實廈門市惠臺 60 條相關政策

內容。

1.鼓勵思明區內企業提供更多崗位吸引臺灣學生實習，並參照廈門生源畢業生職業見習補貼標準，對到思明區納稅企業實習的臺灣學生，給予實習補貼和每人每月 500 元的租房補貼（發放年限不超過 1 年）。對從境外首次到廈門並在思明區納稅企業參加實習（實際實習時間達 1 個月以上）的臺灣學生，給予一次性交通費補貼 2000 元。

2.自 2018 年 4 月 10 日起，新引進的具有全日制碩士研究生以上學歷或經教育部認證在境外取得碩士及以上學位的臺灣同胞，在廈門企業（含民辦非企業）、駐廈省部屬和市、區（園區）屬事業單位（不含參公事業單位）工作滿一年且申報時仍在思明區工作的（申報時用人單位若為企業的，該企業的稅收應歸屬為思明區），按碩士（不超過 35 周歲）每人 3 萬元、博士（不超過 40 周歲）每人 5 萬元發放一次性生活補貼。

3.積極協助思明區企業臺灣專業人才申請參與國家級人才計畫。鼓勵臺灣同胞參評廈門市的特聘專家或特聘專業人才。對臺灣特聘專家聘期 3～5 年內按每年 20 萬元、總計最高 100 萬元給予補助，特別優秀的可以提高到每年 30 萬元、總計最高 150 萬元。

第十二條　本辦法未列入或未明確的其他優惠政策項目，按照省、市相關檔規定執行。

第三章　辦理程序

第十三條　申報流程。

1.符合條件的申報對象，向區臺辦等相關牽頭單位諮詢或提交申請材料。

2.屬於區級財政補貼的項目須報青創基地或思明區納稅企業所在街道出具初審意見。

3.報評審小組會審。

4.報區政府審批。

第十四條　受理時間。以區臺辦牽頭的項目原則上按每季度受理一次，以每年的 2 月、5 月、8 月、10 月接受申報，符合條件的 30 個工作日內給予兌現。其餘項目根據各牽頭單位的實施細則及操作流程執行。

第十五條　申請材料。依照附件《思明區落實臺灣青年實習就業創業優惠政策》辦理程序及所規定的材料申報（詳見附表 1 至附表 10）。

第四章　附則

第十六條　資金來源。「臺灣青年實習就業創業扶持補貼」列入下年度部門預算，由區臺辦等牽頭單位每年底根據實際情況，對下年度所需資金進行測算後，納入部門財政預算。

第十七條　申報對象申請同類型的項目補助按照「就高從優不重複」原則，享受相關優惠政策。

第十八條　發現申報對象有弄虛作假騙取優惠政策的，取消優惠政策扶持資格，追回已發放的扶持資金，並向相關部門通報，兩年內不再接受其所有優惠政策申報。同時依照法律和有關規定追究有關企業和個人責任。

第十九條　不完全符合上述條件的，但個人專業能力、業績特別突出或者創業項目屬於本區重點發展領域緊缺項目，可實行「一事一議，一人一策」，經各街道或相關主管部門初審並提出申請，由領導小組認定後，可享受本辦法的優惠政策。本辦法其他未盡事宜，由領導小組另行研究裁定。

第二十條　本辦法由思明區人民政府臺灣事務辦公室負責解釋。本辦法自 2018 年 8 月 4 日起執行，有效期三年。對已申報兌現的項目且仍符合政策申報條件的企業和個人按本辦法持續執行。

思明區落實臺灣青年創業就業優惠政策辦法

（2022 年 1 月 24 日）

第一章　總則

　　第一條　爲貫徹《廈門市人民政府辦公廳關於印發鼓勵和支持臺灣青年來廈創業就業實施意見的通知》（廈府辦〔2015〕147 號）檔精神，鼓勵和支持臺灣青年來本區創業就業，根據《廈門市人民政府辦公廳轉發市臺辦關於臺灣青年來廈創業就業優惠政策申報辦法的通知》（廈府辦〔2015〕194 號）等要求，結合本區實際情況，制定本辦法。

　　第二條　本辦法所指的臺灣青年，是指本區創業就業、年齡在 18～45 周歲的臺灣地區居民。臺灣青年創業企業（以下簡稱青創企業）是指以臺灣青年獨資、合資或合夥等形式註冊（或遷入）並持續有效運營、符合本區產業發展的各類企業。

　　第三條　成立思明區臺灣青年創業就業工作領導小組（以下簡稱領導小組），研究、統籌、協調、指導臺灣青年在本區創業就業的重大事項。領導小組下設辦公室，掛靠區臺辦，負責處理轄區內創業就業的臺灣青年日常事務工作，協調組織有關部門對優惠政策項目進行評審，爲臺灣青年提供相關法規諮詢、優惠政策兌現和創業就業輔導等系列服務。

第二章　扶持內容及標準

　　第四條　創建臺灣青年創業基地（以下簡稱青創基地）。青創基地是指轄區內面向臺灣青年創業就業設立並形成一定聚集規模的園區、樓宇或商圈，支持和鼓勵轄內基礎條件較好的創新、創意、創業園區以及產業孵化中心創建各具特色的青創示範基地，青創基地運營主體必須是在本區註冊並納稅的企業、社團等單位。青創基地認定由領導小組研究確定。

　　第五條　給予創業啓動資金扶持。對臺灣青年創業項目的科技含量、規模、經濟社會效益、市場前景等進行評審，視情給予 5～15 萬元創業啓動資金扶持。在基地內註冊（遷入）並實際運營滿 3 個月以上的青創企業，按以下標準申請

創業啟動資金扶持：實際到資或增資（指臺灣青年出資，下同）人民幣 10 萬元（含）按 50%計算；實際到資在人民幣 10～20 萬元（含）的，前 10 萬元按 5 萬元計算，超出部分按 40%計算；實際到資人民幣 20 萬元以上的，前 20 萬元按 9 萬元計算，超出部分按 30%計算，總扶持金額不超過人民幣 15 萬元。

第六條　提供科技貸款貼息和擔保風險補償。創業項目可根據不同條件申請最高 200 萬元的科技貸款貼息項目支持。支援各類擔保機構為在青創基地內的臺灣青年提供融資擔保：對為臺灣青年創辦生產性企業提供擔保的擔保機構可按年度擔保額 16‰給予風險補償；對為臺灣青年創辦服務類企業提供融資擔保的擔保機構可按年度擔保額 10‰給予風險補償。

第七條　給予租金補貼。對租用青創基地內場地、廠房、門面等辦公場所的青創企業，實際運營滿6個月以上的按以下標準申請補貼：第一年按租金的 100%計算，第二年按租金的 70%計算，第三年按租金的 50%計算。每家企業補貼金額最高不超過人民幣 5000 元/月，低於 5000 元/月的按實際租金給予計算。

第八條　給予參賽項目更多支援。參加兩岸青年（高校）創意創新創業大賽獲獎的項目落實我區，項目主創人員中至少有半數以上為臺灣青年，可申請為期 3 年的 100～300 平方米的免租金創業場所支持或最高 5000 元/月的租金補貼。

第九條　資助培訓經費。支持臺灣創業青年參與廈門市創業創新領軍人才或創業創新團隊核心人才評定，獲評的臺灣青年 3 年內參加境內外學習培訓的，給予培訓費補貼（總額最高不超過人民幣 5 萬元）。按年度提出申請，培訓費在 5 萬元以下的按實際培訓費計算。

第十條　提供居住用房或給予租房補貼。支援有條件的青創基地設立人才公寓，提供給臺灣創業青年居住。在入駐青創基地自行租房的創業就業臺灣青年，可享受期限最長不超過 3 年的租房補貼。實際入住滿 3 個月以上的臺灣青年按以下標準申請租房補貼：第一年按 100%計算，第二年 70%計算，第三年按 50%計算。每人最高補貼金額不超過人民幣 2000 元/月，低於 2000 元/月的按實際租金給予計算。

第十一條　創業創新優秀團隊補貼。被認定為廈門市創業創新優秀團隊的，可給予團隊成員每人每年人民幣 4 萬元生活補貼（每個團隊不超過 5 人、累計

不超過 3 年）。

第十二條　本辦法未列入或未明確的其他優惠政策項目，按照省、市相關檔規定執行。

第三章　辦理程序

第十三條　申報流程。

（一）符合條件的申報對象，向區臺辦提交申請材料。

（二）青創基地所在街道出具初審意見。

（三）評審小組會審意見。

（四）報區政府審批。

第十四條　受理時間。原則上按每季度受理一次，區臺辦以每年的 3 月、6 月、9 月、12 月接受申報，符合條件的 30 個工作日內給予兌現。

第十五條　申請材料。依照附件《思明區落實臺灣青年來廈創業就業優惠政策的辦理程序》所規定的材料申報（詳見附表 1 至附表 11）。

第四章　附則

第十六條　資金來源。「臺灣青年創業就業扶持補貼」列入下年度部門預算，由區臺辦每年底根據轄區內臺灣青年創業就業情況，對下年度所需資金進行測算後，納入部門財政預算。

第十七條　申報對象申請同類型的項目補助按照「就高從優不重複」原則，享受本區相關優惠政策；符合條件已享受《思明區引進和扶持臺灣青年就業創業暫行辦法》的對象可以給予補差。

第十八條　發現申報對象有弄虛作假騙取優惠政策的，取消優惠政策扶持資格，追回已發放的扶持資金，並向相關部門通報，兩年內不再接受其所有優惠政策申報。同時依照法律和有關規定追究有關企業和個人責任。

第十九條　不完全符合上述條件的，但個人專業能力、業績特別突出或者創業項目屬於本區重點發展領域緊缺項目，可實行「一事一議，一人一策」，經各街道或相關主管部門初審並提出申請，由領導小組認定後，可享受本辦法的優惠政策。本辦法其他未盡事宜，由領導小組另行研究裁定。

　　第二十條　本辦法由思明區人民政府臺灣事務辦公室負責解釋。本辦法自2015 年 8 月 4 日起執行，有效期 3 年。

思明區進一步鼓勵和支持臺灣青年實習就業創業優惠政策辦法

（2022 年 1 月 24 日）

　　爲貫徹落實《廈門市人民政府辦公廳關於印發進一步鼓勵和支持臺灣青年來廈實習就業創業的若干措施的通知》（廈府辦規〔2021〕1 號）等檔精神，全方位優化臺灣青年在廈實習就業創業環境，進一步高起點、高品質建設臺灣青年實習就業創業基地，鼓勵和支援臺灣青年來思明區實習、就業和創業，結合思明區實際情況，制定本辦法。

第一章　總則

　　本辦法所指的臺灣青年，是指在思明區實習、就業或創業，年齡在 18 周歲～45 周歲的臺灣同胞。臺灣青年創業企業（以下簡稱青創企業）是指在思明區持續有效運營、符合本區產業發展政策，由臺灣青年獨資、合資或合夥等形式經營的企業。

第二章　扶持內容

　　第一條　支持臺灣青年在思明區實習

　　（一）建立思明區企業用人和臺灣青年實習需求的常態化對接機制，鼓勵和支援思明區轄內企業提供更多崗位吸引臺灣學生實習，並協助其申請市級關於臺灣大學生的實習見習補貼。

　　（二）鼓勵具備條件的企業或青創基地集中招募臺灣青年來廈實習，支持提供臺灣青年實習崗位的思明區企事業單位參評福建省級臺灣青年實習實訓基地。

　　第二條　支持臺灣青年在思明區就業

　　（三）推動和鼓勵在思明區的企事業單位開展面向臺灣青年的定向招聘，或在招聘中按規定給予臺灣青年適當政策傾斜。

（四）積極開展對臺招聘，搭建高效、便捷的就業崗位資訊發布平臺，利用網站、社交媒體等管道拓展臺灣青年與職位對接機會，邀請臺灣青年參加在思明區舉辦的兩岸各類人才對接活動，提供就業對接服務。

（五）做好臺灣人才引進的對接服務。積極協助思明區企業臺灣人才申請兌現相關人才政策，協助參評國家級、省級人才，鼓勵參評廈門市臺灣特聘專家、特聘專才等市級人才。

第三條　支持臺灣青年在思明區創業

（六）支援創建臺灣青年就業創業基地（以下簡稱青創基地）。青創基地是指思明區轄內面向臺灣青年創業就業設立並形成一定聚集規模的園區、樓宇或商圈。各單位提出基地申報材料向區臺港澳辦報備。區臺港澳辦提供業務指導，支持和鼓勵轄內基礎條件較好的青創基地創建市級及以上青創示範基地。

（七）給予創業啟動資金扶持。支援臺灣青年以獨資、合資或合夥等形式創辦企業。組織財政、商務、科信等部門以及有關專家，圍繞臺灣青年創業項目的科技含量、規模、經濟社會效益、市場前景等進行評審，對符合下列情形之一的且項目通過評審的，根據不同情況一次性給予 5～15 萬元的創業啟動資金扶持。

1.對註冊並租用青創基地內場地、店面等辦公場所的青創企業，臺灣青年股東實際到資（或增資）10 萬元以上，實際運營滿 6 個月且營業收入達 10 萬元以上的青創企業。

2.對 2021 年 8 月 1 日起，青創基地外新增的經營場所承租面積達 100 平方米以上的青創企業。臺灣青年股東實際到資（或增資）50 萬元以上，實際運營滿 6 個月且營業收入達 20 萬元以上的青創企業。

（八）給予經營場所租金補貼。對在思明區創業的青創企業符合下列條件之一，可按規定提交經營場所租金補貼申請，申請期限累計最長不超過 3 年。

1.對註冊並租用青創基地內場地、店面等辦公場所的青創企業，臺灣青年股東實際到資（或增資）10 萬元以上，實際運營滿 6 個月且營業收入達 10 萬元以上。

2.對 2021 年 8 月 1 日起，青創基地外新增的經營場所承租面積達 100 平方米以上的青創企業。臺灣青年股東實際到資（或增資）50 萬元以上，實際運營滿 6 個月且營業收入達 20 萬元以上的青創企業。

3.在 2018 年 8 月 4 日～2021 年 7 月 31 日期間已申請過經營場所補貼且符合條件的青創企業。

項目通過評審的，按實際已支付的經營場所租金金額給予補貼，但第一年最高不超過 4000 元/月；第二年最高不超過 3000 元/月；第三年最高不超過 2000 元/月。

（九）提供創業輔導等支援服務。積極鼓勵創業輔導機構為臺灣青年創業提供路演輔導、投融資對接、市場拓展、團隊建設等輔導服務。積極開展創業沙龍、兩岸人才交流等活動促進創業項目對接，提供資源對接、辦公場所對接等服務。搭建金融服務平臺，鼓勵和支援金融機構為臺灣青年創業項目提供資金扶持、貸款融資等服務。

（十）建設有影響力的臺灣青年實習就業創業基地。鼓勵臺灣青年實習就業創業基地特色化發展。整合全區各相關部門資源，對思明區綜合條件較好的青創基地集中力量給予扶持。鼓勵和支援青創基地積極爭取市級及以上示範基地的授牌和評級，建成兩岸具有廣泛影響力的青創基地。

第四條　為臺灣青年生活提供便利

（十一）搭建更多成長平臺。支持成立更多的臺胞驛站聯誼點，為臺灣青年與大陸青年、在廈臺胞搭建交流平臺。鼓勵臺灣青年來思明區參與社區治理工作。

（十二）給予租房補貼。對在思明區就業、創業的臺灣青年給予適當的個人租房補貼。實際就職滿 6 個月，居住在廈門且在廈無房產的臺灣青年，對於符合下列條件之一的臺灣青年，可按規定提交申請個人租房補貼，申請期限累計最長不超過 3 年。

1.入駐青創基地並自行租房的創業就業臺灣青年。

2.2021 年 8 月 1 日起來思明新入職企業並自行租房的臺灣青年。

3.在 2018 年 8 月 4 日～2021 年 7 月 31 日期間已申請過租房補貼且符合條件的臺灣青年。

通過評審的，按實際已支付的租房租金金額給予補貼，但每個月補貼金額最高不超過 2000 元/月。

第五條　本辦法未列入或未明確的其他優惠政策項目，按照省、市相關檔

規定執行。

第三章　辦理程序

（十三）成立領導小組。成立思明區臺灣青年實習就業創業工作領導小組（以下簡稱領導小組），研究、統籌、協調、指導臺灣青年在思明區實習就業創業的重大事項。領導小組下設辦公室，掛靠區臺港澳辦，負責處理轄區內臺灣青年實習就業創業的日常事務，協調組織有關部門對優惠政策項目進行評審，為臺灣青年提供相關法規諮詢、優惠政策兌現和實習就業創業輔導等系列服務。

（十四）申報流程。

1.符合條件的申報對象，向區臺港澳辦等相關牽頭單位諮詢或提交申請材料。

2.屬於區級財政補貼的項目須報青創基地或思明區納稅企業所在街道出具初審意見。

3.報評審小組會審。

4.報上級部門審批。

（十五）具體申報辦法由區臺港澳辦另行制定。

第四章　其他說明

（十六）申報對象申請同類型的項目補助按照「就高從優不重複」原則，享受相關優惠政策。

（十七）發現申報對象或青創基地有阻礙兩岸和平統一的行為或弄虛作假騙取優惠政策的，取消優惠政策扶持資格，追回已發放的扶持資金，並向相關部門通報，不再接受其所有優惠政策申報。同時依照法律和有關規定追究有關企業和個人責任。

（十八）不完全符合上述條件的，但個人專業能力、業績特別突出，項目產生較好的社會影響或者屬於本區重點發展領域緊缺項目，可實行「一事一議，一人一策」，經各街道或相關主管部門初審並提出申請，由領導小組認定後，可享受本辦法的優惠政策或給予適當補助。本辦法其他未盡事宜，由領導小組另行研究裁定。

　　（十九）本辦法由廈門市思明區人民政府臺港澳事務辦公室負責解釋。本辦法自 2022 年 3 月 1 日起實施，有效期至 2025 年 2 月 28 日。《思明區落實臺灣青年實習就業創業優惠政策辦法》（廈思政辦〔2018〕73 號）失效後本辦法生效前，青創企業及臺灣青年符合本辦法申報條件的，可參照本辦法執行。

集美區關於落實鼓勵和支持臺灣青年來廈創業就業政策的實施細則

（2016 年 7 月 13 日）

第一章　總則

第一條　為貫徹落實《關於鼓勵和支持臺灣青年來廈創業就業實施意見》（廈府辦〔2015〕147 號），根據《關於臺灣青年來廈創業就業優惠政策申報辦法》（廈府辦〔2015〕194 號）和《集美區關於大力推進大眾創新創業的實施辦法》（廈集委〔2015〕41 號），制定本實施細則。

第二章　適用範圍

第二條　本實施細則適用於入駐集美轄區且經認定的海峽兩岸青年創業基地和眾創空間（以下簡稱「創業基地」）運營機構、臺灣青年創業團隊及臺灣青年。臺灣青年原則上為 18～40 周歲，能力、業績特別突出或集美區重點發展領域緊缺的優秀臺灣青年經區眾創辦審核認定年齡可放寬至 45 周歲。

第三章　獎勵政策、申報條件和標準

第三條　推進創業基地建設。鼓勵在集美區設立各具特色的海峽兩岸青年創業基地，對設立在我區並經我區認定的創業基地，享有我區對眾創空間的運營扶持政策，集美區臺辦推薦符合條件的基地申報福建省和廈門市臺灣青年創業示範基地，協助落實省市獎勵資金。鼓勵企業和社會團體積極推薦臺灣青年來廈創業，對成功推薦臺灣青年入駐基地創業的企業或社會團體並滿足相關條件的，由集美區臺辦協助申報省市獎勵資金。

第四條　給予創業啟動扶持資金。對入駐我區經認定的創業基地的臺灣青年創業項目，由創業基地運營機構審核推薦，經眾創辦審核，並組織專家對臺灣青年創業項目的科技含量、規模、經濟社會效益、市場前景、入駐情況等進行評審，根據不同情況給予 5～30 萬元的創業啟動扶持資金。申請的臺灣青年創業

團隊需滿足以下條件：

（一）書面申請的臺灣青年創業項目內容需符合集美區產業發展方向；

（二）在集美區註冊成立公司，並領取工商營業執照；

（三）入駐創業基地滿 3 個月（以工商營業執照批准日期爲准）且正常運營；

（四）由創業基地運營機構審核推薦，經區眾創辦審核並確認入駐。

參加評審的臺灣青年創業項目由專家按照《集美區創新創業項目評審細則》進行評審，評審分數低於 70 分的團隊，給予撥付創業啓動扶持資金 5 萬元；70 分（含 70 分）至 85 分的團隊，給予撥付創業啓動扶持資金 10 萬元；85 分（含 85 分）至 95 分的團隊，給予撥付創業啓動扶持資金 15 萬元；95 分（含 95 分）以上的團隊，給予撥付創業啓動扶持資金 30 萬元。區眾創辦每 3 個月組織一次項目評審。

第五條　對獲得全國性或國際性創新創業大賽的優勝項目並落地我區創辦企業的，給予撥付一次性獎勵 20 萬元，同一項目所創辦的企業只能獲得一次獎勵，優勝項目應由創業基地運營機構推薦，並提供相應證明材料。

第六條　提供居住用房或給予租房補貼。入駐集美區內創業基地創業的臺灣青年，可免費入住集美區政府安排的公寓樓，入住期限爲 6 個月，到期後由創業基地運營機構推薦可根據實際情況給予適當延期，延長期限不超過 6 個月。對入駐創業基地創業但未安排入住免費公寓、自行租房的臺灣創業青年，可享受期限最長不超過 3 年的租房補貼，憑租賃合同和票據按實給予補貼，最高每人每月 1000 元。每人僅限在一家臺灣青年創業團隊申報一次。享受免費住房和租房補貼期限合併計算，總期限最長不超過 3 年。

第七條　給予辦公場所扶持。鼓勵創業基地根據自身條件爲臺灣青年創業提供場地、廠房、門面等必要場所支援。

臺灣青年創業項目在集美區正式落地轉化，另行在集美區租賃場所創辦企業，其創業投入支出超過 10 萬元的，由創業基地運營機構審核推薦，經區眾創辦組織評審，對其辦公場所（面積不超過 300 平方米）的租金按不超過按軟體園三期租金標準的 90%給予補貼，補貼期限不超過 3 年。

臺灣青年創業項目在集美區正式落地轉化，自主在集美區購買廠房或辦公

用房創辦企業，其創業投入支出超過 10 萬元的，由創業基地運營機構審核推薦，經區眾創辦組織評審，對其購買廠房或辦公用房（面積不超過 300 平方米）的費用按不超過軟體園三期租金標準的 90%給予一次性購房補貼，補貼期限不超過 3 年。

第八條　對成功推薦臺灣青年創業團隊入駐我區創業基地創業的企業或社會團體（可以是民間團體、商協會、大陸團隊或臺灣團隊）給予獎勵，每推薦 1 家臺灣青年創業團隊且入駐創業基地滿 6 個月並在集美區註冊成立公司的，由創業基地運營機構推薦，經區眾創辦審核，給予 5000 元獎勵。

對仲介機構為創業基地的臺灣青年創業團隊提供設立企業的商事登記和稅務登記等手續服務的，由創業基地運營機構審核推薦，臺灣青年創業企業出具證明，每服務一家臺灣青年創業企業給予仲介機構 5000 元補助。

第九條　優秀團隊獎勵。經市臺辦確認，被認定為廈門市創業創新優秀團隊的，給予團隊成員每人每年 4 萬元生活補貼（每個團隊不超過 5 人，累計不超過 3 年）；被評定為廈門市創業創新領軍人才或創業創新團隊核心人才的臺灣青年 3 年內參加境內外學習培訓的，給予培訓費補貼（總額最高不超過 5 萬元）。

第十條　支持選擇優質教育資源。臺灣創業青年子女就讀小學由區教育局按照就近入學原則負責辦理入、轉學手續；就讀初、高中可報考我市初、高中臺生班，不收取國家規定以外的費用。

第四章　申報主體、申報程序

第十一條　申報主體（創業基地運營機構、臺灣青年創業團隊以及臺灣青年）申請兌現有關政策時，由創業基地運營機構負責向區眾創辦等相關部門申請，由各部門按照相關規定提出審核意見並辦理相關兌現手續。

對入駐集美轄區內創業基地的境外創新創業團隊及創業青年申請兌現相關政策時，可參照本實施細則執行。

第十二條　申報程序

（一）創業基地運營機構、臺灣青年創業團隊及臺灣青年申報扶持、補助和獎勵實行常年受理，分批審核；

（二）申報各項扶持、補助和獎勵，按照附件要求提供材料。

第五章　附則

　　第十三條　享受政策的創業基地營運機構及臺灣青年創業企業必須承諾五年內不得遷出集美區。對在承諾期內遷出集美區的企業或所在企業稅收不再繼續在集美區繳納的，自然終止享受本實施細則規定的各項優惠政策，原已享受的補助和獎勵應如數退還給集美區科技局。

　　第十四條　本實施細則與集美區其他優惠政策不得同時享受，申請人同時符合多個優惠政策規定條件的，按照「就高不重複」原則享受相應待遇。我區給予創業基地的補助和獎勵不得超過創業基地運營機構的實際投入。

　　第十五條　區臺辦、區科技局、區財政局、區審計局等部門依職責負責監督檢查扶持獎勵資金發放使用情況。對弄虛作假、騙取扶持獎勵資金的單位由區科技局負責採取通報批評、停止撥款、終止項目、追回資金等措施予以追究，並取消其今後的申報資格；對情節嚴重構成違法的，將依法予以處理。

　　第十六條　本實施細則由集美區臺辦、集美區科技局負責解釋。

　　第十七條　本實施細則自發布之日起施行，有效期至 2018 年 7 月 29 日。2015 年 7 月 29 日起至本實施細則發布之日符合廈集委〔2015〕41 號文及本實施細則的補助和獎勵條件的，按本實施細則執行。

集美區關於落實臺灣青年創業就業政策的實施細則

（2019 年 7 月 30 日）

第一章　總則

第一條　爲貫徹落實《中共廈門市委辦公廳　廈門市人民政府辦公廳關於進一步深化廈臺經濟社會文化交流合作的若干措施的通知》（廈委辦發〔2018〕18 號）（以下簡稱「惠臺 60 條」）、《廈門市人民政府辦公廳關於印發鼓勵和支持臺灣青年來廈創業就業實施意見的通知》（廈府辦〔2015〕147 號），根據《關於臺灣青年來廈創業就業優惠政策申報辦法》（廈府辦〔2015〕194 號），制定本實施細則。

第二章　適用範圍

第二條　本實施細則適用於入駐集美轄區且經認定的海峽兩岸青年創業基地和眾創空間（以下簡稱「創業基地」）運營機構、臺灣青年創業團隊及臺灣青年。臺灣青年原則上爲 18～45 周歲。

第三章　獎勵政策、申報條件和標準

第三條　推進創業基地建設。鼓勵在集美區設立各具特色的海峽兩岸青年創業基地，對符合條件的給予獎勵。獎勵資金不得超過基地日常業務開展的實際投入。

被認定爲廈門市臺灣青年創業基地或獲得廈門市臺灣青年創業示範基地獎勵的，區財政給予基地運營機構一次性獎勵 100 萬元；被認定爲省級、國家級臺灣青年創業基地或獲得省級、國家級臺灣青年創業示範基地獎勵的，區財政給予基地運營機構一次性補足到 200 萬元、500 萬元的獎勵。

第四條　給予創業啓動扶持資金。對入駐我區經認定的創業基地的臺灣青年創業項目，由創業基地運營機構審核推薦，經區臺辦、眾創辦審核，並組織專家對臺灣青年創業項目的科技含量、規模、經濟社會效益、市場前景、入駐情況等進行評審，根據不同情況給予 5～30 萬元的創業啓動扶持資金，每個項目只

能申請參加一次評審。申請的臺灣青年創業團隊需滿足以下條件：

（一）書面申請的臺灣青年創業項目內容需符合集美區產業發展方向；

（二）在集美區註冊成立公司，並領取營業執照；

（三）入駐創業基地滿 3 個月（營業執照登記機關的批准日期及入駐協議時間都必須滿 3 個月）且正常運營；

（四）由創業基地運營機構審核推薦，經區臺辦、眾創辦審核確認。

評審分數低於 60 分的團隊，不給予創業啟動扶持資金；60 分（含 60 分）至 70 分的團隊，給予創業啟動扶持資金 5 萬元；70 分（含 70 分）至 85 分的團隊，給予創業啟動扶持資金 10 萬元；85 分（含 85 分）至 95 分的團隊，給予創業啟動扶持資金 15 萬元；95 分（含 95 分）以上的團隊，給予創業啟動扶持資金 30 萬元。區眾創辦每 3 個月組織一次項目評審。評審辦法由區眾創辦另行制定。

第五條　給予獲獎項目創業獎勵。對獲得國家部委主辦或作為指導單位的國家級以上創新創業大賽前三名的優勝項目，且已落戶集美區註冊企業，給予一次性獎勵 20 萬元，同一項目所創辦的企業只能獲得一次獎勵，優勝項目應由創業基地運營機構推薦，並提供相應材料。

第六條　提供居住用房或給予租房補貼。入駐集美區內創業基地創業就業的臺灣青年，可免費入住集美區政府安排的公寓樓，入住期限為 6 個月，到期後由創業基地運營機構推薦可根據實際情況給予適當延期，延長期限不超過 12 個月。免費入住的公寓不得轉租或轉借。對入駐創業基地創業就業但未安排入住免費公寓、自行在集美區租房的臺灣創業就業青年，可享受期限最長不超過 3 年的租房補貼，憑租賃合同和票據按實給予補貼，最高每人每月 1000 元，每半年申報一次。每人僅限在一家臺灣青年創業團隊申報，享受免費住房和租房補貼期限合併計算，總期限最長不超過 3 年。

第七條　給予經營場所扶持。創業基地應根據自身條件為臺灣青年創業提供辦公場地、廠房、門面等必要場所支援。

臺灣青年創業項目經基地孵化，選擇在集美區正式落地轉化，另行在集美區租賃廠房、辦公用房或其他經營場所，租賃後在該場所實際運營滿 6 個月且營業額累計達 20 萬元以上，由創業基地運營機構審核推薦，經區眾創辦牽頭組

織審核，按其已實際支付的經營場所租金的 50%給予補貼，每家青創企業的租金補貼金額最高不超過 6000 元/月，補貼面積不超過 300 平，補貼期限不超過 3 年。項目符合條件後每年申請一次。

臺灣青年創業項目經基地孵化，選擇在集美區正式落地轉化，自主在集美區購買廠房、辦公用房或其他經營場所的，購買後在該場所實際運營滿 6 個月且營業額累計達 20 萬元以上，由創業基地運營機構審核推薦，經區眾創辦牽頭組織審核，按其實際支付的購買價格的 30%給予購房補貼，補貼金額不超過 20 萬元，補貼分兩年發放，每年發放應發補貼的 50%。項目符合條件後每年申請一次。

第八條　對成功推薦臺灣青年創業團隊入駐我區創業基地創業的企業或社會團體（可以是民間團體、商協會、大陸團隊或臺灣團隊，基地運營機構除外）給予獎勵，每推薦一家臺灣青年創業團隊入駐基地創辦企業且持續經營滿 6 個月，由創業基地運營機構推薦，經區臺辦、眾創辦審核，給予 5000 元獎勵。

對仲介機構為創業基地的臺灣青年創業團隊提供設立企業的商事登記和稅務登記等手續服務的，由創業基地運營機構審核推薦，臺灣青年創業企業提供相關說明材料，每服務一家臺灣青年創業企業給予仲介機構 5000 元補助。

第九條　支持選擇優質教育資源。臺灣創業青年子女就讀小學由區教育局按照就近入學原則，視學位元情況統籌安排，辦理入、轉學手續；就讀初、高中可報考我市初、高中臺生班，不收取國家規定以外的費用。

第四章　申報主體、申報程序

第十條　申報主體（創業基地運營機構、臺灣青年創業團隊以及臺灣青年、推薦機構、仲介機構）申請兌現有關政策時，由創業基地運營機構負責向區眾創辦等相關部門申請，由各部門按照相關規定提出審核意見並辦理相關兌現手續。

本辦法第三條至第七條規定的獎勵資金，由區科技局按相關規定撥付至創業基地運營機構，由創業基地運營機構再撥付給臺灣青年創業團隊以及臺灣青年；本辦法第八條規定的獎勵資金，由區科技局按相關規定直接撥付給推薦機構和仲介機構。

對入駐集美轄區內創業基地的境外創新創業團隊及創業青年申請兌現相關

政策時，可參照本實施細則執行。

第十一條　申報程序

（一）創業基地運營機構、臺灣青年創業團隊及臺灣青年申報扶持、補助和獎勵，原則上每季度受理一次，以每年的 2 月、5 月、8 月、10 月接受申報，符合條件的每季度最後一個月給予兌現。

（二）申報各項扶持、補助和獎勵，按照附件要求提供材料。

第五章　附則

第十二條　享受政策的創業基地運營機構及臺灣青年創業企業需承諾五年內不得遷出集美區。對在承諾期內遷出集美區的企業或所在企業稅收不再繼續在集美區繳納的，自然終止享受本實施細則規定的各項優惠政策，原已享受的補助和獎勵由創業基地運營機構如數退還給集美區科技局。

第十三條　我區對於創業企業和創業青年的扶持政策，本辦法未列入或未明確的，同時適用於臺灣青創基地和臺灣青年。申報對象申請我區同類型的項目補助，按照「就高從優不重複」原則，享受相關優惠政策。

第十四條　積極落實國家、省、市惠臺措施，協助符合條件的青創基地和臺灣青年申請各級優惠政策，確保臺灣企業和青年充分享受同等待遇。

第十五條　區臺辦、區科技局、區財政局、區審計局等部門依職責負責監督檢查扶持獎勵資金發放使用情況。對弄虛作假、騙取扶持獎勵資金的單位由區科技局負責採取通報批評、停止撥款、追回資金等措施予以追究，並取消其今後的申報資格；對情節嚴重構成違法的，將依法予以處理。

本辦法第三條至第七條規定的獎勵資金，由區科技局向創業基地運營機構追究或依法處理；本辦法第八條規定的獎勵資金，由區科技局向推薦機構和仲介機構追究或依法處理。

第十六條　本實施細則由集美區臺辦、集美區科技局負責解釋。

第十七條　本實施細則自發布之日起施行，有效期三年。發布之日前符合本政策補助和獎勵條件的，但未享受過原廈集科〔2016〕26 號文的補助和獎勵條件的，按本政策相關規定執行。

海滄區引進臺灣人才暫行辦法

（2015 年 6 月 11 日）

爲充分發揮對臺區位優勢，積極吸引臺灣人才來海滄就業或創業，增進兩岸青年交流與合作，制定本辦法。

第一章　人才條件

第一條　引進的臺灣人才，應在海滄工作或創業、繳納個稅，並具備相應條件：

（一）臺灣優秀人才

符合以下條件之一的人才，統稱爲臺灣優秀人才：

1.在本地企業擔任中高層職務，且年薪不低於 15 萬元（人民幣，下同）（以稅務部門確認的個人申報收入爲准），並與企業簽訂 3 年以上勞動合同。

2.領辦創辦企業在海滄年繳納區級稅收 15 萬元以上。

（二）臺灣青年人才

原則上應具有大學以上學歷或具有專業技術資格認證（由行政部門或專業技術職稱部門頒發證書），年齡不超過 45 周歲，在海滄區內就業或註冊創辦企業的臺灣青年。

臺灣人才成立企業的，實際到位註冊資本應不少於 50 萬元，且個人占股比例不少於 20%。

第二章　人才優惠政策

第二條　新引進臺灣優秀人才，引進前在廈無房產及購房記錄，第一年給予每月 2000 元租房補貼，如在海滄購房並實際居住的，給予安家補貼 15 萬元、分 3 年發放，安家補貼與住房補貼不可重複享受。臺灣青年人才在海滄求職期間，參照《海滄區引進重點高校畢業生暫行辦法》規定，享受免費入住人才公寓、生活補助等優惠政策。

第三條　新引進臺灣人才，3 年內給予創業就業貢獻獎勵。

　　第四條　新引進臺灣人才創辦企業，正常運作經營 1 年以上（含 1 年）的，按臺資部分實到註冊資本計算，達 10 萬元的給予 5 萬元的開業補助；10 萬元以上、20 萬元以下（含）部分再給予 40%的開業補助；20 萬元以上、50 萬元（含）以下部分再給予 30%的開業補助；臺資部分實到註冊資本 50 萬元以上的企業給予最高 20 萬元的開辦補助。

　　第五條　新引進臺灣人才創辦企業，入駐指定園區，3 年內給予最高 100 平方米創業場所租金補貼，其中，第一年租金全額補貼，第二年租金減半補貼，第三年依據企業發展情況，重新評估租金補貼辦法。參加海峽兩岸青年（高校）創新創業邀請賽的獲獎項目，在海滄落地轉化，給予 3 年內最高 300 平方米創業場所租金補貼。

　　第六條　新引進臺灣人才創辦企業，按中國人民銀行同期貸款基準利率的 50%，給予貸款期限不超過 3 年、貸款總額不超過 100 萬元的創業貸款貼息扶持。

　　第七條　新引進臺灣人才參加與企業業務相關培訓，每人次補助培訓費用的 50%，每人每年補助不超過 8000 元，單人累計補助不超過 2 萬元。

　　第八條　新引進臺灣人才每年可按經濟艙機票標準 80%給予一次廈臺往返交通補貼。臺灣人才因結婚、生育、罹患重大疾病或家庭發生重大變故等確需立即返臺的，可再提供一次廈臺往返經濟艙機票補貼，待返廈後據實報銷。

　　第九條　新引進臺灣人才每年可按照 1000 元標準安排免費體檢一次。

第三章　企業機構扶持政策

　　第十條　企業柔性引進臺灣專家，每年在海滄工作時間累計不少於 90 天且薪酬總額達 6 萬元以上的，每年按照個人薪酬總額 20%、最高 10 萬元標準，給予薪酬補貼。鼓勵區內企業吸收臺灣高校、內地全日制高校的在校臺籍生或畢業未滿一年的臺籍學生實習就業，在享受市級補貼的基礎上，再按照每位臺籍學生每月 500 元標準給予生活補貼，補貼時間最長不超過 12 個月。

　　第十一條　鼓勵企業優先聘用臺灣人才。企業每新招用一名臺灣優秀人才並工作滿一年以上的，給予企業一次性獎勵 3 萬元，其中人才入選市級以上高層次人才計畫的，給予企業補足 10 萬元獎勵，創業人才本人除外。臺灣青年人

才與區內企業簽訂一年以上勞動合同的，分別給予企業、人才每月各 100 元社會保險補助，補貼時間最長不超過 1 年。

第十二條　鼓勵臺灣知名人力資源機構、六大工商團體及行業公會到海滄設立分支機構，給予 20 萬元開辦補助，第一年內提供最多 300 平方米免租金場所或最高每月 8000 元租金補貼。分支機構每幫助海滄引進一名臺灣優秀人才，工作滿一年以上，給予 1 萬元引才獎勵。

第十三條　重點支持 2 至 3 個民營臺灣青年創新創業基地，經區委臺辦牽頭評估認定，給予每個基地最高 50 萬元經費補助。

第十四條　鼓勵區內企業或機構在海滄牽頭舉辦有影響力的兩岸人才、經貿、文化、科技等各類交流活動，經區委臺辦牽頭認定，採取以獎代補形式，按照活動實際產生費用的 50%、最高 15 萬元給予經費補助。

第十五條　聘請臺商臺幹擔任臺灣人才顧問，幫助引薦臺灣人才到海滄就業創業，每 2 年評選一次「優秀引才顧問」，給予相應獎勵。

第四章　附則

第十六條　符合我區重點產業發展方向，特別優秀的臺灣人才項目，可實行一事一議，給予特別扶持。

第十七條　區委臺辦、區經貿局共同認定的重點企業既有臺灣人才，可參照第二章第七、八、九條給予優惠。

第十八條　臺灣人才已經享受其他扶持政策中相關的薪酬補貼、人才公寓等政策的，按「就高、不重複」原則操作。

第十九條　上文中「新引進」是指本辦法發文之日後到海滄工作或創業的人才。

第二十條　本辦法所需資金由區委人才辦統籌落實，由區委臺辦列入年度預算並具體落實，政策兌現由區委臺辦統一受理，區經貿、科技、財政、人社等相關部門予以配合。

第二十一條　人才或企業有違法違規行為或弄虛作假騙取優惠政策的，終止其享受相關待遇，追回已發放的扶持資金，情節嚴重的，依法追究其相應法律責任。

第二十二條　本辦法由海滄區委臺辦、區委人才辦負責解釋。
第二十三條　本辦法自發文之日起執行，有效期三年。

海滄區引進臺灣人才辦法（修訂版）

（2019 年 7 月 29 日）

第一章　總則

第一條　爲貫徹《中共廈門市委辦公廳　廈門市人民政府辦公廳關於進一步深化廈臺經濟社會文化交流合作的若干措施的通知》（廈委辦發〔2018〕18 號）（以下簡稱「惠臺 60 條」），落實《關於鼓勵和支持臺灣青年來廈創業就業實施意見》（廈府辦〔2015〕147 號），充分發揮我區對臺區位優勢，積極吸引臺灣人才來海滄學習、生活、就業、創業，制定本辦法。

第二條　人才條件。引進的臺灣人才，應在海滄工作或創業、繳納個稅，並具備相應條件：

（一）臺灣優秀人才

符合以下條件之一的人才，統稱爲臺灣優秀人才：

1.在本地企業擔任中高層職務，且年薪不低於 20 萬元（人民幣，下同）（以稅務部門確認的個人申報收入爲准），並與企業簽訂 3 年以上勞動合同。

2.領辦創辦企業在海滄年繳納區級稅收 15 萬元以上。

（二）臺灣中青年人才

原則上應具有大學（本科）以上學歷或具有專業技術資格認證（由專業技術職稱部門頒發證書），年齡在 18 周歲～50 周歲，在海滄區內就業或註冊創辦企業的臺灣中青年。

臺灣人才成立企業的，實際到位註冊資本應不少於 50 萬元，其中個人到位註冊資本金不少於 10 萬元。

第二章　政策獎勵和申報條件

第三條　鼓勵在現有基礎條件較好的創新、創意、創業園區以及產業孵化中心建設創業基地。區委臺港澳辦推薦符合條件的基地申報福建省和廈門市臺灣青年創業示範基地，協助落實省、市獎勵資金。

第四條　新引進臺灣優秀人才，引進前在廈無房產及購房記錄，第一年給

予每月 3000 元租房補貼，如在海滄購房並實際居住的，給予安家補貼 15 萬元、分 3 年發放（每年 5 萬元），安家補貼與住房補貼不可重複享受。

第五條　支援有條件的青創基地設立人才公寓，提供給臺灣創業中青年居住。對入駐指定園區自行租房的臺灣人才，可享受期限最長不超過 3 年的租房補貼，補貼標準不超過 2000 元/月。實際入住滿 3 個月以上的臺灣中青年人才按以下標準申請租房補貼：第一年按 100%計算，第二年 70%計算，第三年按 50%計算。

第六條　臺灣人才創辦企業，正常運作經營 1 年以上（含 1 年）的，項目符合海滄區產業發展方向，上述 1 年內運營期間的營業額達 30 萬元以上的青創企業，經區委人才辦、區委臺港澳辦、區工信局、區發改局等單位牽頭認定的，按臺資部分實到註冊資本計算，達 10 萬元的給予 5 萬元的開辦補助；10 萬元以上 20 萬元（含）以下部分再給予 40%的開辦補助；20 萬元以上部分再給予 30%的開辦補助。最高補助總金額不超過 15 萬元。

第七條　新引進臺灣人才創辦企業，入駐指定園區，3 年內給予最高 100 平方米或最高 3000 元/月的租金補貼。創業場所租金補貼，其中，第一年租金按 100%補貼，第二年租金按 50%補貼，第三年租金按 30%補貼。

第八條　新引進臺灣人才參加行業主管部門舉辦的業務相關培訓，每人次補助培訓費用的 50%，每人每年補助不超過 4000 元，單人累計補助不超過 1 萬元。

第九條　新引進臺灣人才每年可按經濟艙機票標準 80%給予一次廈臺往返交通補貼。臺灣人才因結婚、生育、罹患重大疾病或家庭發生重大變故等確需立即返臺的，可再提供一次廈臺往返經濟艙機票補貼，待返廈後據實報銷。

第十條　新引進臺灣人才每年可按照 1000 元標準在海滄轄區內的三級綜合醫院免費體檢一次。

第十一條　臺灣人才在海滄工作期間，經職改部門確認評審或依據福建省人社廳出臺的臺灣地區專門職業及技術人員（技術士）考試及格證書比照認定職稱檔取得助理級以上職稱，且在海滄工作滿一年的，按取得初級職稱 1 萬元、中級職稱 2 萬元、高級職稱 3 萬元的標準予以一次性獎勵。

第三章　企業機構扶持政策

第十二條　企業柔性引進臺灣專家,每年在海滄工作時間累計不少於 90 天且薪酬總額達 6 萬元以上的,每年按照個人薪酬總額 20%、最高 10 萬元標準,給予薪酬補貼。

第十三條　支持企業在海滄設立各具特色的臺灣人才實習實訓基地,對功能完善、符合條件的每年吸納臺籍大學生實習實訓不少於 1 個月,人數達 10 人以上,給予 5 萬元補助,人數達 15 人以上,給予補足到 8 萬元,人數達 20 人以上,給予補足到 10 萬元的基地補貼。

第十四條　鼓勵區內企業聘用臺灣人才。企業每新招用一名企業年薪達 30 萬元以上的臺灣優秀人才,在企業擔任中高層以上職務,並工作滿一年以上的,給予企業一次性獎勵 3 萬元,其中人才入選市級以上高層次人才計畫的,給予企業補足 10 萬元獎勵,創業人才本人除外。臺灣中青年人才與區內企業(國企除外)簽訂一年以上勞動合同的,分別給予企業、人才每月各 100 元社會保險補助,補貼時間最長不超過 1 年。

第十五條　鼓勵臺灣知名人力資源機構及行業公會到海滄設立分支機構,給予最高 10 萬元開辦補助。其中,每引進 20 名臺灣中青年,在海滄工作滿一年,給予 5 萬元補助。引進 30 名臺灣中青年,在海滄工作滿一年,給予補足到 10 萬元。第一年內提供最多 100 平方米免租金場所或最高每月 5000 元租金補貼。分支機構每幫助海滄引進一名臺灣優秀人才,工作滿一年以上,給予 1 萬元引才獎勵。

第十六條　鼓勵區內企業或機構在海滄牽頭舉辦有影響力的兩岸人才、經貿、文化、科技等各類交流活動,經區委臺港澳辦牽頭認定,採取以獎代補形式,按照活動實際產生費用的 50%,給予最高不超過 10 萬元經費補助。

第十七條　積極協助符合條件的對象對接落實廈門市惠臺 60 條相關政策內容。

1.鼓勵海滄區內企業提供更多崗位吸引臺籍學生實習見習,對來廈實習見習臺灣學生給予每月 1980 元實習見習補貼和每月 500 元的租房補貼(限 1 年);從境外首次到廈門並在海滄區納稅企業參加實習(實習時間達 1 個月以上)的臺灣學生,給予一次性交通費補貼 2000 元。

2.自規定之日起（研究生自 2018 年 4 月 10 日起、本科生自 2018 年 11 月 26 日起），新引進的引進時具有全日制碩士研究生及以上學歷或經教育部認證在境外取得的碩士及以上學位，「雙一流」建設高校「一流大學」或「一流學科」全日制本科學歷、或國際公認的三大世界大學排名最新排前 200 名大學的全日制本科學歷的臺灣同胞，在廈門工作滿一年後，按本科生（不超過 30 歲）每人 2 萬元、碩士（不超過 35 歲）每人 3 萬元、博士（不超過 40 歲）每人 5 萬元發放一次性生活補貼。

3.積極協助海滄區內企業臺灣專業人才申請參與國家「人才計畫」、「萬人計畫」。鼓勵臺灣同胞參評廈門市的特聘專家或特聘專業人才。對臺灣特聘專家聘期 3～5 年內按每年 20 萬元、總計最高 100 萬元給予補助，特別優秀的可以提高到每年 30 萬元、總計最高 150 萬元。

4.協助在海滄就業創業的臺灣青年根據《臺灣青年申請廈門市市級公共租賃房管理實施細則》，申請承租公共租賃住房。

第四章　附則

第十八條　享受政策的創業基地運營機構及臺灣人才需承諾 3 年內不將註冊位址遷離海滄區，不改變在海滄區的納稅義務，不減少註冊資本。否則，無條件退還已享受的政府補貼。

第十九條　符合我區重點產業發展方向，特別優秀的臺灣人才項目，可實行一事一議，給予特別扶持。

第二十條　對 2018 年 6 月 30 日前已開始享受《海滄區引進臺灣人才暫行辦法》（廈海委辦〔2015〕41 號）中相關扶持、獎勵的企業，可按原有相關條款繼續申請補貼至期滿後不再享受新政策。（即補貼至 2018 年 6 月 30 日前）。

第二十一條　臺灣人才已經享受其他扶持政策中相關的薪酬補貼、人才公寓等同類政策的，按「就高不重複」原則操作。

第二十二條　上文中「新引進」是指 2018 年 1 月 1 日後到海滄就業或創業的人才。

第二十三條　上文中第七條款「指定園區」指海滄自貿區創業廣場、海聯商務大廈等區域。

　　第二十四條　本辦法所需資金由區委人才辦統籌落實，由區委臺港澳辦列入年度預算並具體落實，政策兌現由區委臺港澳辦統一受理，區工信局、區發改局、財政局、人社局等相關部門予以配合。

　　第二十五條　人才或企業有違法違規行爲或弄虛作假騙取優惠政策的，終止其享受相關待遇，追回已發放的扶持資金，情節嚴重的，依法追究其相應法律責任。

　　第二十六條　本辦法第四至第十條規定，申請週期最長不超過三年。

　　第二十七條　本辦法具體解釋工作由海滄區委臺港澳辦、區委人才辦承擔。

　　第二十八條　本辦法自發文之日起執行，有效期三年。

國家圖書館出版品預行編目資料

大陸惠臺政策對臺灣青年登陸之吸引力／陳文
壽著. -初版.-臺中市：白象文化事業有限公
司，2024.05
　　面；　公分
ISBN 978-626-364-338-3（平裝）
1.CST: 中共對臺政策 2.CST: 兩岸關係 3.CST:
青年
574.1　　　　　　　　　　113005469

大陸惠臺政策對臺灣青年登陸之吸引力

作　　者　陳文壽
發 行 人　張輝潭
出版發行　白象文化事業有限公司
　　　　　412台中市大里區科技路1號8樓之2（台中軟體園區）
　　　　　出版專線：（04）2496-5995　　傳眞：（04）2496-9901
　　　　　401台中市東區和平街228巷44號（經銷部）
　　　　　購書專線：（04）2220-8589　　傳眞：（04）2220-8505
出版編印　林榮威、陳逸儒、黃麗穎、水邊、陳婷婷、李婕、林金郎
設計創意　張禮南、何佳諠
經紀企劃　張輝潭、徐錦淳、林尉儒
經銷推廣　李莉吟、莊博亞、劉育姍、林政泓
行銷宣傳　黃姿虹、沈若瑜
營運管理　曾千熏、羅禎琳
印　　刷　百通科技股份有限公司
初版一刷　2024 年 5 月
定　　價　360 元